日・週・月・年

おととい	前天	qiántiān	チエンティエン
昨日	昨天	zuótiān	ヅオティエン
今日	今天		
明日	明天		
あさって	後天		

JN217631

先週	上個星期	shàngge xīngqí	サンゴォ シンチィ
今週	這個星期	zhège xīngqí	ヅォゴォ シンチィ
来週	下個星期	xiàge xīngqí	シアゴォ シンチィ

先月	上個月	shàngge yuè	サンゴォ ユィエ
今月	這個月	zhège yuè	ヅォゴォ ユィエ
来月	下個月	xiàge yuè	シアゴォ ユィエ

おととし	前年	qiánnián	チエンニエン
去年	去年	qùnián	チュィニエン
今年	今年	jīnnián	ヂンニエン
来年	明年	míngnián	ミンニエン
再来年	後年	hòunián	ホウニエン

毎日	毎天	měitiān	メイティエン
毎週	毎個星期	měige xīngqí	メイゴォ シンチィ
毎月	毎個月	měige yuè	メイゴォ ユィエ
毎年	毎年	měinián	メイニエン

デイリー
日本語・台湾華語・英語辞典

樋口　靖［監修］
三省堂編修所［編］

Daily
Japanese-
Taiwan Mandarin-
English Dictionary

三省堂

© Sanseido Co., Ltd. 2018
Printed in Japan

[監修] 樋口　靖
[校閲協力・会話吹き込み] 李　麗秋

[音声収録] スタジオ映音空間
[装画] 内山　洋見
[装丁] 三省堂デザイン室

まえがき

　近年，日本アニメのブームがわき起こったり，和食が世界遺産に登録されたりと，日本の文化・芸術が世界的に注目を集めています。それに伴い，海外からの観光客や日本での留学・就労をもとめる外国人が増えています。そして，2020 年の東京オリンピック・パラリンピックをきっかけとして，多くの日本人がさまざまな言語や文化背景をもつ人たちをおもてなしの心で迎え入れようとしています。

　2002 年より刊行を開始した「デイリー 3 か国語辞典」シリーズは，ハンディかつシンプルで使いやすいとのご好評をいただき，増刷を重ねてまいりました。このたび，台湾で話されている台湾華語に焦点を当てた『デイリー日本語・台湾華語・英語辞典』を刊行いたします。台湾は，日本に近く風土も穏やかで親日家も多いことから，海外旅行先，企業の進出先などとして不動の人気を誇っています。旅先でのコミュニケーションに，また初歩の学習に本書をどうぞご活用下さい。

　本書の構成は次の通りです。くわしくは「この辞書の使い方」をごらんください。

◇**日本語・台湾華語・英語辞典**…
　日本語に対応する台湾華語がひと目でわかります。分野別単語集と合わせ約 1 万 4 千項目収録しました。見出しの日本語には「ふりがな」に加え「ローマ字」も示し，語義が複数にわたるものなどには（　　）で中見出しを設けました。台湾華語にはピンインとカタカナ発音，また英語にはカタカナ発音を示しました。

◇**日常会話**…
　テーマや状況別に，よく使われるごく基本的な表現をまとめました。台湾華語と英語の音声は無料ウェブサービスで聴くことができます。

◇**分野別単語集**…
　「職業」「病院」など，分野別に関連する基本的な単語をまとめました。

　本書の編集は，日本語と英語の選定および英語のカタカナ発音は原則としてシリーズ共通のものとしたうえで，台湾華語部分の監修を東京外国語大学名誉教授の樋口靖先生にお願いいたしました。また，校閲および「日常会話」の収録にあたりましては，流通経済大学非常勤講師の李麗秋先生に大変お世話になりました。この場を借りて篤く御礼申し上げます。

　2018 年早春

三省堂編修所

この辞書の使い方

【日本語・台湾華語・英語辞典】

○日本語見出し
- 日常よく使われる日本語を五十音順に配列した
- 長音「ー」は直前の母音に置き換えて配列した
    - 例： **アーモンド** → ああもんど　　**チーム** → ちいむ
- 見出し上部にふりがなを付け，常用漢字以外の漢字も用いた
- 見出し下部にローマ字を付けた
    - 例： **上達(する)** → joutatsu(suru)　　**長所** → chousho
- 語義が複数あるものなどには（　　）で中見出しを設けた
- 熟語見出しについては見出しを~で省略した

○台湾華語
- 見出しの日本語に対応する台湾華語の代表的な語句を示した
- ものを数える場合に用いる量詞や目的語の例なども適宜示した
- 台湾華語にはピンインと，参考までにカナ発音を示した。-n は「ン」，-ng は「ン」で区別し，無気音と有気音は清濁音で区別した。またそり舌音は太字とした
    - 例： man マン　　mang マン
    - 　　　dou ドウ　　tou トウ
    - 　　　zhu **ヂ**ウ　　zu ヅウ　　shuo **ス**オ　　suo スオ
- 声調はピンインに示した
    - 例： ā 第1声（高く平らに）　　á 第2声（高く昇る）
    - 　　　ǎ 第3声（低く抑える）　　à 第4声（一気に下げる）
- 置き換え可能な語やピンインを ［　］で示した。漢字の置き換え開始位置は，それが語の先頭である場合を除き「 で示した。漢字が置き換え可でもピンインは1つだけの場合や，逆に漢字1文字に対しピンインが複数ある場合などもある。その他記号類は「記号一覧」を参照されたい

○英語
- 見出しの日本語に対応する英語の代表的な語句を示した
- 冠詞・複数形などの詳細な表記は原則的に割愛した
- 英語には可変要素を除きシンプルなカタカナ発音を示した
- カタカナ発音ではアクセントのある部分は太字で示した
- 可変要素と日本語がそのまま英語になったものはイタリック体で示した
    - 例： *one　one's　oneself　miso　sake*
- 品詞が異なるもの同士は；で区切った

【日常会話】
- 「あいさつ」「食事」「買い物」「トラブル・緊急事態」の4つの場面別に，よく使われる日常会話表現をまとめた
- 日本語・台湾華語・英語の順に配列し，同じ意味を表す別の表現は / で

区切って併記した
・台湾華語のカタカナ発音などは日本語・台湾華語・英語辞典に準じた

【分野別単語集】
・分野別によく使われる語句をまとめた
・日本語・台湾華語・英語の順に配列し，英語は®で示した
・台湾華語のカタカナ発音などは日本語・台湾華語・英語辞典に準じた

◆記号一覧
（　）　　省略可能・補足
〔　〕　　量詞
　　　　　例：**飴**　〔塊〕糖，糖果
　　　　　補足
　　　　　例：**孫**　〔息子の〕孫子　〔娘の〕外孫子
《　》　　目的語の例示
　　　　　例：**編む**　織《毛衣》
[　]　　置き換え可能
「　　　　置き換え開始位置（漢字部分のみ）
　　　　　例：**喫茶店**　咖啡「廳[店／館]
　　　　　＊咖啡廳，咖啡店，咖啡館と3つあることを示す

台湾華語について

○ 「國語」の成立と台湾

　全世界の漢人（華人）・華僑の言葉である「漢語」は，多くの方言を含んでいます。方言が異なると全く通じないことも珍しくないので，最も優勢な方言である「北方方言」を基盤とした一種の共通語が有力なツールとなってきました。この言葉は昔から「官話」として知られ，16～17世紀に中国に渡来した宣教師たちはこれをMandarinと呼んで盛んに学びました。なかでも南京官話，北京官話が権威的地位を占めてきましたが，実際には中国各地のアクセントが混じりあったいろいろな官話が流通してきました。これが私たちがふつうに「中国語」としてイメージする言葉の実態です。

　中華民国が成立（1912）すると，国家語の制定が必要となりました。それが「國語 kuoyu」と呼ばれる言語です。「國語」策定計画は「北京官話」を中心に各地方のばらばらな漢字の読み方を統一するのがその作業の中心でした。発音表記として「注音字母」（のちに「注音符号」に改称）が定められ，「国音常用字彙」によって漢字の「正しい」読み方が定められました。これが中華人民共和国の成立（1949）に伴う「普通话 pǔtōnghuà」制定以前の中国語の国家標準となりました。

　日本の敗戦（1945）の結果，日本統治下にあった台湾は，国民党政府が統治する中華民国の一省とされ，それまでの「国語」（つまり日本語）は廃されて中国の「國語」が台湾の公用語であり標準語であるということになりました。

○ 終戦後の「國語」教育について

　もともと台湾は数千年前からマレー・ポリネシア系原住民の暮らす島でしたが，400年ほど前に福建から，ついで広東からの入植が始まると，あっという間に漢人が多数を占めるようになりました。そのため支配的な言語も福建語（閩南語），広東語（客家語）となり，なかでも福建語（今でいう台湾語，ホーロー語）の勢力は圧倒的で，日本統治時代の実質的な共通語は（日本語を除けば）台湾語でした。この状況は現在でもあまり変わりません。

　今でこそ台湾の国語普及率は100%に近いと思われますが，終戦の頃は台北の市街では中国語は全く通じず，いたるところ台湾語または日本語であったようです。

　終戦後の「國語」教育は，教える外省人（戦後に中国大陸から移住してきた人々）の教師の訛り次第で，中国大陸のいろいろな「官話」がそのまま台湾に持ち込まれることになりました。そのため政府は早急に「國語標準」を確立し教育現場の指導に力を入れました。臨時首都台北の学校では先生の教える言葉が比較的標準であることが多く，学生たちは標準の「國語」を自然に身に着ける機会に恵まれましたが，地方においては，外省人教師の訛りの影響を受けて，結果として強い訛りの「台灣國語」の形成を見ることになりました。

　台湾の「國語」は「國語標準」により教育が行われたので，民国のあとに成立した中華人民共和国の「普通话」の発音とは若干の食い違いが見られます。以下に例示します。

　　惜しい　「可惜」kěxí（台湾華語）　：kěxī（普通话）
　　寂しい　「寂寞」jímò（台湾華語）　：jìmò（普通话）
　　研究する「研究」yánjiù（台湾華語）：yánjiū（普通话）

○ 各種方言の影響

　台湾の中国語は「國語標準」からいくらか逸れて独自の発展変化を遂げ，現在に至っています。その原因は中国各地の方言，戦前の公用語であった日本語，そして台湾人の母語の強い影響にあると考えられます。

　1945年から1950年にかけて江蘇・浙江地方の人々が多数台湾に移住した際，彼らの言い回しが流入したという説があります。例えば以下のような語です。

　　自転車　「脚踏車」　：普通话では「自行車」
　　タクシー「計程車」　：普通话では「出租汽車」
　　ゴミ　　「垃圾」lèsè：普通话の発音ではlājī

　台湾語の影響は極めて大きいものがあります。発音面ではそり舌音zh, ch, sh, rが弱くなる（あるいはそり舌音ではなくなる），語尾のr化がなくなるなどです。語彙では，多くの台湾語語彙が中国語に転用されています。その多くは台湾語の漢字表記を中国語読みしたものです。漢字表記はあてにならない当て字も多いのですが，それをさらに中国語読みするわけです。以下に例を挙げます。

　　いいかげんな「黒白 オーペ → hēibái」
　　おせっかい　「雞婆 ケーポー → jīpó」

新米　　　「菜鳥 ツァイチァウ → càiniǎo」
パイナップル「鳳梨 オンライ → fènglí」

○いまもつづく日本語からの借用

　明治 28 年（1895）から始まり 50 年間にわたった日本による台湾の統治
は，台湾の言葉に大きな影響を残しました。特に初期の 10 年ほどの間に大
量の日本語語彙が台湾語に流入しました。それらはだいたいが「社会シアホ
エー，経濟キェンツェー，政治チエンティー，文化ブンホアー」などのよう
な近代社会用語でしたが，生活用語も少なからず取り入れられました。日本
語の漢語は台湾語漢字音で読み替えることが可能なので，少なく見積もって
も 3 ～ 4 千語以上の単語が台湾語の語彙として定着しました。戦後になって
中国語（國語）が入ってくると，台湾語における日本語由来の語彙の一部は
中国語読みをすることによって中国語の中に吸収されました。「料理リァウ
リー → liàolǐ，便當ペントン → biàndāng（弁当のこと），元氣ゴアンキー
→ yuánqì，人氣ジンキー → rénqì」などです。逆に，西欧語由来の日本語
外来語は中国語単語に置き換えられたものが多いようです。

　　la-jí-oh（ラジオ）→「收音機 shōuyīnjī」
　　bì-lù（ビール）→「啤酒 píjiǔ」

　また，数は多くありませんが，大和言葉が台湾語に入り，さらに中国語になっ
ているものもあります。

　　おばさん「歐巴桑 オーバーサン → ōubāsàng」
　　父さん　「多桑 トーサン → duòsang」
　　わさび　「哇沙米 オァサービ → wāshāmǐ」
　　さしみ　「沙西米 サーシーミ → shāxīmǐ」
　　気持ち　「奇檬子 キーモーチ → qíméngzǐ」

　今でも日本語を取り入れる風潮は衰えておらず，以下では日本語の音に近
い発音を中国語漢字音で示しています。

　　いちばん　「一級棒 yījíbàng」
　　かわいい　「卡娃伊 kǎwāyī」
　　おやつ　　「優雅食 yōuyǎshí」
　　さつまあげ「甜不辣 tiánbúlà」（「てんぷら」より）
　　おでん　　「黑輪 hēilún」（「おでん」の台湾語訛り「オーレン」に当て字をしたもの）

　日本の漢字語はそのまま中国語読みをすればよいので取り入れられやすい
ようです。台湾の街には「超～，達人，新發賣，壽司，居酒屋，物語」など，
どう見ても日本語としか思われない文字が踊っています。日本語からの新表
現は近年ではネットを通じてあっという間に拡散していきます。

○「台湾華語」とは

　最後に，本書に用いられている「台湾華語」という呼び方について一言。
中国語という呼称はふつう広く漢人（華人）に使われている言語を指すでしょ
う。中国ではこれを公用語あるいは共通言語として「普通话」とか「汉语」
などと呼んでいます。一方，台湾，東南アジア華人の間で広く使われている
中国語もこれとそれほど変わりませんが，それぞれある程度の違いがありま

す。世界の英語にアメリカ英語，インド英語などがあるのと同じことです。台湾で使われている中国語は「國語」と言い慣わされてきましたが，それは元来「中華民國」語の意味にほかならず，そこに「台湾の言葉」という意味合いはありません。

中国語を「普通話」や「國語」から区別し総称する言葉として「華語」があります。「シンガポール華語」,「マレーシア華語」のように使われます。台湾では民主化が進む過程で，「國語」に代わり「台湾華語」という呼び方が使われるようになってきました。「華語」は様々な変種を含む中国語全体を指しており，「台湾」という地域名でそれを限定するわけです。台湾の国語という意味ではけっしてないことに留意してください。現在でも「國語」という呼び方をする台湾人は少なくありませんが，「華語」と呼ぶ人も増えつつあります。はじめに述べたようにMandarinはもともと欧米人が雑多な「官話」を指して呼ぶ言葉でしたが，現在ではそれが「華語」と訳されることも多いようです。したがって目下台湾で使われている中国語は，「台湾華語」，Taiwan Mandarin と呼ばれるのが最もふさわしいでしょう。

注音符号と漢字について

漢字の表音のため，台湾では，中華民國「國語」用に考案された「注音符号」というものが使われます。これは形がやや煩雑なので，ピンイン（ローマ字）による学習に慣れた人には面倒に思われるかもしれません。しかし，これはbopomofoなどと呼ばれて，台湾の人々は幼稚園に入った時から教わります。日本人が子供のころ「あいうえお」から習うのと同じで，台湾人が受ける言語教育の始まりです。中国語はふつうは漢字で表記されるので，注音符号を目にする機会は少ないかも知れませんが，台湾でピンインのできる人はあまり多くありません。またパソコンやスマホの文字入力法の中で圧倒的に優勢なのはやはり注音符号入力・漢字変換です。そのため，台湾華語を本格的に学ぼうとすればいくらかは注音符号の知識が必要かと思います。以下にいくつかを例示します。

	ピンイン	注音符号
子音	b, p, m, f	ㄅ，ㄆ，ㄇ，ㄈ
母音	a, ai, an, ang	ㄚ，ㄞ，ㄢ，ㄤ
子音＋母音	ba, pai, man, fang	ㄅㄚ，ㄆㄞ，ㄇㄢ，ㄈㄤ

台湾の中国語と中国の中国語の違いは用いられる漢字の字体の違いだけでなく，発音，語彙，文法と多岐に渡ります。それは，本書によっても明らかです。しかし，字体の違いはもっとも目につきやすい違いでしょう。

漢字の字体は台湾では「正体字」（異体字に対していう）を使います。ちなみに香港，マカオなどもこれです。日本でいうところの旧字体です。中国（シンガポールも）の簡略字体を「簡体字」というところから，「繁体字」とよぶこともあります。台湾，中国，日本の字体を比べてみると「戸（台），戸（中），戸（日）」のように微妙に異なるものもありますが，これはデザインの違いにすぎません。それほど字体にこだわる必要はないと思います。

日	台	英

あ，ア

あーてぃすと
アーティスト
aatisuto

藝術家
yìshùjiā
イィ**ス**ウヂア

artist
アーティスト

あーもんど
アーモンド
aamondo

杏仁
xìngrén
シン**ゼ**ン

almond
アーモンド

あい（する）
愛（する）
ai (suru)

愛
ài
アイ

love
ラヴ

あいかぎ
合鍵
aikagi

備份鑰匙
bèifèn yàoshi
ベイフェン イア**ウ**ス

spare key
ス**ペ**ア **キ**ー

あいかわらず
相変わらず
aikawarazu

仍舊，依舊
réngjiù, yījiù
ゾンヂオウ，イィヂオウ

as usual
アズ **ユ**ージュアル

あいきょうのある
愛嬌のある
aikyounoaru

有人緣，可愛
yǒu rényuán, kě'ài
イオウ **ゼ**ンユィエン，コォアイ

charming
チャーミング

あいこん
アイコン
aikon

圖示
túshì
トゥウ**ス**ー

icon
アイカン

あいさつ（する）
挨拶（する）
aisatsu (suru)

（打）招呼，寒暄
(dǎ) zhāohū, hánxuān
（ダァ）**ヂ**ャオフウ，ハンシュィエン

greeting; greet, salute
グ**リ**ーティング，グ**リ**ート，サ**ル**ート

あいしゃどー
アイシャドー
aishadoo

眼影
yǎnyǐng
イエンイン

eye shadow
アイシャ**ド**ウ

あいしょう
相性
aishou

～がいい

合得來，相投
hédélái, xiāngtóu
ホォドォライ，シアントウ

(be) compatible with
（ビ）コン**パ**ティブル ウィズ

～が悪い

合不來，不相投
hébùlái, bù xiāngtóu
ホォブウライ，ブウ シアントウ

(be) incompatible with
（ビ）インコン**パ**ティブル ウィズ

日	台	英
あいじょう **愛情** aijou	愛，愛情，感情 ài, àiqíng, gǎnqíng アイ, アイチン, ガンチン	love, affection ラヴ, アフェクション
あいず **合図** aizu	信號，暗號 xìnhào, ànhào シンハウ, アンハウ	signal, sign スィグナル, サイン
〜する	打信號，做暗號 dǎ xìnhào, zuò ànhào ダァ シンハウ, ヅオ アンハウ	give a signal ギヴ ア スィグナル
あいすくりーむ **アイスクリーム** aisukuriimu	〔杯／盒〕冰淇淋 〔bēi/hé〕bīngqílín 〔ベイ／ホォ〕ビンチィリン	ice cream アイス クリーム
あいそ **愛想** aiso		
〜が尽きる	討厭，厭煩 tǎoyàn, yànfán タウイェン, イエンファン	(get) fed up with 〔ゲト〕フェド アプ ウィズ
〜のよい	和藹，可親 hé'ǎi, kěqīn ホォアイ, コォチン	affable, approach- able アファブル, アプロウチャブル
あいた **空いた** aita	空 kōng クオン	empty, vacant エンプティ, ヴェイカント
あいだ **間** aida	空間，中間 kōngjiān, zhōngjiān クオンヂエン, **ヅ**オンヂエン	space スペイス
〜に	其間，之間 qíjiān, zhījiān チィヂエン, **ヅ**ーヂエン	between, among ビト**ウィ**ーン, アマング
あいづちをうつ **相槌を打つ** aizuchiwoutsu	點頭稱是，贊同 diǎntóu chēng shì, zàntóng ディエントウ ツォン スー, ヅァントウオン	chime in with **チャ**イム イン ウィズ
あいて **相手** aite	夥伴〔伙伴〕，同伴 huǒbàn, tóngbàn フオバン, トゥオンバン	partner パートナ
(相対する)	對方 duìfāng ドゥエイファン	other party アザ パーティ
(ライバル)	對手 duìshǒu ドゥエイ**ソ**ウ	rival ライヴァル

日	台	英
あいでぃあ **アイディア** aidia	**主意，構思，想法，點子** zhǔyì, gòusī, xiǎngfǎ, diǎnzi ヅウィィ, ゴウスー, シアンファ, ディエンヅ	idea アイ**ディ**ーア
あいてぃー **アイティー** aitii	**資訊技術，IT** zīxùn jìshù, IT ヅーシュイン ディスウ, IT	information tech-nology インフォ**メ**イション テク**ナ**ロジ
あいどくしょ **愛読書** aidokusho	**愛好書** àihàoshū アイハウスウ	favorite book **フェ**イヴァリト **ブ**ク
あいどる **アイドル** aidoru	**偶像** ǒuxiàng オウシアン	idol **ア**イドル
あいにく **生憎** ainiku	**不巧，不湊巧，恰巧** bùqiǎo, bú còuqiǎo, qiàqiǎo ブウチアウ, ブウ ツウチアウ, チアチアウ	unfortunately アン**フォ**ーチュネトリ
あいはんする **相反する** aihansuru	**相反** xiāngfǎn シアンファン	(be) contrary to (ビ) **カ**ントレリ トゥ
あいま **合間** aima	**空檔** kòngdǎng クオンダン	interval, leisure **イ**ンタヴァル, **リ**ージャ
あいまいな **曖昧な** aimaina	**含糊，曖昧，模糊** hánhú, àimèi, móhú ハンフウ, アイメイ, モォフウ	vague, ambiguous **ヴェ**イグ, アン**ビ**ギュアス
あいろん **アイロン** airon	**［把／隻］熨斗** [bǎ/zhī] yùndǒu [バァ/ヅー] ユインドウ	iron **ア**イアン
あう **会う** au	**見面，相會，相見** jiànmiàn, xiānghuì, xiāngjiàn ヂエンミエン, シアンフエイ, シアンヂエン	see, meet **ス**イー, **ミ**ート
あう **合う** au	**合適，合，適合** héshì, hé, shìhé ホォスー, ホォ, スーホォ	match, fit, suit **マ**チ, **フィ**ト, **ス**ート
あうとぷっと **アウトプット** autoputto	**輸出** shūchū スウツウ	output **ア**ウトプト
あうとらいん **アウトライン** autorain	**提綱，概要，大綱** tígāng, gàiyào, dàgāng ティガン, ガイイアウ, ダァガン	outline **ア**ウトライン

日	台	英
あえて **敢えて** aete	敢，勉強 gǎn, miǎnqiǎng ガン, ミエンチアン	dare to do デアトゥドゥ
あえる **和える** aeru	拌，拌匀 bàn, bànyún バン, バンユィン	dress ドレス
あお **青** ao	藍色，青色 lánsè, qīngsè ランソォ, チンソォ	blue ブルー
あおい **青い** aoi	藍，青 lán, qīng ラン, チン	blue ブルー
（未熟な）	不成熟，缺乏經驗 bù chéngshóu, quēfá jīngyàn ブゥ ツォンソゥ, チュイエファ ヂンイエン	inexperienced イニクスピアリアンスト
あおぐ **扇ぐ** aogu	扇，搧 shān, shān サン, サン	fan ファン
あおじろい **青白い** aojiroi	蒼白，灰白 cāngbái, huībái ツァンバイ, フエイバイ	pale, wan ペイル, ワン
あおる **煽る** aoru	煽動，激動 shāndòng, jīdòng サンドゥオン, ディドゥオン	stir up スターアプ
あか **赤** aka	紅色 hóngsè フオンソォ	red レド
あかい **赤い** akai	紅 hóng フオン	red レド
あかじ **赤字** akaji	紅字，赤字，虧空 hóngzì, chìzì, kuīkòng フオンズー, ツーズー, クエイクオン	deficit デフィスィト
あかす **明かす** akasu	揭露，揭發，揭示 jiēlù, jiēfā, jiēshì ヂエルゥ, ヂエファ, ヂエスー	disclose ディスクロウズ
あかちゃん **赤ちゃん** akachan	寶寶，娃娃，嬰兒，貝比 bǎobǎo, wáwā, yīng'ér, bèibǐ パウパウ, ウアウア, インオル, ペイピィ	baby ベイビ
あかみ **赤身**　（肉の） akami	瘦肉 shòuròu ソゥゾゥ	lean リーン

日	台	英
あかり **明かり** akari	[盞]燈，亮光 〔zhǎn〕dēng, liàngguāng [ヅァン]ドン，リアングアン	light, lamp **ライ**ト，**ラ**ンプ
あがる **上がる** agaru	上，爬 shàng, pá サン，パァ	rise, advance **ライ**ズ，アド**ヴァ**ンス
（緊張する）	怯場，緊張 quècháng, jǐnzhāng チュイエツァン，ヂンヅァン	get nervous ゲト ナー**ヴァ**ス
あかるい **明るい** akarui	明亮 míngliàng ミンリアン	bright, light ブ**ライ**ト，**ライ**ト
（明朗な）	明朗，開朗 mínglǎng, kāilǎng ミンラン，カイラン	cheerful **チ**アフル
（精通している）	熟悉，通曉，熟諳 shóuxī, tōngxiǎo, shóu'ān ソウシィ，トゥオンシアウ，**ソ**ウアン	(be) familiar with （ビ）ファ**ミ**リャ ウィズ
あき **空き** aki	空隙，縫，隙縫 kòngxì, fèng, xìfèng クオンシィ，フォン，シィフォン	opening, gap **オ**ウプニング，**ギャ**ップ
（空席）	空座位，空位(子) kòng[kōng] zuòwèi, kòng[kōng]wèi(zi) クオン[クオン] ヅオウエイ，クオン[クオン]ウエイ(ヅ)	vacant seat **ヴェ**イカント ス**ィ**ート
（欠員）	缺額，空缺，空額 quē'é, kòngquē, kòng'é チュイエオォ，クオンチュイエ，クオンオォ	vacancy **ヴェ**イカンスィ
～部屋	[間]空房 [jiān] kòng[kōng]fáng [ヂエン]クオン[クオン]ファン	vacant room **ヴェ**イカント **ル**ーム
あき **秋** aki	秋天 qiūtiān チオウティエン	autumn, fall **オ**ータム，**フォ**ール
あきらか **明らか** akiraka		
～な	明顯 míngxiǎn ミンシエン	clear, evident ク**リ**ア，**エ**ヴィデント

日	台	英

あ

〜に

分明，明明
fēnmíng, míngmíng
フェンミン，ミンミン

clearly
クリアリ

あきらめる
諦める
akirameru

想開，死心
xiǎngkāi, sǐxīn
シアンカイ，スーシン

give up, abandon
ギヴ アプ，アバンドン

あきる
飽きる
akiru

厭倦
yànjuàn
イエンデュイエン

(get) tired of
(ゲト) タイアド オヴ

あきれる
呆れる
akireru

驚訝，發愣，愕然
jīngyà, fālèng, èrán
デンイア，ファロン，オォザン

(be) bewildered by
(ビ) ビウィルダド バイ

あく
悪
aku

惡，邪惡，罪惡
è, xié'è, zuì'è
オォ，シエオォ，ヅエイオォ

evil, vice
イーヴィル，ヴァイス

あく
空く
aku

空(了)
kōng (le)
クオン (ロォ)

become vacant
ビカム ヴェイカント

あく
開く
aku

開，開啟，開放
kāi, kāiqǐ, kāifàng
カイ，カイチィ，カイファン

open, begin, start
オウプン，ビギン，スタート

あくい
悪意
akui

惡意，壞心，黑心
èyì, huàixīn, hēixīn
オォイィ，フエイアシン，ヘイシン

malice
マリス

あくしつな
悪質な
akushitsuna

惡劣，邪惡，惡毒
èliè, xié'è, èdú
オォリエ，シエオォ，オォドゥウ

vicious
ヴィシャス

あくしゅ(する)
握手(する)
akushu (suru)

握手
wòshǒu
ウオソウ

handshake; shake
hands with
ハンドシェイク，シェイク
ハンヅ ウィズ

あくしゅう
悪臭
akushuu

惡臭，臭味
èchòu, chòuwèi
オォツォウ，ツォウウエイ

bad smell
バド スメル

あくせいの
悪性の
akuseino

惡性
èxìng
オォシン

malignant
マリグナント

あくせさりー
アクセサリー
akusesarii

首飾
shǒushì
ソウスー

accessories
アクセソリズ

日	台	英
あくせす（する） **アクセス（する）** akusesu (suru)	接近，訪問 jiējìn, fǎngwèn ヂエヂン，ファンウン	access **ア**クセス
（インターネットに）	上網 shàngwǎng	access **ア**クセス
あくせんと **アクセント** akusento	重音，腔調，口音 zhòngyīn, qiāngdiào, kǒuyīn ヅオイン，チアンディアウ，コウイン	accent **ア**クセント
あくび **欠伸** akubi	哈欠 hāqiàn ハァチエン	yawn **ヨ**ーン
あくよう（する） **悪用（する）** akuyou (suru)	濫用 lànyòng ランユオン	abuse ア**ピュ**ーズ
あくりょく **握力** akuryoku	握力 wòlì ウオリィ	grip strength **グリ**プ スト**レ**ングス
あくりる **アクリル** akuriru	壓克力 yākèlì イアコォリィ	acrylic ア**ク**リク
あけがた **明け方** akegata	清早，清晨 qīngzǎo, qīngchén チンヅァオ，チン**ツ**ェン	daybreak **デ**イブレイク
あける **空ける** akeru	空出，騰出 kòngchū, téngchū クオン**ツ**ウ，トン**ツ**ウ	empty **エ**ンプティ
あける **明ける** （夜が） akeru	天亮 tiān liàng ティエン リアン	The day breaks. ザ **デ**イ ブ**レ**イクス
あける **開ける** akeru	打開，掀開 dǎkāi, xiānkāi ダァカイ，シエンカイ	open **オ**ウプン
あげる **上げる** ageru	抬起，舉起 táiqǐ, jǔqǐ タイチィ，ヂュィチィ	raise, lift **レ**イズ，**リ**フト
（与える）	給，送 gěi, sòng ゲイ，スオン	give, offer **ギ**ヴ，**オ**ファ
あげる **揚げる** ageru	炸 zhà ヅァ	deep-fry **ディ**ープフライ

日	台	英
あご **顎** ago	下巴，下顎 xiàbā, xià'è シアバァ，シアオォ	jaw, chin **ヂョ**ー，**チ**ン
あこがれ（る） **憧れ（る）** akogare (ru)	憧憬，嚮往[向往] chōngjǐng, xiàngwǎng **ツ**オンヂン，シアンウアン	yearning; aspire to **ヤ**ーニング，アスパイア トゥ
あさ **朝** asa	早晨，早上 zǎochén, zǎoshàng ヅァオ**ツ**エン，ヅァオ**サ**ン	morning **モ**ーニング
あさ **麻** asa	麻布 mábù マァブゥ	linen **リ**ネン
あさい **浅い** asai	淺 qiǎn チエン	shallow **シャ**ロウ
あさごはん **朝御飯** asagohan	早飯，早餐 zǎofàn, zǎocān ヅァオファン，ヅァオ**ツ**ァン	breakfast **ブレ**クファスト
あさって **明後日** asatte	後天 hòutiān ホウティエン	day after tomor-row **デ**イ アフタ ト**モ**ーロウ
あさひ **朝日** asahi	朝陽，早晨的陽光 zhāoyáng, zǎochén de yángguāng ヅァオイアン，ヅァオ**ツ**エンドォ イアングアン	morning sun **モ**ーニング **サ**ン
あさましい **浅ましい** asamashii	卑鄙，可恥，下流 bēibǐ, kěchǐ, xiàliú ベイビィ，コォ**ツ**ー，シアリオウ	shameful **シェ**イムフル
あざむく **欺く** azamuku	欺騙，騙人 qīpiàn, piànrén チィピエン，ピエン**ゼ**ン	cheat **チ**ート
あざやかな **鮮やかな** azayakana	鮮明，鮮豔 xiānmíng, xiānyàn シエンミン，シエンイエン	vivid **ヴィ**ヴィド
（見事な）	巧妙 qiǎomiào チアウミアウ	splendid ス**プレ**ンディド
あざわらう **嘲笑う** azawarau	嘲笑，譏笑 cháoxiào, jīxiào **ツ**アオシアウ，ディシアウ	ridicule **リ**ディキュール

日	台	英
あし **足・脚**（足首から先） ashi	[隻／雙]腳 〔zhī/shuāng〕jiǎo 〔ヅー／スアン〕ヂアウ	foot フト
（全体） 	[條／雙]腿 〔tiáo/shuāng〕tuǐ 〔ティアウ／スアン〕トゥエイ	leg レグ
～の裏 	腳掌 jiǎozhǎng ヂアウヂァン	sole ソウル
あじ **味** aji	味道，滋味，味 wèidào, zīwèi, wèi ウエイダウ，ヅーウエイ，ウエイ	taste テイスト
あじあ **アジア** ajia	亞洲，亞細亞 Yǎ[Yà]zhōu, Yǎxìyǎ[Yàxìyà] イア[イア]ヂォウ，イアシィイア[イアシィイア]	Asia エイジャ
あしくび **足首** ashikubi	腳踝 jiǎohuái ヂアウフアイ	ankle アンクル
あじけない **味気ない** ajikenai	枯燥，乏味，沒意思 kūzào, fáwèi, méi yìsi クウヅァオ，ファウエイ，メイ イィス	dull, uninteresting ダル，アニンタレスティング
あしすたんと **アシスタント** ashisutanto	助理，助手 zhùlǐ, zhùshǒu ヅウリィ，ヅウソウ	assistant アスィスタント
あした **明日** ashita	明天 míngtiān ミンティエン	tomorrow トモーロウ
あしば **足場** ashiba	鷹架 yīngjià インヂア	scaffold スキャフォルド
あじみする **味見する** ajimisuru	嘗，嘗味 cháng, chángwèi ツァン，ツァンウエイ	taste テイスト
あじわう **味わう** ajiwau	品嘗，品味，尋味 pǐncháng, pǐnwèi, xúnwèi ピンツァン，ピンウエイ，シュィンウエイ	taste, relish テイスト，レリシュ
あす **明日** asu	明天 míngtiān ミンティエン	tomorrow トマロウ

日	台	英
あずかる **預かる** azukaru	**保管，保存，收存** bǎoguǎn, bǎocún, shōucún バウグァン, バウツン, ソウツン	keep, take charge of キープ, テイク チャーヂ オヴ
あずき **小豆** azuki	**紅豆** hóngdòu フオンドウ	red bean レド ビーン
あずける **預ける** azukeru	**存放，寄存** cúnfàng, jìcún ツンファン, ヂィツン	leave, deposit リーヴ, ディパズィト
あすぱらがす **アスパラガス** asuparagasu	**蘆筍** lúsǔn ルウスン	asparagus アスパラガス
あすぴりん **アスピリン** asupirin	**阿司匹靈** āsīpǐlíng アァスーピィリン	aspirin アスピリン
あせ **汗** ase	**汗** hàn ハン	sweat スウェト
あせも **汗疹** asemo	**痱子** fèizi フェイヅ	heat rash ヒート ラシュ
あせる **焦る** aseru	**焦急，著急** jiāojí, zhāojí ヂアウヂィ, ヅァオヂィ	(be) in a hurry, (be) impatient (ビ) イン ア ハーリ, (ビ) インペイシェント
あそこ **あそこ** asoko	**那裡，那邊** nàlǐ, nàbiān ナァリィ, ナァビエン	that place, there ザト プレイス, ゼア
あそび **遊び** asobi	**遊戲，遊玩** yóuxì, yóuwán イオウシィ, イオウウアン	play プレイ
あそぶ **遊ぶ** asobu	**玩，遊戲，遊玩** wán, yóuxì, yóuwán ウアン, イオウシィ, イオウウアン	play プレイ
あたい **価・値** （値段） atai	**價格，價錢** jiàgé, jiàqián ヂアゴォ, ヂアチエン	price, cost プライス, コスト
（価値）	**價值** jiàzhí ヂアヅー	value, worth ヴァリュ, ワース

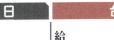

11

日	台	英
_{あたえる} **与える** ataeru	給 gěi ゲイ	give, present **ギ**ヴ, **プリ**ゼント
_{あたたかい} **暖[温]かい** atatakai	暖和, 溫暖, 溫和 nuǎnhuó, wēnnuǎn, wēnhé ヌアンフオ, ウンヌアン, ウンホオ	warm, mild **ウォ**ーム, **マ**イルド
_{あたたまる} **暖[温]まる** atatamaru	取暖, 暖和 qǔnuǎn, nuǎnhuó チュイヌアン, ヌアンフオ	(get) warm (ゲト) **ウォ**ーム
_{あたためる} **暖[温]める** atatameru	熱 rè ゾォ	warm (up), heat **ウォ**ーム (**ア**プ), **ヒ**ート
_{あだな} **仇名** adana	外號, 綽號 wàihào, chuòhào ウアイハウ, **ツ**オハウ	nickname **ニ**クネイム
_{あだぷたー} **アダプター** adaputaa	(交流)整流器 (jiāoliú) zhěngliúqì (ヂアウリオウ) ヅォンリオウチィ	adapter ア**ダ**プタ
_{あたま} **頭** atama	頭, 腦袋, 腦筋 tóu, nǎodài, nǎojīn トウ, ナウダイ, ナウヂン	head **ヘ**ド
(頭脳)	頭腦 tóunǎo トウナウ	brains, intellect **ブ**レインズ, **イ**ンテレクト
_{あたまきん} **頭金** atamakin	訂金 dìngjīn ディンヂン	deposit ディ**パ**ズィト
_{あたらしい} **新しい** atarashii	新 xīn シン	new **ニュ**ー
_{あたり} **当たり** atari	中(了) zhòng (le) ヅォン (ロォ)	hit **ヒ**ト
(成功)	成功 chénggōng ツォンゴオン	success サク**セ**ス
_{あたり} **辺り** atari	附近, 周圍 fùjìn, zhōuwéi フウヂン, ヅォウエイ	around, vicinity ア**ラ**ウンド, ヴィ**ス**ィニティ
_{あたりまえの} **当たり前の** (自然な) atarimaeno	當然, 自然 dāngrán, zìrán ダンザン, ヅーザン	natural **ナ**チュラル

日	台	英
（普通の）	普通，一般 pǔtōng, yìbān プゥトゥオン，イィバン	common, ordinary カモン，オーディネリ
あたる **当たる** （ボールなどが） ataru	打中 dǎzhòng ダァヅオン	hit ヒト
（予想が）	猜中 cāizhòng ツァイヅオン	prove to be correct プルーヴ トゥ ビ コレクト
あちこち **あちこち** achikochi	到處，各地 dàochù, gèdì ダウツゥ，ゴォディ	here and there ヒア アンド ゼア
あちら **あちら** achira	那裡，那邊 nàlǐ, nàbiān ナァリィ，ナァビエン	(over) there (オウヴァ) ゼア
あつい **熱い** atsui	熱，燙 rè, tàng ゾォ，タン	hot ハト
あつい **暑い** atsui	熱 rè ゾォ	hot ハト
あつい **厚い** atsui	厚 hòu ホウ	thick スィク
あっか（する） **悪化（する）** akka (suru)	變壞，惡化，加劇 biànhuài, èhuà, jiājù ビエンフアイ，オォフア，デアデュイ	deterioration; grow worse ディティアリオレイション， グロウ ワース
あつかい **扱い** atsukai	操作，處理，接待，待遇 cāozuò, chǔlǐ, jiēdài, dàiyù ツァオズオ，ツゥリィ，デエダイ，ダイユイ	management, treatment マニヂメント，トリートメン ト
あつかう **扱う** （待遇） atsukau	對付，接待，應酬 duìfù, jiēdài, yìngchóu ドゥエイフウ，デエダイ，インヅォウ	treat, deal with トリート，ディール ウィズ
（担当）	處理，辦理 chǔlǐ, bànlǐ ツゥリィ，バンリィ	manage, deal with マニヂ，ディール ウィズ
（操作）	使用，操縱 shǐyòng, cāozòng スーユオン，ツァオヅオン	handle ハンドル

日	台	英
あつかましい **厚かましい** atsukamashii	臉皮厚，無恥 liǎnpí hòu, wúchǐ リエンピィ ホウ，ウゥツー	impudent インピュデント
あつぎする **厚着する** atsugisuru	多穿，穿得多 duō chuān, chuānde duō ドゥオ ツアン，ツアンドォ ドゥオ	(be) heavily clothed (ビ) ヘヴィリ クロウズド
あつくるしい **暑苦しい** atsukurushii	悶熱 mēnrè メンゾォ	sultry, stuffy サルトリ，スタフィ
あつさ **暑さ** atsusa	暑氣 shǔqì スウチィ	heat ヒート
あつさ **厚さ** atsusa	厚薄，厚度 hòubó, hòudù ホウボォ，ホウドゥウ	thickness スィクネス
あっさり **あっさり** assari	清淡，阿沙力 qīngdàn, āshālì チンダン，アァサァリィ	simply, plainly スィンプリ，プレインリ
あっしゅく(する) **圧縮(する)** asshuku (suru)	壓縮，縮短 yāsuō, suōduǎn イアスオ，スオドゥアン	compression; compress コンプレション，コンプレス
あっしょう **圧勝** asshou	大捷 dàjié ダァヂエ	overwhelming victory オウヴァ(ホ)ウェルミング ヴィクトリ
あつでの **厚手の** atsudeno	厚 hòu ホウ	thick スィク
あっぱくする **圧迫する** appakusuru	壓，壓迫 yā, yāpò イア，イアポォ	oppress, press オプレス，プレス
あつまり **集まり** atsumari	聚會 jùhuì デュィフエイ	meeting ミーティング
あつまる **集まる** atsumaru	匯集，聚合 huìjí, jùhé フエイヂィ，デュィホォ	gather, come together ギャザ，カム トゲザ
あつみ **厚み** atsumi	厚薄，厚度 hòubó, hòudù ホウボォ，ホウドゥウ	thickness スィクネス

日	台	英
あつめる **集める** atsumeru	収集 shōují ソウヂィ	gather, collect ギャザ, コレクト
あつらえる **誂える** atsuraeru	訂做，訂製 dìngzuò, dìngzhì ディンヅオ, ディンヅー	order オーダ
あつりょく **圧力** atsuryoku	壓力 yālì イアリィ	pressure プレシャ
あてさき **宛て先** atesaki	收件人地址 shōujiànrén dìzhǐ ソウヂエンゼン ディヅー	address アドレス
あてな **宛て名** atena	收件人姓名 shōujiànrén xìngmíng ソウヂエンゼン シンミン	address アドレス
あてはまる **当てはまる** atehamaru	適用 shìyòng スーユオン	apply to, (be) true of アプライ トゥ, (ビ) トルー オヴ
あてる **当てる** ateru	撞，碰，打中 zhuàng, pèng, dǎzhòng ヅアン, ポン, ダァヅオン	hit, strike ヒト, ストライク
あと **跡** ato	痕跡 hénjī ヘンヂィ	mark, trace マーク, トレイス
あどけない **あどけない** adokenai	天真 tiānzhēn ティエンヅェン	innocent イノセント
あとしまつ **後始末** atoshimatsu	清理，收拾善後 qīnglǐ, shōushí shànhòu チンリィ, ソウスー サンホウ	settlement セトルメント
〜する	擦屁股，清理，收拾 cā pìgǔ, qīnglǐ, shōushí ツァ ピィグウ, チンリィ, ソウスー	settle セトル
あとつぎ **跡継ぎ** atotsugi	接班人，接棒人，後任，後嗣 jiēbānrén, jiēbàngrén, hòurèn, hòusì ヂエバンゼン, ヂエバンゼン, ホウゼン, ホウスー	successor, heir サクセサ, エア
あとで **後で** atode	後，以後，後來 hòu, yǐhòu, hòulái ホウ, イィホウ, ホウライ	later, after レイタ, アフタ

日	台	英
あどばいす(する) **アドバイス(する)** adobaisu (suru)	建議，提意見，勸告 jiànyì, tí yìjiàn, quàngào ヂエンイィ，ティ イィヂエン，チュイエンガ ウ	advice; advise アド**ヴァ**イス，アド**ヴァ**イズ
あとぴー **アトピー** atopii	異位性 yìwèixìng イィウエイシン	atopy **ア**トピ
あとりえ **アトリエ** atorie	畫室，工作室 huàshì, gōngzuòshì フア**ス**ー，グオンヅオ**ス**ー	atelier, studio **ア**トリエイ，ス**テュ**ーディオ ウ
あどれす **アドレス** adoresu	住址，地址 zhùzhǐ, dìzhǐ ヅゥ**ヅ**ー，ディ**ヅ**ー	address アド**レ**ス
IP ~	網址 wǎngzhǐ ウアン**ヅ**ー	IP address **ア**イ**ピ**ー　アド**レ**ス
あな **穴** ana	洞，孔，窟窿 dòng, kǒng, kūlóng ドゥオン，クオン，クウルオン	hole, opening **ホ**ウル，**オ**ウプニング
あなうんさー **アナウンサー** anaunsaa	廣播員，播音員 guǎngbō[bò]yuán, bō[bò]yīnyuán グアンボォ[ボォ]ユィエン，ボォ[ボォ]イン ユィエン	announcer ア**ナ**ウンサ
あなた **貴方[貴女]** anata	你，妳，您 nǐ, nǐ, nín ニィ，ニィ，ニン	you **ユ**ー
あなどる **侮る** anadoru	小看，看不起，輕視 xiǎokàn, kànbùqǐ, qīngshì シアウカン，カンブウチィ，チン**ス**ー	despise ディス**パ**イズ
あなろぐ **アナログ** anarogu	類比 lèibǐ レイビィ	analog(ue) **ア**ナローグ
あに **兄** ani	哥哥 gēge ゴォゴォ	(older) brother (**オ**ウルダ) ブ**ラ**ザ
あにめ **アニメ** anime	動畫片，卡通 dònghuàpiàn, kǎtōng ドゥオンフアピエン，カァトゥオン	animation アニ**メ**イション
あね **姉** ane	姐姐[姊姊] jiějie ヂエヂエ	(older) sister (**オ**ウルダ) **ス**ィスタ

日	台	英
あねったい **亜熱帯** anettai	亞熱帶 yǎ[yà]rèdài イア[イア]ゾォダイ	subtropical zone サブトラピカル ゾウン
あの **あの** ano	那(個／些) nà(ge/xiē) ナァ(ゴォ／シエ)	the, that, those ザ, ザト, ゾウズ
〜頃	當年，那時候 dāngnián, nà shíhòu ダンニエン, ナァ スーホウ	in those days イン ゾウズ デイズ
あぱーと **アパート** apaato	公寓 gōngyù グオンユィ	apartment, flat アパートメント, フラト
あばく **暴く** abaku	揭破，揭發，揭穿 jiēpò, jiēfā, jiēchuān デエポォ, デエファ, デエツアン	disclose ディスクロウズ
あばれる **暴れる** abareru	鬧，胡鬧 nào, húnào ナウ, フウナウ	behave violently ビヘイヴ ヴァイオレントリ
あぴーる(する) **アピール(する)** apiiru (suru)	號召，呼籲 hàozhào, hūyù ハウヅァオ, フウユィ	appeal アピール
あびせる **浴びせる** abiseru	潑 pō ポォ	pour on ポー オン
あぶない **危ない** abunai	危險，冒險 wéixiǎn, màoxiǎn ウエイシエン, マウシエン	dangerous, risky デインデャラス, リスキ
あぶら **脂** abura	油脂，脂肪 yóuzhī, zhīfáng イオウヅー, ヅーファン	grease, fat グリース, ファト
あぶら **油** abura	油 yóu イオウ	oil オイル
あぶらえ **油絵** aburae	油畫 yóuhuà イオウフア	oil painting オイル ペインティング
あぶらっこい **油っこい** aburakkoi	油膩，油膩膩 yóunì, yóunìnì イオウニィ, イオウニィニィ	oily オイリ
あぶる **炙る** aburu	烤，烘 kǎo, hōng カウ, フオン	roast ロウスト

日	台	英
あふれる **溢れる** afureru	溢出，漾出 yìchū, yàngchū イィツウ, イアンツウ	overflow, flood オウヴァフロウ, フラド
あぷろーち(する) **アプローチ(する)** apuroochi (suru)	接近 jiējìn ヂエヂン	approach アプロウチ
あぼかど **アボカド** abokado	酪梨 luòlí ルオリィ	avocado アヴォカードウ
あまい **甘い** amai	甜 tián ティエン	sweet スウィート
(寛容)	姑息 gūxí グウシィ	indulgent インダルヂェント
あまえる **甘える** amaeru	撒嬌 sājiāo サァヂアウ	behave like a baby ビヘイヴ ライク ア ベイビ
あまくちの **甘口の** amakuchino	甜味 tián wèi ティエン ウエイ	sweet スウィート
あまちゅあ **アマチュア** amachua	業餘，外行，素人 yèyú, wàiháng, sùrén イエユィ, ウアイハン, スウゼン	amateur アマチャ
あまど **雨戸** amado	遮雨窗 zhēyǔchuāng ヅォユィツアン	(sliding) shutter (スライディング) シャタ
あまのがわ **天の川** amanogawa	銀河，天河 yínhé, tiānhé インホォ, ティエンホォ	Milky Way ミルキ ウェイ
あまやかす **甘やかす** amayakasu	嬌寵，嬌養 jiāochǒng, jiāoyǎng ヂアウツオン, ヂアウイアン	spoil, indulge スポイル, インダルヂ
あまり **余り** amari	餘剩，多餘 yúshèng, duōyú ユィソン, ドゥオユィ	rest, remainder レスト, リメインダ
あまる **余る** amaru	剩下，剩餘 shèngxià, shèngyú ソンシア, ソンユィ	remain リメイン
あまんじる **甘んじる** amanjiru	甘於，甘願，情願 gānyú, gānyuàn, qíngyuàn ガンユィ, ガンユィエン, チンユィエン	(be) contented with (ビ) コンテンテド ウィズ

日	台	英

あ

あみ 網 ami	網，羅網 wǎng, luówǎng ウアン，ルオウアン	net ネト
あみもの 編み物 amimono	編織物，毛織品 biānzhīwù, máozhīpǐn ビエンヅーウゥ，マウヅーピン	knitting ニティング
あむ （毛糸などを） amu	織《毛衣》 zhī〈máoyī〉 ヅー《マウィィ》	knit ニト
（編集） 	編《辭典》 biān〈cídiǎn〉 ビエン《ツーディエン》	edit エディト
あめ 雨 ame	雨 yǔ ユィ	rain レイン
～が降る	下雨 xià yǔ シア ユィ	It rains. イト レインズ
あめ 飴 ame	［塊］糖，糖果 ［kuài］táng, tángguǒ 〔クアイ〕タン，タングオ	candy キャンディ
あめりか（がっしゅうこく） アメリカ（合衆国） amerika（gasshuukoku）	美國 Měiguó メイグオ	United States (of America) ユナイテド ステイツ（オヴ アメリカ）
～人	美國人 Měiguórén メイグオゼン	American アメリカン
あやしい 怪しい ayashii	可疑 kěyí コオイイ	doubtful, suspicious ダウトフル，サスピシャス
あやしむ 怪しむ ayashimu	懷疑 huáiyí フアイイィ	suspect, doubt サスペクト，ダウト
あやまち 過ち ayamachi	錯誤，過失 cuòwù, guòshī ツオウゥ，グオスー	fault, error フォルト，エラ
あやまり 誤り ayamari	錯誤，謬誤 cuòwù, miùwù ツオウゥ，ミオウウゥ	mistake, error ミステイク，エラ

日	台	英
あやまる **誤る** ayamaru	做錯，弄錯 zuòcuò, nòngcuò ヅオツオ，ヌオンツオ	mistake, fail in ミステイク，フェイル イン
あやまる **謝る** ayamaru	道歉，謝罪，賠罪 dàoqiàn, xièzuì, péizuì ダウチエン，シエヅエイ，ペイヅエイ	apologize to アパロヂャイズ トゥ
あゆみ **歩み** ayumi	腳步，歷程 jiǎobù, lìchéng ヂアウブウ，リィツォン	walking, step ウォーキング，ステプ
あゆむ **歩む** ayumu	走，行 zǒu, xíng ヅォウ，シン	walk ウォーク
あらーむ **アラーム** araamu	警報 jǐngbào ヂンバウ	alarm アラーム
あらあらしい **荒々しい** araarashii	粗暴，粗魯，粗野，暴烈 cūbào, cūlǔ, cūyě, bàoliè ツウバウ，ツウルウ，ツウイエ，バウリエ	rough, rude ラフ，ルード
あらい **粗い** arai	粗糙，粗大 cūcāo, cūdà ツウツァオ，ツウダァ	rough, coarse ラフ，コース
あらう **洗う** arau	洗 xǐ シィ	wash, cleanse ワシュ，クレンズ
あらかじめ **予め** arakajime	預先，事先 yùxiān, shìxiān ユイシエン，スーシエン	beforehand, in advance ビフォーハンド，イン アドヴァンス
あらし **嵐** arashi	風暴，狂飆，颶風 fēngbào, kuángbiāo, jùfēng フォンバウ，クアンビアウ，ヂュイフォン	storm, tempest ストーム，テンペスト
あらす **荒らす** arasu	毀壞，破壞，糟蹋 huǐhuài, pòhuài, zāotà フエイフアイ，ポォフアイ，ヅアオタア	damage ダミヂ
あらそい **争い** arasoi	爭吵，糾紛，爭執 zhēngchǎo, jiūfēn, zhēngzhí ヅォンツァオ，ヂオウフェン，ヅォンヅー	quarrel, dispute クウォレル，ディスピュート
あらそう **争う** arasou	爭，爭奪，鬥爭 zhēng, zhēngduó, dòuzhēng ヅォン，ヅォンドゥオ，ドウヅォン	fight, quarrel ファイト，クウォレル

日	台	英
あらたまる **改まる** aratamaru	更新，更迭 gēngxīn, gēngdié ゴンシン，ゴンディエ	(be) renewed (ピ) リニュード
あらためる **改める** aratameru	改，改正，糾正 gǎi, gǎizhèng, jiūzhèng ガイ，ガイヅォン，ヂオウヅォン	renew, revise リニュー，リヴァイズ
あらびあ **アラビア** arabia	阿拉伯 Ālābó アァラァボォ	Arabia アレイビア
〜数字	阿拉伯數字 Ālābó shùzì アァラァボォ スウヅー	Arabic numerals アラビク ヌメラルズ
あらゆる **あらゆる** arayuru	所有，一切 suǒyǒu, yíqiè スオイオウ，イイチエ	all, every オール，エヴリ
あらわす **表す** arawasu	表示，表達，抒發 biǎoshì, biǎodá, shūfā ビアウスー，ビアウダァ，スウファ	show, manifest, express ショウ，マニフェスト，イク スプレス
あらわに **露わに** arawani	公然，顯然 gōngrán, xiǎnrán グオンザン，シエンザン	openly, publicly オウプンリ，パブリクリ
あらわれる **表れる** arawareru	表現，顯示 biǎoxiàn, xiǎnshì ビアウシエン，シエンスー	(be) shown (ピ) ショウン
あらわれる **現れる** arawareru	出現，呈現 chūxiàn, chéngxiàn ツウシエン，ツォンシエン	come out, appear カム アウト，アピア
あり **蟻** ari	螞蟻 mǎyǐ マァイイ	ant アント
ありあまる **有り余る** ariamaru	過剰 guòshèng グオソン	more than enough モー ザン イナフ
ありうる **有り得る** ariuru	可能 kěnéng コォノン	possible パスィブル
ありえない **有り得ない** arienai	不可能 bù kěnéng プウ コォノン	impossible インパスィブル

日	台	英
ありがたい **有り難い** arigatai	難得，可貴，珍貴 nándé, kěguì, zhēnguì ナンドォ, コヲグエイ, ヅェングエイ	thankful, grateful **サ**ンクフル, **グ**レイトフル
ありがとう **有り難う** arigatou	謝謝，多謝，感謝 xièxiè, duōxiè, gǎnxiè シエシエ, ドゥオシエ, ガンシエ	Thanks. **サ**ンクス
ありのままの **ありのままの** arinomamano	如實，據實 rúshí, jùshí ズウスー, デュィスー	frank, plain フ**ラ**ンク, **プ**レイン
ありばい **アリバイ** aribai	不在場證明 bú zàichǎng zhèngmíng ブウ ヅァイ**チャ**ン ヅォンミン	alibi **ア**リバイ
ありふれた **ありふれた** arifureta	常見，司空見慣 chángjiàn, sī kōng jiàn guàn **ツァ**ンヂエン, スー クオン ヂエン グアン	common, ordinary **カ**モン, **オ**ーディネリ
ある **在[有]る** aru	在，在於，存在 zài, zàiyú, cúnzài ヅァイ, ヅァイユィ, ツンヅァイ	be, exist **ビ**ー, イグ**ズ**ィスト
(起こる)	發生 fāshēng ファソン	occur, happen オ**カ**ー, **ハ**プン
あるいは **或いは** aruiwa	或，或是，或者 huò, huòshì, huòzhě フオ, フオ**ス**ー, フオ**ヅ**ォ	(either) or (**イ**ーザ) **オ**ー
(多分)	或許，可能，也許 huòxǔ, kěnéng, yěxǔ フオシュィ, コォノン, イエシュィ	perhaps, maybe パ**ハ**プス, **メ**イビ
あるかり **アルカリ** arukari	鹹[鹼] jiǎn ヂエン	alkali **ア**ルカライ
あるく **歩く** aruku	走，步行 zǒu, bùxíng ヅォウ, ブウシン	walk, go on foot **ウォ**ーク, **ゴ**ウ オン **フ**ト
あるこーる **アルコール** arukooru	酒精 jiǔjīng ヂオウヂン	alcohol **ア**ルコホール
あるつはいまーびょう **アルツハイマー病** arutsuhaimaabyou	阿茲海默病 āzīhǎimòbìng ァヅーハイモォビン	Alzheimer's disease **ア**ールツハイマズ ディ**ズ**ィーズ

日	台	英
あ		
あるばいと(する) **アルバイト(する)** arubaito (suru)	打工，工讀 dǎgōng, gōngdú ダァゴン，グオンドゥウ	part-time job; work part-time パートタイム **チャブ**，ワーク パートタイム
あるばむ **アルバム** arubamu	照相簿，寫真集 zhàoxiàngbù, xiězhēnjí ヅァオシアンブウ，シエヅェンヂィ	album **ア**ルバム
あるふぁべっと **アルファベット** arufabetto	英文字母，ABC Yīngwén zìmǔ, ABC インウン ヅームウ，ABC	alphabet **ア**ルファベット
あるみにうむ **アルミニウム** aruminiumu	鋁 lǚ リュイ	aluminum ア**ルー**ミナム
あれ **あれ** are	那，那個，那件事 nà, nàge, nà jiàn shì ナァ，ナァゴォ，ナァ ヂエン **ス**ー	that, it **ザ**ト，**イ**ト
〜から	從那以後，從那時起 cóng nà yǐhòu, cóng nàshí qǐ ツオン ナァ イィホウ，ツオン ナァ**ス**ーチィ	since then スィンス **ゼ**ン
〜ほど	那麼，那樣 nàme, nàyàng ナァモ，ナアイアン	so (much) **ソ**ウ (**マ**チ)
あれる **荒れる** (天気などが) areru	鬧(天氣) nào (tiānqì) ナウ (ティエンチィ)	(be) rough (ビ) **ラ**フ
(荒廃する)	荒蕪，荒涼，荒廢 huāngwú, huāngliáng, huāngfèi フアンウウ，フアンリアン，フアンフェイ	(be) ruined (ビ) **ル**インド
あれるぎー **アレルギー** arerugii	過敏 guòmǐn グオミン	allergy **ア**ラヂ
あれんじ(する) **アレンジ(する)** arenji (suru)	布置，改編，改寫 bùzhì, gǎibiān, gǎixiě ブウ**ヅ**ー，ガイビエン，ガイシエ	arrangement; arrange ア**レ**インヂメント，ア**レ**インヂ
あわ **泡** awa	泡沫，氣泡 pàomò, qìpào パウモォ，チィパウ	bubble, foam **バ**ブル，**フォ**ウム
あわい **淡い** awai	淡，淺，薄 dàn, qiǎn, báo ダン，チエン，バウ	light, pale **ラ**イト，**ペ**イル

日	台	英

あわせる
合わせる
awaseru
合起來，合併
héqǐlái, hébìng
ホォチィライ，ホォビン
put together, unite
プトトゲザ，ユーナイト

（適合）
使適應，配合，調合
shǐ shìyìng, pèihé, tiáohé
スー スーイン，ペイホォ，ティアウホォ
set, adjust
セト，アヂャスト

（照合）
對照，核對
duìzhào, héduì
ドゥエイヅァオ，ホォドゥエイ
compare
コンペァ

あわただしい
慌ただしい
awatadashii
急忙，匆忙，慌張
jímáng, cōngmáng, huāngzhāng
ヂィマン，ツオンマン，フアンヅァン
hurried
ハーリド

あわてる
慌てる
awateru
慌張，驚慌
huāngzhāng, jīnghuāng
フアンヅァン，ヂンフアン
(be) upset
（ビ）アプセト

（急ぐ）
急忙，匆忙
jímáng, cōngmáng
ヂィマン，ツオンマン
(be) hurried
（ビ）ハーリド

あわび
鮑
awabi
鮑魚
bàoyú
バウユィ
abalone
アバロウニ

あわれな
哀[憐]れな
awarena
可憐，悲哀
kělián, bēi'āi
コォリエン，ベイアイ
pitiful
ピティフル

あわれむ
哀[憐]れむ
awaremu
憐憫，憐愛
liánmǐn, lián'ài
リエンミン，リエンアイ
pity, feel pity for
ピティ，フィール ピティ フォ

あん
案
an
方案，計劃
fāng'àn, jìhuà
ファンアン，ヂィフア
plan
プラン

（提案）
提案，提議，建議
tí'àn, tíyì, jiànyì
ティアン，ティイイ，ヂエンイイ
proposal
プロポウザル

あんいな
安易な
an-ina
輕易，容易，簡單
qīngyì, róngyì, jiǎndān
チンイイ，ズオンイイ，ヂエンダン
easy
イーズィ

あんがい
案外
angai
出乎意料，意料之外
chū hū yì liào, yì liào zhī wài
ツゥ フウ イィ リアウ，イィ リアウ ヅーウアイ
unexpectedly
アニクスペクテドリ

日	台	英
あんきする **暗記する** ankisuru	**背，背誦** bèi, bèisòng ペイ，ペイスオン	memorize, learn by heart メモライズ，**ラ**ーン　バイ ハート
あんけーと **アンケート** ankeeto	**問卷調査** wènjuàn diàochá ウンヂュイエン ディアウ**ツ**ァ	questionnaire クウェスチョネ**ア**
あんごう **暗号** angou	**密碼，暗碼，暗號** mìmǎ, ànmǎ, ànhào ミィマァ，アンマァ，アンハウ	cipher, code **サ**イファ，**コ**ウド
あんこーる **アンコール** ankooru	**安可** ānkě アンコォ	encore **ア**ーンコー
あんさつ（する） **暗殺（する）** ansatsu (suru)	**暗害，暗殺** ànhài, ànshā アンハイ，アン**サ**ァ	assassination;　as- sassinate アサスィネイション，ア**サ** スィネイト
あんざん **暗算** anzan	**心算，默算** xīnsuàn, mòsuàn シンスアン，モオスアン	mental arithmetic **メ**ンタル アリスメティク
あんじ（する） **暗示（する）** anji (suru)	**暗示，示意** ànshì, shìyì アン**ス**ー，**ス**ーイィ	suggestion;　sug- gest サグ**チェ**スチョン，サグ**チェ** スト
あんしょう（する） **暗唱（する）** anshou (suru)	**背誦** bèisòng ペイスオン	recitation; recite レスィ**テ**イション，リ**サ**イト
（詩の）	**背（詩）** bèi(shī) ペイ（**ス**ー）	recitation; recite レスィ**テ**イション，リ**サ**イト
あんしょうばんごう **暗証番号** anshoubangou	**暗碼，密碼** ànmǎ, mìmǎ アンマァ，ミィマァ	PIN number **ピ**ン **ナ**ンバ
あんじる **案じる** anjiru	**掛念，擔心** guàniàn, dānxīn グアニエン，ダンシン	(be) anxious about （ビ）**ア**ンクシャス アバウト
あんしん（する） **安心（する）** anshin (suru)	**放心，安心** fàngxīn, ānxīn ファンシン，アンシン	relief; feel relieved リリーフ，**フィ**ール リリー ヴド
あんず **杏** anzu	**杏** xìng シン	apricot **ア**プリカト

日	台	英
あんせい **安静** ansei	安静，安寧 ānjìng, ānníng アンヂン，アンニン	rest レスト
あんぜん(な) **安全(な)** anzen (na)	安全，保險 ānquán, bǎoxiǎn アンチュイエン，バウシエン	safety; safe セイフティ，セイフ
あんだーらいん **アンダーライン** andaarain	字下線 zìxiàxiàn ヅーシアシエン	underline アンダライン
あんてい(する) **安定(する)** antei (suru)	安定，穩定 āndìng, wěndìng アンディン，ウンディン	stability; (be) sta- bilized, (be) stable スタビリティ，(ビ) ステイビ ライズド,(ビ) ステイブル
あんてな **アンテナ** antena	天線，小耳朵 tiānxiàn, xiǎo'ěrduo ティエンシエン，シアウオルドゥオ	antenna, aerial アンテナ，エアリアル
あんな **あんな** anna	那樣(的)，那種 nàyàng(de), nàzhǒng ナァイアン(ドォ)，ナァヅォン	such, like that サチ，ライク ザト
～に	那麼 nàme ナァモ	to that extent トゥ ザト イクステント
あんない(する) **案内(する)** annai (suru)	嚮導，引導 xiàngdǎo, yǐndǎo シアンダウ，インダウ	guidance; guide ガイダンス，ガイド
(席に)	帶位 dàiwèi ダイウエイ	direction; direct to ディレクション，ディレクト トゥ
(通知)	通知(單) tōngzhī(dān) トゥオンヅー(ダン)	notice; notify ノウティス，ノウティファイ
～所	訊問處，服務處 xùnwènchù, fúwùchù シュインウンツウ，フゥウゥツウ	information desk インフォメイション デスク
あんに **暗に** anni	暗中，悄悄地 ànzhōng, qiǎoqiāo de アンヅォン，チアウチアウ ドォ	tacitly タスィトリ
あんばらんす **アンバランス** anbaransu	不平衡，不均衡 bù pínghéng, bù jūnhéng ブウ ピンホン，ブウ ヂュィンホン	imbalance インバランス

日	台	英
あんぴ **安否** anpi	**安危** ānwéi アンウエイ	safety **セ**イフティ
あんぺあ **アンペア** anpea	**安培** ānpéi アンペイ	ampere **ア**ンピア
あんみん **安眠** anmin	**安眠** ānmián アンミエン	quiet sleep ク**ワ**イエト ス**リー**プ
あんもくの **暗黙の** anmokuno	**默默，默契** mòmò, mòqì モォモォ, モォチイ	tacit **タ**スィト
あんもにあ **アンモニア** anmonia	**阿摩尼亞，氨** āmóníyǎ[yà], ān アァモォニイアイア[イア], アン	ammonia ア**モ**ウニャ

い，イ

い **胃** i	**胃** wèi ウエイ	stomach ス**タ**マク
～潰瘍	**胃潰瘍** wèikuìyáng ウエイクエイイアン	stomach ulcer ス**タ**マク **ア**ルサ
いい **好い** ii	**好，佳，良好** hǎo, jiā, liánghǎo ハウ, ヂア, リアンハウ	good, fine, nice **グ**ド, **ファ**イン, **ナ**イス
いいあらそい **言い争い** iiarasoi	**爭吵** zhēngchǎo ヅォンツァオ	quarrel ク**ウォ**レル
いいあらそう **言い争う** iiarasou	**爭吵** zhēngchǎo ヅォンツァオ	quarrel, argue ク**ウォ**レル, **アー**ギュー
いいえ **いいえ** iie	**不，不是，不對** bù, bú shì, bú duì ブウ, ブウ ス―, ブウ ドゥエイ	no **ノ**ウ
いいかえす **言い返す** iikaesu	**回嘴，頂嘴** huízuǐ, dǐngzuǐ フエイヅエイ, ディンヅエイ	answer back, re-tort **ア**ンサ **バ**ク, リ**ト**―ト
いいかえる **言い換える** iikaeru	**換句話說** huàn jù huà shuō フアン デュイ フア スォ	say in other words **セ**イ イン **ア**ザ **ワ**―ヅ

日	台	英
いいかげんな **好い加減な** iikagenna	馬虎，草率，隨便 mǎhǔ, cǎoshuài, suíbiàn マァフウ, ツァオスアイ, スエイビエン	random ランダム
(あいまい)	含糊，含混，模糊 hánhú, hánhùn, móhú ハンフウ, ハンフン, モォフウ	vague ヴェイグ
(無責任)	敷衍，不可靠 fūyǎn, bù kěkào フウウイエン, ブウ コォカウ	irresponsible イリスパンスィブル
いいすぎ **言い過ぎ** iisugi	說得過分 shuōdé guòfèn スオドォ グオフェン	exaggeration イグザチャレイション
いいつけ **言い付け** iitsuke	囑咐，吩咐 zhǔfù, fēnfù ヅウフウ, フェンフウ	instructions, order インストラクションズ, オーダ
いいつたえ **言い伝え** iitsutae	傳說 chuánshuō ツアンスオ	tradition トラディション
いいのがれる **言い逃れる** iinogareru	支吾，推脫，抵賴 zhīwú, tuītuō, dǐlài ヅーウウ, トゥエイトゥオ, ディライ	evade, excuse *oneself* イヴェイド, イクスキューズ
いいふらす **言い触らす** iifurasu	揚言，張揚，造謠 yángyán, zhāngyáng, zàoyáo イアンイエン, ヅァンイアン, ヅァオイアウ	spread スプレド
いいぶん **言い分** iibun	主張，說詞 zhǔzhāng, shuōcí ヅウヅァン, スオツー	say, opinion セイ, オピニョン
いいまちがい **言い間違い** iimachigai	說錯 shuōcuò スオツオ	misstatement ミスステイトメント
いーめーる **Eメール** iimeeru	電子郵件，e-mail diànzǐ yóujiàn, e-mail ディエンツー イオウヂエン, e-mail	e-mail イーメイル
いいよる **言い寄る** iiyoru	追求，求愛 zhuīqiú, qiú'ài ヅエイチオウ, チオウアイ	make a pass at メイク ア パス アト
いいわけ **言い訳** iiwake	藉口[借口]，說辭 jièkǒu, shuōcí ヂエコウ, スオツー	excuse, pretext イクスキューズ, プリーテクスト
いいん **委員** iin	委員 wěiyuán ウエイユィエン	(member of a) committee (メンバ オヴ ア) コミティ

日	台	英
~会	委員會 wěiyuánhuì ウエイユィエンフエイ	committee コミティ
いう 言う iu	講, 說, 告訴, 叫 jiǎng, shuō, gàosù, jiào ヂアン, スオ, ガウスウ, ヂアウ	say, tell セイ, テル
いえ 家 ie	房子, 房屋, 厝 fángzi, fángwū, cuò ファンヅ, ファンウゥ, ツオ	house ハウス
(家庭)	家, 家庭 jiā, jiātíng ヂア, ヂアティン	home ホウム
(一家)	(一)家 (yì)jiā (イィ)ヂア	family ファミリ
いえでする 家出する iedesuru	蹺家, 逃家 qiàojiā, táojiā チアウヂア, タウヂア	run away from home ラン アウェイ フラム ホウム
いおん イオン ion	離子 lízǐ リィヅー	ion アイオン
いか 以下 ika	…以下, …之下 ...yǐxià, ...zhīxià … イィシア, … ヅーシア	less than, under レス ザン, アンダ
(下記の)	如次, 如下 rúcì, rúxià ズゥツー, ズゥシア	following フォロウイング
いか 烏賊 ika	[隻／條]烏賊, 花枝, 魷 魚 [zhī/tiáo] wūzéi, huāzhī, yóuyú [ヅー／ティアウ] ウゥヅェイ, フアヅー, イオウユィ	cuttlefish, squid カトルフィシュ, スクウィー ド
いがい 以外 igai	…以外, 除…之外 ...yǐwài, chú...zhīwài … イィウアイ, ツゥ … ヅーウアイ	except イクセプト
いがいな 意外な igaina	出乎意料, 想不到(的) chū hū yì liào, xiǎngbúdào (de) ツゥ フウ イィ リアウ, シアンブウダウ (ドォ)	unexpected アニクスペクテド

日	台	英
いかがわしい **いかがわしい** ikagawashii	可疑，下流，不正派 kěyí, xiàliú, bú zhèngpài コォイイ，シアリオウ，ブウ ヂォンパイ	doubtful, dubious **ダ**ウトフル，**デュー**ビアス
いがく **医学** igaku	醫學 yīxué イィシュイエ	medical science **メ**ディカル **サ**イエンス
いかす **生かす** ikasu	留活命，使活下來 liú huómìng, shǐ huóxiàlái リオウ フオミン，スー フオシアライ	keep alive **キー**プ アライヴ
いかめしい **厳しい** ikameshii	嚴厲，莊嚴，森嚴 yánlì, zhuāngyán, sēnyán イエンリィ，ヂュアンイエン，センイエン	dignified, grave **ディ**グニファイド，グ**レ**イヴ
いかり **怒り** ikari	火氣，憤怒 huǒqì, fènnù フオチィ，フェンヌウ	anger, rage **ア**ンガ，**レ**イヂ
いき **息** iki	呼吸，氣息 hūxī, qìxí フウシィ，チィシィ	breath ブ**レ**ス
いぎ **異議** igi	異議 yìyì イィイィ	objection オブ**ヂェ**クション
いぎ **意義** igi	意義 yìyì イィイィ	meaning **ミー**ニング
いきいきと **生き生きと** ikiikito	生動地，栩栩如生 shēngdòng de, xǔxǔ rú shēng ソンドゥオン ドォ，シュイシュイ ズウ ソン	lively, vividly **ラ**イヴリィ，**ヴィ**ヴィドリ
いきおい **勢い** ikioi	勢力，力量 shìlì, lìliàng **ス**ーリィ，リィリアン	power, force **パ**ウア，**フォー**ス
（気力）	氣勢 qìshì チィスー	energy **エ**ナヂ
いきかえる **生き返る** ikikaeru	復活，回生，甦醒［蘇醒］ fùhuó, huíshēng, sūxǐng フウフオ，フエイソン，スウシン	come back to life **カ**ム **バ**ク トゥ **ラ**イフ
いきかた **生き方** ikikata	生活方式 shēnghuó fāngshì ソンフオ ファン**ス**ー	lifestyle **ラ**イフスタイル

日	台	英
いきさき **行き先** ikisaki	**目的地** mùdìdì ムゥディディ	destination デスティネイション
いきさつ **いきさつ** ikisatsu	**原委，始末，經過** yuánwěi, shǐmò, jīngguò ユィエンウエイ, スーモォ, ヂングオ	circumstances サーカムスタンセズ
いきどまり **行き止まり** ikidomari	**盡頭，終點，死路** jìntóu, zhōngdiǎn, sǐlù ヂントウ, ヅォンディエン, スールウ	dead end デド エンド
いきなり **いきなり** ikinari	**突然，冷不防** túrán, lěngbùfáng トゥウザン, ロンブウファン	suddenly, abruptly サドンリ, アブラプトリ
いきぬき **息抜き** ikinuki	**休息** xiūxí シオウシィ	rest レスト
～する	**歇氣，休息** xiēqì, xiūxí シエチィ, シオウシィ	take a rest テイク ア レスト
いきのこる **生き残る** ikinokoru	**倖存，殘存** xìngcún, cáncún シンツン, ツァンツン	survive サヴァイヴ
いきもの **生き物** ikimono	**生物** shēngwù ソンウゥ	living thing, life リヴィング スィング, ライフ
いぎりす **イギリス** igirisu	**英國** Yīngguó インクオ	England, (Great) Britain イングランド, (グレイト) ブリトン
いきる **生きる** ikiru	**活，生存** huó, shēngcún フオ, ソンツン	live, (be) alive リヴ, (ビ) アライヴ
いく **行く** iku	**去，往** qù, wǎng チュイ, ウアン	go, come ゴウ, カム
いくじ **育児** ikuji	**養育幼兒** yǎngyù yòu'ér イアンユィ イオウオル	childcare, nursing チャイルドケア, ナースィング
いくつ **幾つ** ikutsu	**多少，幾(個)** duōshǎo, jǐ(ge) ドゥオサオ, ディ(ゴオ)	how many ハウ メニ

日	台	英
（何歳）	幾歳，多大 jǐsuì, duō dà ディスエイ，ドゥオ ダァ	how old ハウ オウルド
いくつか **幾つか** ikutsuka	一些，幾個 yìxiē, jǐge イィシエ，ディゴォ	some, several サム，セヴラル
いくらか **幾らか** ikuraka	稍微，一些，一點，有些 shāowéi, yìxiē, yìdiǎn, yǒuxiē サオウェイ，イィシエ，イィディエン，イオ ウシエ	some, a little サム，ア リトル
いけ **池** ike	池，池塘，水池 chí, chítáng, shuǐchí ツー，ツータン，スエイツー	pond, pool パンド，プール
いけない **いけない** ikenai	不好，不妥，不適當 bù hǎo, bù tuǒ, bú shìdàng プウ ハウ，プウ トゥオ，プウ スーダン	bad, naughty バド，ノーティ
（禁止）	不行，不准，不許 bùxíng, bùzhǔn, bùxǔ プウシン，プウヅン，プウシュィ	must not do マスト ナト ドゥ
いけばな **生け花** ikebana	插花 chāhuā ツァフア	flower arrange- ment フラウア アレインヂメント
いけん **意見** iken	意見，主意，見解 yìjiàn, zhǔyì, jiànjiě イィヂエン，ヅウイィ，デエンヂエ	opinion, idea オピニョン，アイディーア
（忠告）	勸告，警告 quàngào, jǐnggào チュイエンガウ，ヂンガウ	advice, admoni- tion アドヴァイス，アドモニショ ン
いげん **威厳** igen	威嚴，尊嚴 wēiyán, zūnyán ウエイイエン，ヅンイエン	dignity, prestige ディグニティ，プレスティー ジ
いご **以後** igo	以後，今後，之後 yǐhòu, jīnhòu, zhīhòu イィホウ，ヂンホウ，ヅーホウ	from now on フラム ナウ オン
いこう **意向** ikou	意圖，意向，打算 yìtú, yìxiàng, dǎsuàn イィトゥウ，イィシアン，ダアスアン	intention インテンション
いざこざ **いざこざ** izakoza	糾紛，摩擦 jiūfēn, mócā デオウフェン，モォツァ	trouble トラブル

日	台	英
いさましい **勇ましい** isamashii	**雄壮，英勇，勇敢** xióngzhuàng, yīngyǒng, yǒnggǎn シュオンヅアン，インユオン，ユオンガン	brave, courageous ブレイヴ，カレイヂャス
いさめる **諫める** isameru	**諫諍，勧告** jiànzhèng, quàngào ヂエンヅォン，チュイエンガウ	remonstrate リマンストレイト
いさん **遺産** isan	**遺産** yíchǎn イィ**ツ**ァン	inheritance, legacy イン**ヘ**リタンス，**レ**ガスィ
いし **石** ishi	**石頭** shítóu **ス**ートウ	stone ス**ト**ウン
いし **意志** ishi	**意志，決意，志向** yìzhì, juéyì, zhìxiàng イィ**ヅ**ー，デュイエイィ，**ヅ**ーシアン	will, volition **ウィ**ル，ヴォウ**リ**ション
いし **意思** ishi	**心意，意思，打算** xīnyì, yìsī, dǎsuàn シン**イ**ィ，イィ**ス**ー，ダァスアン	intention イン**テ**ンション
いし **医師** ishi	**醫生，醫師** yīshēng, yīshī イィ**ソ**ン，イィ**ス**ー	doctor **ダ**クタ
いじ **意地** iji	**固執，逞強** gùzhí, chěngqiáng グウ**ヅ**ー，**ツ**ォンチアン	stubbornness ス**タ**ボネス
いしき(する) **意識(する)** ishiki (suru)	**意識，知覺** yìshì, zhījué イィ**ス**ー，**ツ**ーデュイエ	consciousness; conscious **カ**ンシャスネス，**カ**ンシャス
いじめる **いじめる** ijimeru	**欺負，折磨，捉弄** qīfù, zhémó, zhuōnòng チィフウ，**ヅ**ォモォ，**ヅ**ォヌオン	bully, torment **ブ**リ，ト−**メ**ント
いしゃ **医者** isha	**醫生** yīshēng イィ**ソ**ン	doctor **ダ**クタ
いしゃりょう **慰謝料** isharyou	**贍養費** shànyǎngfèi **サ**ンイアンフェイ	compensation money カンペン**セ**イション **マ**ニ
いじゅう(する) **移住(する)** ijuu (suru)	**移住，移居** yízhù, yíjū イィ**ヅ**ウ，イィ**ヂュ**イ	migration; migrate マイグ**レ**イション，**マ**イグレ イト

日	台	英
いしゅく（する） **萎縮(する)** ishuku (suru)	萎縮，蜷縮 wěi[wēi]suō, quánsuō ウエイ[ウエイ]スオ，チュィエンスオ	atrophy ア卜ロフィ
いしょ **遺書** isho	遺書 yíshū イィスウ	will ウィル
いしょう **衣装** ishou	服裝，衣著 fúzhuāng, yīzhuó フウヂュアン，イィヂオ	clothes, costume クロウズ，**カ**ステューム
いじょう **以上** ijou	以上，如上 yǐshàng, rúshàng イィ**サ**ン，**ズ**ウ**サ**ン	more than, over, above モー **ザ**ン，**オ**ウ**ヴァ**，アパヴ
いじょう（な） **異常(な)** ijou (na)	異常，反常 yìcháng, fǎncháng イィ**ツ**ァン，ファン**ツ**ァン	abnormality; unusual, abnormal アブノー**マ**リティ，ア**二**ュージュアル，アブ**ノ**ーマル
いしょく（する） **移植(する)** ishoku (suru)	移種，移植 yízhǒng, yízhí イィ**ヂ**オン，イィ**ヅ**ー	transplantation; transplant トランスプラン**テ**イション，トランスプ**ラ**ント
いしょくの **異色の** ishokuno	奇特，有特色的 qítè, yǒu tèsè de チィ卜ォ，イオウ トォソォ ドォ	unique ユー**二**ーク
いじる **いじる** ijiru	擺弄，玩弄 bǎinòng, wánnòng バイ**ヌ**オン，ウアン**ヌ**オン	finger, fumble with **フィ**ンガ，**ファ**ンブル ウィズ
いじわるな **意地悪な** ijiwaruna	壞心眼，刁難，使壞 huài xīnyǎn, diāonán, shǐhuài フアイ シンイエン，ディアウナン，**ス**ーフアイ	ill-natured, nasty イル**ネ**イチャド，**ナ**スティ
いす **椅子** isu	椅子 yǐzi イィ**ヅ**	chair, stool **チェ**ア，ス**トゥ**ール
（地位） 	職位 zhíwèi **ヅ**ーウエイ	post **ポ**ウスト
いずれ **いずれ**（そのうちに） izure	不久，改天，改日 bùjiǔ, gǎitiān, gǎirì ブウヂオウ，ガイティエン，ガイ**ズ**ー	another time ア**ナ**ザ **タ**イム

日	台	英
いせい **異性** isei	異性 yìxìng イィシン	opposite sex アポズィト セクス
いせき **遺跡** iseki	遺跡 yíjī イィディ	ruins ルーインズ
いぜん **以前** izen	以前，從前，以往 yǐqián, cóngqián, yǐwǎng イィチェン, ツオンチェン, イィワアン	ago, before アゴウ, ビフォー
いぜん（として） **依然（として）** izen (toshite)	仍然，仍舊，還是 réngrán, réngjiù, háishì ゾンザン, ゾンヂオウ, ハイスー	still スティル
いそ **磯** iso	海濱 hǎibīn ハイビン	beach, shore ビーチ, ショー
いそがしい **忙しい** isogashii	忙，忙碌 máng, mánglù マン, マンルウ	(be) busy (ビ) ビズィ
いそぐ **急ぐ** isogu	趕，趕快，加快 gǎn, gǎnkuài, jiākuài ガン, ガンクアイ, ヂアクアイ	hurry, hasten ハーリ, ヘイスン
いぞく **遺族** izoku	遺屬，遺族 yíshǔ, yízú イィスウ, イィヅウ	bereaved (family) ビリーヴド (ファミリ)
いぞん（する） **依存（する）** izon (suru)	依靠，依存，依賴 yīkào, yīcún, yīlài イィカウ, イィツン, イィライ	dependence; depend on ディペンデンス, ディペンド オン
いた **板** ita	板，板子，木板 bǎn, bǎnzi, mùbǎn バン, バンヅ, ムウバン	board ボード
いたい **痛い** itai	疼，痛，疼痛 téng, tòng, téngtòng トン, トゥオン, トントゥオン	painful, sore ペインフル, ソー
いたい **遺体** itai	遺體 yítǐ イィティ	dead body デド バディ
いだい（な） **偉大（な）** idai (na)	偉大 wěidà ウエイダァ	greatness; great グレイトネス, グレイト

日		台	英
いだく **抱く** (心に) idaku		懷 huái フアイ	have, bear ハヴ, ベア
(両腕に)		抱，摟 bào, lǒu バウ, ロウ	hold ホウルド
いたずら **悪戯** itazura		惡作劇，淘氣，頑皮 èzuòjù, táoqì, wánpí オヲヅオヂュイ, タウチィ, ウアンピイ	mischief, trick ミスチフ, トリク
いただく **頂く** itadaku		接受，領受，承蒙 jiēshòu, lǐngshòu, chéngméng ヂエソウ, リンソウ, ツォンモン	receive リスィーヴ
(飲食)		吃 chī ツー	get, have ゲト, ハヴ
いたばさみ **板挟み** itabasami		左右為難 zuǒ yòu wéi nán ヅオ イオウ ウエイ ナン	dilemma ディレマ
いたみ **痛み** itami		疼痛，痛苦 téngtòng, tòngkǔ トントウオン, トゥオンクウ	pain, ache ペイン, エイク
いたむ **痛む** itamu		疼，痛，疼痛，作痛 téng, tòng, téngtòng, zuòtòng トン, トゥオン, トントゥオン, ヅオトゥオン	ache, hurt エイク, ハート
いためる **炒める** itameru		炒，煎 chǎo, jiān ツァオ, ヂエン	fry フライ
いたりあ **イタリア** itaria		義大利 Yìdàlì イィダァリィ	Italy イタリ
～語		義大利語 Yìdàlìyǔ イィダァリィユイ	Italian イタリャン
いたる **至る** itaru		到，至，到達 dào, zhì, dàodá ダウ, ヅー, ダウダァ	lead to リード トゥ
いたるところ **至る所** itarutokoro		到處，處處 dàochù, chùchù ダウツウ, ツウツウ	everywhere エヴリ(ホ)ウェア

日	台	英
いたわる **労る** itawaru	照顧，慰勞 zhàogù, wèiláo ヅァオグウ，ウエイラウ	take (good) care of テイク（グド）ケア オヴ
いち **位置** ichi	位置，地點 wèizhì, dìdiǎn ウエイヅー，ディディエン	position ポズィション
いちおう **一応** ichiou	先，首先，姑且，大致 xiān, shǒuxiān, gūqiě, dàzhì シエン，ソウシエン，グウチエ，ダァヅー	for the time being, tentatively フォ ザ タイム ビーイング，テンタティヴリ
いちがつ **一月** ichigatsu	一月(份)，正月 yīyuè(fèn), zhēngyuè イィユイエ(フェン)，ヅォンユイエ	January チャニュエリ
いちご **苺** ichigo	草莓 cǎoméi ツァオメイ	strawberry ストローベリ
いちじ(の) **一次(の)** ichiji (no)	第一次，首次，初次 dìyīcì, shǒucì, chūcì ディイーツー，ソウツー，ツウツー	primary, first プライメリ，ファースト
いちじるしい **著しい** ichijirushii	顯著，明顯 xiǎnzhù, míngxiǎn シエンヅウ，ミンシエン	remarkable, marked リマーカブル，マークト
いちど **一度** ichido	一次，一回，一度 yí cì, yì huí, yí dù イィ ツー，イィ フエイ，イィ ドゥウ	once, one time ワンス，ワン タイム
いちどう **一同** ichidou	大家 dàjiā ダァヂア	all, everyone オール，エヴリワン
いちにち **一日** ichinichi	一天，一日 yì tiān, yí rì イィ ティエン，イィ ズー	a day ア デイ
～おきに	(毎)隔一天 (měi) gé yì tiān (メイ) ゴォ イィ ティエン	every other day エヴリ アザ デイ
～中	整天，一整天 zhěngtiān, yì zhěngtiān ヅォンティエン，イィ ヅォンティエン	all day (long) オール デイ（ローング）
いちにんまえ **一人前** ichininmae	一份，一人份 yí fèn, yì rén fèn イィ フェン，イィ ゼン フェン	for one person フォ ワン パースン

日	台	英
（ひとかどの）	**合格的，夠格的** hégé de, gòugé de ホォゴォ ドォ, ゴウゴォ ドォ	independent インディペンデント
いちねん **一年** ichinen	**一年** yì nián イィ ニエン	a year ア **イ**ヤ
いちば **市場** ichiba	**市場，菜市場** shìchǎng, càishìchǎng スーツァン, ツァイスーツァン	market **マ**ーケト
（ショッピングモール）	**商場** shāngchǎng サンツァン	market **マ**ーケト
いちばん **一番** ichiban	**第一，第一號** dìyī, dìyīhào ディイィ, ディイィハウ	first, No.1 **ファ**ースト, **ナ**ンバ **ワ**ン
（最上）	**最，一級棒** zuì, yì jí bàng ヅエイ, イィ ディ バン	most, best **モ**ウスト, **ベ**スト
いちぶ **一部** ichibu	**部分，一部** bùfèn, yíbù ブウフェン, イィブウ	a part ア **パ**ート
いちめん **一面** ichimen	**一面** yímiàn イィミエン	one side **ワ**ン **サ**イド
（全面）	**滿…，一片** mǎn..., yípiàn マン …, イィピエン	whole surface **ホ**ウル **サ**ーフェス
いちょう **銀杏** ichou	**公孫樹，銀杏** gōngsūnshù, yínxìng グオンスンスウ, インシン	ginkgo **ギ**ンコウ
いちょう **胃腸** ichou	**腸胃** chángwèi ツァンウエイ	stomach and intestines **ス**タマク **ア**ンド **イ**ンテス**ティ**ンズ
〜薬	**腸胃藥** chángwèiyào ツァンウエイイアウ	digestive medicine ダイ**ヂェ**スティヴ **メ**ディスィン
いつ **いつ** itsu	**什麼[甚麼]時候，幾時** shénme shíhòu, jǐshí セシモ スーホウ, ディスー	when (ホ)**ウェ**ン

日	台	英
いっか **一家** ikka	一家，全家 yìjiā, quánjiā イィヂア，チュイエンヂア	family ファミリ
（家庭）	家庭 jiātíng ヂアティン	home ホウム
いつか **いつか** itsuka	有一天，改天，将来 yǒu yì tiān, gǎitiān, jiānglái イオウ イィ ティエン，ガイティエン，ヂアンライ	some time, some day サム タイム，サム ディ
（過去の）	以前，曾經 yǐqián, céngjīng イィチエン，ツォンヂン	once, at one time ワンス，アト ワン タイム
いっかい **一階** ikkai	一樓 yī lóu イィ ロウ	first floor ファースト フロー
いっきに **一気に** ikkini	一股勁，一口氣，一下子 yìgǔjìn, yìkǒuqì, yíxiàzi イィグウヂン，イィコウチィ，イィシアヅ	in one go イン ワン ゴウ
いっけん **一見** ikken	看一眼，乍一看，一瞥 kàn yì yǎn, zhà yí kàn, yìpiē カン イィイエン，ヅァ イィ カン，イィピエ	apparently アパレントリ
いっこ **一個** ikko	一個 yí ge イィ ゴォ	one, a piece ワン，ア ピース
いっさい **一切** issai	一切，全部 yíqiè, quánbù イィチエ，チュイエンブウ	all, everything オール，エヴリスィング
いっさんかたんそ **一酸化炭素** issankatanso	一氧化碳 yìyǎnghuàtàn イィイアンフアタン	carbon monoxide カーボン モナクサイド
いっしき **一式** isshiki	一套 yí tào イィ タウ	complete set コンプリート セト
いっしゅ **一種** isshu	一種，一樣 yì zhǒng, yí yàng イィ ヅオン，イィ イアン	a kind, a sort ア カインド，ア ソート
いっしゅん **一瞬** isshun	一瞬間，剎那 yíshùnjiān, chànà イィスンヂエン，ツァンアァ	a moment ア モウメント

日	台	英
いっしょう **一生** isshou	一生，終生，一輩子 yìshēng, zhōngshēng, yíbèizi イィソン，ヅォンソン，イィベイヅ	(whole) life (ホウル) ライフ
いっしょうけんめい **一生懸命** isshoukenmei	拼命，努力 pīnmìng, nǔlì ピンミン，ヌウリィ	with all *one's* might ウィズ オール マイト
いっしょに **一緒に** isshoni	一塊，一起，共同 yíkuài, yìqǐ, gòngtóng イィクアイ，イィチィ，グオントゥオン	together トゲザ
いっせいに **一斉に** isseini	一齊，一同，同時 yìqí, yìtóng, tóngshí イィチィ，イィトゥオン，トゥオンスー	all at once オール アト ワンス
いっそう **一層** issou	更，越發，更加 gèng, yuèfā, gèngjiā ゴン，ユイエファ，ゴンヂア	much more マチ モー
いったいぜんたい **一体全体** ittaizentai	到底，究竟，結局 dàodǐ, jiùjìng, jiéjú ダウディ，ヂゥヂン，ヂエヂュイ	on earth オン アース
いっち(する) **一致(する)** icchi (suru)	一致 yízhì イィヅー	accord アコード
いっていの **一定の** itteino	一定，固定，規定 yídìng, gùdìng, guīdìng イィディン，グウディン，グエイディン	a certain, fixed ア サートン，フィクスト
いつでも **何時でも** itsudemo	總是，隨時，經常 zǒngshì, suíshí, jīngcháng ヅォンスー，スエイスー，ヂンツァン	any time, always エニ タイム，オールウェイズ
いっとう **一等** ittou	頭等 tóuděng トウドン	first class ファースト クラス
(一等賞)	頭獎，第一名 tóujiǎng, dìyīmíng トウヂアン，ディイィミン	first prize ファースト プライズ
いっぱい **一杯** ippai	一杯 yì bēi イィ ベイ	a cup of, a glass of ア カプ オヴ，ア グラス オヴ
(満杯)	充滿，充盈 chōngmǎn, chōngyíng ツオンマン，ツオンイン	full; full of フル，フル オヴ
(たくさん)	很多，蠻多，好多 hěn duō, mán duō, hǎo duō ヘン ドゥオ，マン ドゥオ，ハウ ドゥオ	many, much メニ，マチ

日	台	英
いっぱん **一般** ippan	一般，普通，普遍 yìbān, pǔtōng, pǔbiàn イィバン, プウトゥオン, プウビエン	generality; generally ヂェネ**ラ**リティ, **ヂェ**ナラリ
～的な	一般，普通 yìbān, pǔtōng イィバン, プウトゥオン	general, common **ヂェ**ネラル, **カ**モン
いっぽ **一歩** ippo	一步 yí bù イィ ブウ	one step **ワ**ン ス**テ**プ
いっぽう **一方** ippou	(另)一方面 (lìng) yì fāngmiàn (リン) イィ ファンミエン	one side **ワ**ン サ**イ**ド
（話変わって）	卻說，且說 quèshuō, qiěshuō チュイエスオ, チエスオ	meanwhile **ミ**ーン(ホ)ワイル
～通行	單行道 dānxíngdào ダンシンダウ	one-way traffic **ワ**ンウェイ ト**ラ**フィク
～的な	片面，偏袒，單方 piànmiàn, piāntǎn, dānfāng ピエンミエン, ピエンタン, ダンファン	one-sided **ワ**ンサイデド
いつまでも **いつまでも** itsumademo	永遠地，無盡地 yǒngyuǎn de, wújìn de ユオンユィエン ドォ, ウウヂン ドォ	forever フォ**レ**ヴァ
いつも **いつも** itsumo	總是，經常，老是 zǒngshì, jīngcháng, lǎoshì ヅオンス一, ヂンツァン, ラウスー	always, usually **オ**ールウェイズ, **ユ**ージュアリ
いつわり **偽り** itsuwari	虛偽，虛假 xūwèi[wěi], xūjiǎ シュィウエイ[ウエイ], シュィヂア	lie, falsehood **ラ**イ, **フォ**ールスフド
いつわる **偽る** itsuwaru	說謊，欺騙 shuōhuǎng, qīpiàn スオフアン, チイピエン	lie, deceive **ラ**イ, ディス**イ**ーヴ
いでおろぎー **イデオロギー** ideorogii	意識形態，觀念形態 yìshì xíngtài, guānniàn xíngtài イィス一 シンタイ, グアンニエン シンタイ	ideology アイディア**ロ**ヂ
いてざ **射手座** iteza	射手座 shèshǒuzuò ソォソウヅオ	Archer, Sagittarius **ア**ーチャ, サヂ**テ**アリアス

日	台	英
いてん(する) **移転(する)** iten (suru)	**搬遷，遷移，遷徙** bānqiān, qiānyí, qiānxǐ パンチエン, チエンイィ, チエンシイ	move; move to ムーヴ, ムーヴ トゥ
いでん **遺伝** iden	**遺傳** yíchuán イィ**ツ**アン	heredity ヒレディティ
～子	**基因** jīyīn ディイン	gene **チ**ーン
いと **糸** ito	**線，絲** xiàn, sī シエン, スー	thread, yarn スレド, **ヤ**ーン
いど **井戸** ido	**井，水井** jǐng, shuǐjǐng ヂン, **ス**エイヂン	well **ウェ**ル
いど **緯度** ido	**緯度** wěidù ウエイドゥウ	latitude **ラ**ティテュード
いどう(する) **移動(する)** idou (suru)	**移動，流動，轉移** yídòng, liúdòng, zhuǎnyí イィドゥオン, リオウドゥオン, **ツ**アンイィ	movement; move ムーヴメント, ムーヴ
いどう(する) **異動(する)** idou (suru)	**調動** diàodòng ディアウドゥオン	change; transfer to **チェ**インヂ, トランス**ファ**ートゥ
いとぐち **糸口** itoguchi	**線索，頭緒** xiànsuǒ, tóuxù シエンスオ, トウシュイ	clue クルー
いとこ **従兄弟[従姉妹]** (父方で年上の男) itoko	**堂兄** tángxiōng タンシュオン	cousin **カ**ズン
(父方で年下の男)	**堂弟** tángdì タンディ	cousin **カ**ズン
(父方で年上の女)	**堂姐** tángjiě タンヂエ	cousin **カ**ズン
(父方で年下の女)	**堂妹** tángmèi タンメイ	cousin **カ**ズン
(母方で年上の男)	**表兄** biǎoxiōng ビアウシュオン	cousin **カ**ズン

日	台	英
（母方で年下の男）	表弟 biǎodì ビアウディ	cousin カズン
（母方で年上の女）	表姐 biǎojiě ビアウヂエ	cousin カズン
（母方で年下の女）	表妹 biǎomèi ビアウメイ	cousin カズン
いどころ **居所** idokoro	住所，住處 zhùsuǒ, zhùchù ヅウスオ，ヅウツウ	whereabouts (ホ)ウェラバウツ
いとなむ **営む** itonamu	營生，辦，經營 yíngshēng, bàn, jīngyíng インソン，バン，ヂンイン	conduct, carry on コンダクト，キャリ オン
いどむ **挑む** idomu	挑戰 tiǎozhàn ティアウヂァン	challenge チャレンヂ
いない **以内** inai	…之內，…以內 ...zhīnèi, ...yǐnèi …ヅーネイ，…イィネイ	within, less than ウィズィン，レス ザン
いなか **田舎** inaka	鄉下，鄉村 xiāngxià, xiāngcūn シアンシア，シアンツン	countryside カントリサイド
いなさく **稲作** inasaku	種稻子 zhòng dàozi ヅォン ダウヅ	rice crop, rice farming ライス クラプ，ライス ファーミング
いなずま **稲妻** inazuma	閃電 shǎndiàn サンディエン	lightning ライトニング
いにしゃる **イニシャル** inisharu	首字母 shǒuzìmǔ ソウヅームウ	initial イニシャル
いにん(する) **委任(する)** inin (suru)	委託，委任 wěituō, wěirèn ウエイトゥオ，ウエイゼン	commission; com- mit, leave, entrust コミション，コミト，リーヴ， イントラスト
いぬ **犬** inu	［隻］狗 ［zhī］gǒu ［ヅー］ゴウ	dog ドーグ

日	台	英
いね **稲** ine	稻(子) dào(zi) ダウ(ヅ)	rice ライス
いねむり **居眠り** inemuri	打盹，打瞌睡 dǎdǔn, dǎ kēshuì ダァドゥン，ダァ コォスエイ	nap, doze ナプ，ドゥズ
いのしし **猪** inoshishi	〔隻〕野豬 〔zhī〕yězhū 〔ヅー〕イエヅウ	wild boar ワイルド ボー
いのち **命** inochi	命，生命，性命 mìng, shēngmìng, xìngmìng ミン，ソンミン，シンミン	life ライフ
いのり **祈り** inori	祈禱 qídǎo チィダウ	prayer プレア
いのる **祈る** inoru	祈禱，禱告 qídǎo, dǎogào チィダウ，ダウガウ	pray to プレイ トゥ
（望む）	祝願，祝福 zhùyuàn, zhùfú ヅウユィエン，ヅウフゥウ	wish ウィシュ
いばる **威張る** ibaru	擺架子，逞威風，自大 bǎi jiàzi, chěng wēifēng, zìdà バイ ヂアヅ，ツォン ウエイフォン，ヅー ダァ	(be) haughty (ビ) ホーティ
いはん（する） **違反（する）** ihan (suru)	違反，違犯 wéifǎn, wéifàn ウエイファン，ウエイファン	violation, offense; violate, break ヴァイオレイション，オフェ ンス，ヴァイオレイト，ブレ イク
いびき **鼾** ibiki	鼾聲 hānshēng ハンソン	snore スノー
～をかく	打鼾 dǎhān ダァハン	snore スノー
いびつな **歪な** ibitsuna	變形，畸形 biànxíng, jīxíng ビエンシン，ヂィシン	distorted ディストーテド

日	台	英
いひん **遺品** ihin	遺物 yíwù イィウゥ	belongings left by the departed ビローンギングズ レフト バイ ザ ディパーテド
いふく **衣服** ifuku	[件]衣服，衣著 (jiàn) yīfú, yīzhuó (ヂエン) イィフウ，イィヅオ	clothes, dress クロウズ，ドレス
いぶす **燻す** ibusu	熏，熏黑 xūn, xūnhēi シュイン，シュインヘイ	smoke スモウク
いぶんか(の) **異文化(の)** ibunka (no)	不同文化(的) bù tóng wénhuà (de) ブウ トゥオン ウンフア (ドォ)	different culture; intercultural ディファレント カルチャ，インタカルチュラル
いべんと **イベント** ibento	活動 huódòng フオドゥオン	event イヴェント
いほう(の) **違法(の)** ihou (no)	非法，違法 fēifǎ, wéifǎ フェイファ，ウエイファ	illegality; illegal イリーガリ，イリーガル
いま **今** ima	現在，如今，目前 xiànzài, rújīn, mùqián シエンヅァイ，ズウヂン，ムウチエン	now, at (the) present ナウ，アト (ザ) プレズント
いまいましい **忌々しい** imaimashii	可惡，可恨，討厭 kěwù, kěhèn, tǎoyàn コォウゥ，コォヘン，タウイエン	annoying アノイイング
いまごろ **今頃** imagoro	這時候，這會 zhè shíhòu, zhèhuǐ ヅォ スーホウ，ヅォフエイ	at this time アト ズィス タイム
いまさら **今更** imasara	現在「纔[オ]…，事到如今 xiànzài cái…, shì dào rújīn シエンヅァイ ツァイ …，スー ダウ ズウヂン	now, at this time ナウ，アト ズィス タイム
いまわしい **忌わしい** imawashii	不吉利，不祥 bù jílì, bù xiáng ブウ ヂィリィ，ブウ シアン	disgusting ディスガスティング
いみ **意味** imi	意思，含義，意義 yìsi, hányì, yìyì イィス，ハンイィ，イィイィ	meaning, sense ミーニング，センス
〜する	意味 yìwèi イィウエイ	mean, signify ミーン，スィグニファイ

日	台	英

いみん(する)
移民(する)
imin (suru)

移民
yímín
イィミン

emigration, immigration; emigrate, immigrate
エミグレイション, イミグレイション, **エ**ミグレイト, イミグレイト

いめーじ
イメージ
imeeji

印象, 形象
yìnxiàng, xíngxiàng
インシアン, シンシアン

image
イミデ

いもうと
妹
imouto

妹妹
mèimei
メイメイ

(younger) sister
(**ヤ**ンガ) **ス**イスタ

いやいや
嫌々
iyaiya

勉強, 勉勉強強
miǎnqiǎng,
miǎnmiǎnqiǎngqiǎng
ミエンチアン, ミエンミエンチアンチアン

reluctantly
リ**ラ**クタントリ

いやがらせ
嫌がらせ
iyagarase

刁難
diāonán
ディアウナン

vexation
ヴェク**セ**イション

いやくきん
違約金
iyakukin

違約金, 罰款
wéiyuējīn, fákuǎn
ウエイユィエヂン, ファクアン

forfeit
フォーフィト

いやしい
卑しい
iyashii

低賤, 卑賤, 卑微
dījiàn, bēijiàn, bēiwéi
ディヂエン, ベイヂエン, ベイウエイ

low, humble
ロウ, **ハ**ンブル

いやす
癒す
iyasu

痊癒, 治療, 治癒
quányù, zhìliáo, zhìyù
チュイエンユィ, **ヅ**ーリアウ, **ヅ**ーユィ

heal, cure
ヒール, **キュ**ア

いやな
嫌な
iyana

討厭, 不喜歡
tǎoyàn, bù xǐhuān
タウイエン, ブウ シィフアン

unpleasant
アン**プレ**ザント

いやほん
イヤホン
iyahon

耳機
ěrjī
オルヂィ

earphone
イアフォウン

いやらしい
嫌らしい
iyarashii

討厭, 猥褻
tǎoyàn, wěixiè
タウイエン, ウエイシエ

indecent
イン**ディ**ーセント

いやりんぐ
イヤリング
iyaringu

耳環
ěrhuán
オルフアン

earring
イアリング

いよく
意欲
iyoku

幹勁, 熱情, 積極性
gànjìn, rèqíng, jījíxìng
ガンヂン, **ゾ**オチン, ヂィヂィシン

volition
ヴォウ**リ**ション

日	台	英
いらい **以来** irai	從[自]…以來，以來 cóng[zì] ...yǐlái, yǐlái ツオン[ヅー] … イィライ，イィライ	since, after that スィンス，アフタ **ザ**ト
いらい(する) **依頼(する)** irai (suru)	託，委託 tuō, wěituō トゥオ，ウエイトゥオ	request リク**ウェ**スト
いらいらする **いらいらする** irairasuru	著急，急躁 zhāojí, jízào ヅァオヂィ，ディヅァオ	(be) irritated (ビ) **イ**リテイテド
いらすと **イラスト** irasuto	插畫，插圖，圖解 chāhuà, chātú, tújiě ツァフア，ツァトゥウ，トゥウヂエ	illustration イラスト**レ**イション
いらすとれーたー **イラストレーター** irasutoreetaa	插圖畫家 chātú huàjiā ツァトゥウ フアヂア	illustrator **イ**ラストレイタ
いりえ **入り江** irie	海灣，峽灣 hǎiwān, xiáwān ハイウアン，シアウアン	inlet **イ**ンレト
いりぐち **入り口** iriguchi	入口，進口 rùkǒu, jìnkǒu **ズ**ウコウ，ヂンコウ	entrance **エ**ントランス
いりょう **医療** iryou	醫療 yīliáo イィリアウ	medical treatment **メ**ディカル トリートメント
いる **居る** iru	在，有 zài, yǒu ヅァイ，イオウ	be, there is ビー，**ゼ**ア イ ズ
いる **要る** iru	要，需要，必要 yào, xūyào, bìyào イアウ，シュイイアウ，ビィアウ	need, want ニード，**ワ**ント
いるい **衣類** irui	[件]衣服，衣著 [jiàn] yīfú, yīzhuó [ヂエン] イィフウ，イィ**ヅ**オ	clothing, clothes ク**ロ**ウズィング，ク**ロ**ウズ
いるみねーしょん **イルミネーション** irumineeshon	燈飾 dēngshì ドン**ス**ー	illuminations イルー**ミ**ネイションズ
いれいの **異例の** ireino	破例，破格 pòlì, pògé ポォリィ，ポォゴォ	exceptional イク**セ**プショナル
いれかえる **入れ替える** irekaeru	換，更換，改換 huàn, gēnghuàn, gǎihuàn フアン，ゴンフアン，ガイフアン	replace リプ**レ**イス

日	台	英
いれぢえ **入れ智恵** irejie	幫…出主意，教唆 bāng...chū zhǔyì, jiàosuō パン … ツウ ヅウイィ, ヂアウスオ	suggestion サグ**チェ**スチョン
いれば **入れ歯** ireba	假牙，鑲牙 jiǎyá, xiāngyá ヂアイア, シアンイア	artificial tooth アーティ**フィ**シャル **トゥ**ー ス
いれもの **入れ物** iremono	容器，盛器，器皿 róngqì, chéngqì, qìmǐn **ズ**ォンチィ, ツォンチィ, チィミン	receptacle リ**セ**プタクル
いれる **入れる** ireru	放進，放入，裝進 fàngjìn, fàngrù, zhuāngjìn ファンヂン, ファンズゥ, **ヅ**アンヂン	put in **プ**ト イン
（人を）	容納 róngnà **ズ**ォンナァ	let into, admit into **レ**ト イントゥ, アド**ミ**ト イ ントゥ
いろ **色** iro	顔色，色彩 yánsè, sècǎi イエンソォ, ソォツァイ	color **カ**ラ
いろいろな **色々な** iroirona	各種[各式]各様 gè zhǒng[gè shì] gè yàng ゴォ **ヅ**オン[ゴォ **ス**ー] ゴォ イアン	various **ヴェ**アリアス
いろうする **慰労する** irousuru	慰勞 wèiláo ウエイラウ	acknowledge アク**ナ**リヂ
いろけ **色気** iroke	性感，魅力，女色，嫵媚 xìnggǎn, mèilì, nǚsè, wǔmèi シンガン, メイリィ, ニュイソォ, ウゥメイ	sex appeal **セ**クス ア**ピ**ール
いろじろの **色白の** irojirono	白淨，白皙，美白 báijìng, báixī, měibái バイヂン, バイシィ, メイバイ	fair **フェ**ア
いろどり **彩り** irodori	彩色，文采，配色 cǎisè, wéncǎi, pèisè ツァイソォ, ウンツァイ, ペイソォ	coloring **カ**ラリング
いろん **異論** iron	異議，不同意見 yìyì, bù tóng yìjiàn イィイィ, ブゥトゥオン イィヂエン	objection オブ**チェ**クション
いわ **岩** iwa	岩，岩石 yán, yánshí イエン, イエン**ス**ー	rock **ラ**ク
いわい **祝い** iwai	祝賀 zhùhè **ヅ**ウホォ	celebration セレブ**レ**イション

日	台	英
いわう **祝う** iwau	慶祝，祝賀 qìngzhù, zhùhè チンヅウ，ヅウホォ	congratulate, cele-brate コングラチュレイト，セレブレイト
いわし **鰯** iwashi	沙丁魚，鰮魚 shādīngyú, wēnyú サァディンユィ，ウンユィ	sardine サーディーン
（アンチョビ）	鯷魚 tíyú ティユィ	anchovy アンチョウヴィ
いわゆる **所謂** iwayuru	所謂 suǒwèi スオウェイ	what you call (ホ)ワト ユー コール
いわれ **謂れ**（理由） iware	理由，緣故，原因 lǐyóu, yuángù, yuányīn リィイオウ，ユィエングウ，ユィエンイン	reason リーズン
（由来）	由來，來歷 yóulái, láilì イオウライ，ライリィ	origin オーリヂン
いんが **因果** inga	因果 yīnguǒ イングオ	cause and effect コーズ アンド イフェクト
いんかん **印鑑** inkan	圖章，印章 túzhāng, yìnzhāng トウヅァン，インヅァン	seal スィール
いんきな **陰気な** inkina	陰暗，陰鬱，陰森 yīn'àn, yīnyù, yīnsēn インアン，インユィ，インセン	gloomy グルーミ
いんけんな **陰険な** inkenna	陰險，狡猾 yīnxiǎn, jiǎohuá インシエン，ヂアウフア	crafty クラフティ
いんさつ(する) **印刷(する)** insatsu (suru)	印刷，排印 yìnshuā, páiyìn インスア，パイイン	printing; print プリンティング，プリント
いんし **印紙** inshi	印花（稅票） yìnhuā (shuìpiào) インフア (スエイピアウ)	revenue stamp レヴェニュー スタンプ
いんしょう **印象** inshou	印象 yìnxiàng インシアン	impression インプレション

日	台	英
いんしょく **飲食** inshoku	飲食 yǐnshí インスー	eating and drink-ing イーティング アンド ドリンキング
いんすたんと **インスタント** insutanto	即溶《咖啡》，速食《麵》 jíróng《kāfēi》, sùshí《miàn》 ディズオン《カァフェイ》，スウスー《ミエン》	instant インスタント
いんすとーる(する) **インストール(する)** insutooru (suru)	安裝(軟體) ānzhuāng《ruǎntǐ》 アンヅアン《ズアンティ》	installation; install インストレイション，インストール
いんすぴれーしょん **インスピレーション** insupireeshon	靈感 línggǎn リンガン	inspiration インスピレイション
いんぜい **印税** inzei	版稅，印稅 bǎnshuì, yìnshuì バンスエイ，インスエイ	royalty ロイアルティ
いんせき **姻戚** inseki	親家，親戚 qìngjiā, qīnqī チンチア，チンチィ	relative by mar-riage レラティヴ バイ マリヂ
いんそつ(する) **引率(する)** insotsu (suru)	帶領，率領 dàilǐng, shuàilǐng ダイリン，スアイリン	leading; lead リーディング，リード
いんたーちぇんじ **インターチェンジ** intaachenji	交流道，IC jiāoliúdào, IC ヂアウリオウダウ，IC	interchange インタチェインヂ
いんたーねっと **インターネット** intaanetto	國際網路，網路 guójì wǎnglù, wǎnglù グオヂィ ウアンルウ，ウアンルウ	Internet インタネト
いんたーほん **インターホン** intaahon	內線電話 nèixiàn diànhuà ネイシエン ディエンフア	intercom インタカム
いんたい(する) **引退(する)** intai (suru)	退休，退職 tuìxiū, tuìzhí トゥエイシオウ，トゥエイヅー	retirement; retire リタイアメント，リタイア
いんたびゅー **インタビュー** intabyuu	採訪 cǎifǎng ツァイファン	interview インタヴュー
いんてり **インテリ** interi	知識分子，讀書人 zhīshì fènzǐ, dúshūrén ヅースー フェンヅー，ドゥウスウゼン	intellectual インテレクチュアル

日	台	英
いんてりあ **インテリア** interia	**裝潢** zhuānghuáng ヅアンフアン	interior design インテリア ディザイン
いんど **インド** indo	**印度** Yìndù インドゥウ	India インディア
いんとねーしょん **イントネーション** intoneeshon	**語調，音調** yǔdiào, yīndiào ユィディアウ, インディアウ	intonation イントネイション
いんどねしあ **インドネシア** indoneshia	**印尼** Yìnní インニィ	Indonesia インドネージャ
いんぱくと **インパクト** inpakuto	**衝撃，撞撃** chōngjí, zhuàngjí ツオンヂィ, ヅアンヂィ	impact インパクト
いんふぉーまる(な) **インフォーマル(な)** infoomaru (na)	**非正式，簡略** fēizhèngshì, jiǎnlüè フェイヅォンスー, ヂエンリュィエ	informal インフォーマル
いんふぉめーしょん **インフォメーション** infomeeshon	**資訊，情報** zīxùn, qíngbào ヅースュイン, チンパウ	information インフォメイション
いんぷっと **インプット** inputto	**輸入** shūrù スゥヅゥ	input インプト
いんふるえんざ **インフルエンザ** infuruenza	**流行性感冒，流感** liúxíngxìng gǎnmào, liúgǎn リオウシンシン ガンマウ, リオウガン	influenza インフルエンザ
いんふれ **インフレ** infure	**通貨膨脹** tōnghuò péngzhàng トゥオンフオ ポンヅァン	inflation インフレイション
いんぼう **陰謀** inbou	**陰謀，密謀** yīnmóu, mìmóu インモウ, ミィモウ	plot, intrigue プラト, イントリーグ
いんよう(する) **引用(する)** in-you (suru)	**引用** yǐnyòng インユオン	quotation; quote, cite クウォウテイション, クウォウト, サイト
いんりょう **飲料** inryou	**飲料** yǐnliào インリアウ	drink, beverage ドリンク, ベヴァリヂ

日	台	英
～水	飲用水 yǐnyòngshuǐ インユオンスエイ	drinking water ドリンキング ウォータ
いんりょく 引力 inryoku	引力，吸力 yǐnlì, xīlì インリィ，シィリィ	gravitation グラヴィテイション

う，ウ

日	台	英
ういすきー ウイスキー uisukii	威士忌(酒) wēishìjì(jiǔ) ウエイスーディ(ヂオウ)	whiskey (ホ)ウィスキ
ういるす ウイルス uirusu	病毒 bìngdú ピンドゥウ	virus ヴァイアラス
ういんく(する) ウインク(する) uinku (suru)	使眼色，霎眼(示意) shǐ yǎnsè, shàyǎn (shìyì) スー イエンソォ，サァイエン (スーイィ)	wink ウィンク
ういんどさーふぃん ウインドサーフィン uindosaafin	衝浪(運動) chōnglàng (yùndòng) ツオンラン (ュインドゥオン)	windsurfing ウィンドサーフィング
うーる ウール uuru	呢絨，毛料，毛織 níróng, máoliào, máozhī ニィズオン，マウリアウ，マウヅー	wool, woolen ウル，ウルン
うえ 上 ue	上，上面，上邊 shàng, shàngmiàn, shàngbiān サン，サンミエン，サンビエン	upper part アパ パート
うえいたー ウエイター ueitaa	男服務生 nán fúwùshēng ナン フゥウゥウソン	waiter ウェイタ
うえいとれす ウエイトレス ueitoresu	女服務生，服務小姐 nǚ fúwùshēng, fúwù xiǎojiě ニュィ フゥウゥウソン，フゥウゥ シアウ ヂエ	waitress ウェイトレス
うえき 植木 ueki	栽種的樹 zāizhòng de shù ヅァイヅオン ドォ スウ	plant, tree プラント，トリー
うえすと ウエスト uesuto	腰圍，腰身 yāowéi, yāoshēn イアウウエイ，イアウセン	waist ウェイスト

日	台	英
うぇぶさいと **ウェブサイト** webusaito	網站 wǎngzhàn ウアンヂャン	website ウェブサイト
うえる **植える** ueru	種，栽，栽種 zhòng, zāi, zāizhòng ヂョン，ヅァイ，ヅァイヂョン	plant プラント
（稲を）	插（秧） chā (yāng) ツァ（イアン）	plant (rice) プラント（ライス）
うえる **飢える** ueru	飢餓 jī'è ヂィオォ	go hungry, starve ゴウ ハングリ，スターヴ
うぉーみんぐあっぷ **ウォーミングアップ** woominguappu	熱身運動 rèshēn yùndòng ゾォセン ユインドゥオン	warm up ウォーム アプ
うおざ **魚座** uoza	雙魚座 shuāngyúzuò スアンユィヅオ	Fishes, Pisces フィシェズ，パイスィーズ
うかい（する） **迂回（する）** ukai (suru)	繞，繞道，繞路，迂迴 rào, ràodào, ràolù, yūhuí ザオ，ザオダウ，ザオルウ，ユイフエイ	detour ディートゥア
うがい **嗽** ugai	漱口 shùkǒu スゥコウ	gargle ガーグル
うかがう **伺う**　（訪問する） ukagau	拜訪，訪問 bàifǎng, fǎngwèn パイファン，ファンウン	make a call, visit メイク ア コール，ヴィズィト
（尋ねる）	問，請教，打聽 wèn, qǐng jiào, dǎtīng ウン，チン ヂアウ，ダァティン	ask アスク
うかつ **迂闊** ukatsu	疏忽，粗心大意 shūhū, cūxīn dàyì スゥフウ，ツウシン ダァイイ	carelessness ケアレスネス
うかぶ **浮かぶ** ukabu	漂，浮，漂浮 piāo, fú, piāofú ピアウ，フウ，ピアウフゥ	float フロウト
（雲が）	飄浮 piāofú ピアウフゥ	float フロウト
（心に）	想起，浮現 xiǎngqǐ, fúxiàn シアンチィ，フウシエン	occur to オカートゥ

日	台	英
うかる **受かる** ukaru	考上，考中 kǎoshàng, kǎozhòng カウサン，カウヅオン	pass パス
うきわ **浮き輪** ukiwa	遊泳圈 yóuyǒngquān イオウヨンチュィエン	swimming ring スウィミング リング
うく **浮く** uku	浮，漂 fú, piāo フウ，ピアウ	float フロウト
（余る）	剩餘，結餘 shèngyú, jiéyú ソンユィ，ヂエユィ	(be) saved (ビ) セイヴド
うぐいす **鶯** uguisu	黃鶯 huángyīng フアンイン	bush warbler ブッシュ ワープラ
うけいれる **受け入れる** ukeireru	接受，接納，收容 jiēshòu, jiēnà, shōuróng ヂエソウ，ヂエナァ，ソウズオン	receive, accept リスィーヴ，アクセプト
うけおう **請け負う** ukeou	承包，承辦 chéngbāo, chéngbàn ツォンバウ，ツォンバン	contract コントラクト
うけつぐ **受け継ぐ** uketsugu	繼承，接替 jìchéng, jiētì ディツォン，ヂエティ	succeed to サクスィード トゥ
（職務を）	接任 jiērèn ヂエゼン	succeed to サクスィード トゥ
うけつけ **受付** uketsuke	接受，受理 jiēshòu, shòulǐ ヂエソウ，ソウリィ	receipt, acceptance リスィート，アクセプタンス
（受付所）	接待處，收發室 jiēdàichù, shōufāshì ヂエダイツウ，ソウファスー	information office インフォメイション オーフィス
うけつける **受け付ける** uketsukeru	接受，受理 jiēshòu, shòulǐ ヂエソウ，ソウリィ	receive, accept リスィーヴ，アクセプト
うけとる **受け取る** uketoru	接，領，接受，領取 jiē, lǐng, jiēshòu, lǐngqǔ ヂエ，リン，ヂエソウ，リンチュィ	receive, get リスィーヴ，ゲト
うけみ **受け身** ukemi	被動，消極 bèidòng, xiāojí ベイドゥオン，シアウヂィ	passivity パスィヴィティ

日	台	英
（受動態）	被動式 bèidòngshì ペイドゥオンスー	passive voice パスィヴ ヴォイス
うけもつ **受け持つ** ukemotsu	擔任，擔當 dānrèn, dāndāng ダンゼン，ダンダン	take charge of テイク チャーヂ オヴ
うける **受ける** ukeru	受，受到，接，接受 shòu, shòudào, jiē, jiēshòu ソウ，ソウダウ，チエ，チエソウ	receive, get リスィーヴ，ゲト
（こうむる）	遭受，蒙受 zāoshòu, méngshòu ヅァオソウ，モンソウ	suffer サファ
うごかす **動かす** ugokasu	搬，動，移動 bān, dòng, yídòng バン，ドゥオン，イイドゥオン	move ムーヴ
うごき **動き** ugoki	動作，變化 dòngzuò, biànhuà ドゥオンヅオ，ピエンフア	movement, motion ムーヴメント，モウション
（活動）	活動，活躍 huódòng, huóyuè フオドゥオン，フオユィエ	activity アクティヴィティ
（動向）	動向，趨向 dòngxiàng, qūxiàng ドゥオンシアン，チュイシアン	trend トレンド
うごく **動く** ugoku	動，活動，變動 dòng, huódòng, biàndòng ドゥオン，フオドゥオン，ピエンドゥオン	move ムーヴ
（心が）	動心，動搖 dòngxīn, dòngyáo ドゥオンシン，ドゥオンイアウ	(be) moved (ビ) ムーヴド
うさぎ **兎** usagi	［隻］兎（子） ［zhī］tù（zi） ［ツー］トゥウ（ツ）	rabbit, hare ラビト，ヘア
うし **牛** ushi	［頭］牛 ［tóu］niú ［トウ］ニオウ	cattle キャトル
（雄牛）	公牛 gōngniú グオンニオウ	bull, ox ブル，アクス
（雌牛）	母牛 mǔniú ムウニオウ	cow カウ

日	台	英
うちあける **打ち明ける** uchiakeru	**實說，吐露** shíshuō, tǔlù スースオ，トゥウルウ	tell, confess テル，コン**フェ**ス
うちあわせる **打ち合わせる** uchiawaseru	**商洽** shāngqià **サン**チア	arrange ア**レ**インヂ
うちかつ **打ち勝つ** uchikatsu	**克服，戰勝** kèfú, zhànshèng コォフウ，**ヴァン**ソン	conquer, overcome **カン**カ，オウヴァ**カ**ム
うちがわ **内側** uchigawa	**裡面，内部** lǐmiàn, nèibù リィミエン，ネイブウ	inside イン**サ**イド
うちきな **内気な** uchikina	**靦腆，怯場** miǎntiǎn, quècháng ミエンティエン，チュイエ**ツァ**ン	shy, timid **シャ**イ，**ティ**ミド
うちけす **打ち消す** uchikesu	**否定，否認** fǒudìng, fǒurèn フォウディン，フォウ**ゼ**ン	deny ディ**ナ**イ
うちゅう **宇宙** uchuu	**宇宙，太空** yǔzhòu, tàikōng ユィ**ヅォ**ウ，タイクオン	the universe ザ **ユー**ニヴァース
〜飛行士	**太空人** tàikōngrén タイクオン**ゼ**ン	astronaut **ア**ストロノート
うちわ **団扇** uchiwa	**［把］團扇** ［bǎ］tuánshàn ［バァ］トゥアン**サ**ン	(round) fan （ラウンド）**ファ**ン
うつ **打つ** utsu	**打，敲，拍** dǎ, qiāo, pāi ダァ，チアウ，パイ	strike, hit スト**ラ**イク，**ヒ**ト
（胸・心を）	**打動，感動** dǎdòng, gǎndòng ダァダウオン，ガンドゥオン	move, touch **ムー**ヴ，**タ**チ
うつ **撃つ** utsu	**開槍，打槍，放槍** kāiqiāng, dǎqiāng, fàngqiāng カイチアン，ダァチアン，ファンチアン	fire, shoot **ファ**イア，**シュー**ト
うっかりして **うっかりして** ukkarishite	**疏忽，不留神，無意** shūhū, bù liúshén, wúyì **ス**ウフウ，ブウ リオウ**セ**ン，ウウイィ	carelessly **ケ**アレスリ

日	台	英
うつくしい **美しい** utsukushii	漂亮，美，美麗，優美 piàoliàng, měi, měilì, yōuměi ピァオリァン, メイ, メイリィ, イオウメイ	beautiful ビューティフル
うつし **写し** utsushi	抄件，副本 chāojiàn, fùběn ツァオヂエン, フウベン	copy カピ
うつす **写す** utsusu	抄，抄寫，謄寫 chāo, chāoxiě, téngxiě ツァオ, ツァオシエ, トンシエ	copy カピ
（写真を）	照，拍，拍照 zhào, pāi, pāizhào ヅァオ, パイ, パイヅァオ	take テイク
うつす **移す** utsusu	搬(動)，移(動)，挪(動) bān(dòng), yí(dòng), nuó(dòng) バン(ドゥオン), イィ(ドゥオン), ヌオ(ドゥオン)	move, transfer ムーヴ, トランスファ
うったえる **訴える** uttaeru	控告，申訴 kònggào, shēnsù クオンガウ, センスウ	sue スュー
うっとうしい **鬱陶しい** uttoushii	陰鬱，鬱悶，鬱卒 yīnyù, yùmèn, yùzú インユィ, ユィメン, ユィヅウ	gloomy, unpleasant グルーミ, アンプレザント
うっとりする **うっとりする** uttorisuru	入迷，出神 rùmí, chūshén ズウミィ, ツウセン	(be) absent-minded (ビ) アプセントマインデド
うつむく **俯く** utsumuku	低頭，垂頭 dītóu, chuítóu ディトウ, ツエイトウ	hang *one's* head ハング ヘド
うつる **映る** utsuru	映，照 yìng, zhào イン, ヅァオ	(be) reflected in (ビ) リフレクテド イン
うつる **写る** utsuru	照，拍照 zhào, pāizhào ヅァオ, パイヅァオ	appear in (a photo) アピア イン (ア フォウトウ)
うつる **移る** utsuru	遷，移，遷移，轉移 qiān, yí, qiānyí, zhuǎnyí チエン, イィ, チエンイィ, ヅアンイィ	move ムーヴ
（感染する）	傳染，感染 chuánrǎn, gǎnrǎn ツアンザン, ガンザン	catch, (be) infected with キャチ, (ビ) インフェクテド ウィズ

日	台	英
うつわ **器** utsuwa	器皿，容器 qìmǐn, róngqì チィミン，ズオンチィ	vessel ヴェスル
（才能）	器量，才幹，才能 qìliàng, cáigàn, cáinéng チィリアン，ツァイガン，ツァイノン	ability アビリティ
うで **腕** ude	［隻]胳膊，臂膊 [zhī] gēbó, bìbó [ヅー] ゴォボォ，ビィボォ	arm アーム
（才能）	本領，本事 běnlǐng, běnshì ベンリン，ベンスー	ability, skill アビリティ，スキル
うでどけい **腕時計** udedokei	［塊]手錶 [kuài] shǒubiǎo [クアイ] ソウビアウ	wristwatch リストワチ
うなぎ **鰻** unagi	［條／尾]鰻魚 [tiáo/wěi] màn[mán]yú [ティアウ／ウエイ] マン[マン]ュィ	eel イール
うなずく **頷く** unazuku	點頭，首肯 diǎntóu, shǒukěn ディエントウ，ソウケン	nod ナド
うなる **唸る** unaru	呻吟 shēnyín センイン	groan グロウン
（動物が）	吼 hǒu ホウ	growl グラウル
（風・機械が）	轟鳴，作響 hōngmíng, zuòxiǎng フオンミン，ヅオシアン	roar, buzz ロー，バズ
うに **海胆** uni	海膽 hǎidǎn ハイダン	sea urchin スィー アーチン
うぬぼれる **自惚れる** unuboreru	自憐，自大 zìlián, zìdà ヅーリエン，ヅーダァ	(be) conceited (ビ) コンスィーテド
うは **右派** uha	右派 yòupài イオウパイ	the right wing ザ ライト ウィング
うばう **奪う** ubau	搶，奪，搶奪 qiǎng, duó, qiǎngduó チアン，ドゥオ，チアンドゥオ	take away, rob テイク アウェイ，ラブ

日	台	英
うぶ(な) **初(な)** ubu (na)	純真，天真，純潔 chúnzhēn, tiānzhēn, chúnjié ツンヅェン，ティエンヅェン，ツンヂエ	babe; innocent, naive ベイブ，**イ**ノセント，ナーイーヴ
うま **馬** uma	[匹]馬 〔pǐ〕mǎ 〔ピィ〕マァ	horse **ホ**ース
うまい **巧い** umai	好，妙，巧妙 hǎo, miào, qiǎomiào ハウ，ミアウ，チアウミアウ	good, skillful **グ**ド，ス**キ**ルフル
うまい **旨い** umai	好吃，美味，香 hǎochī, měiwèi, xiāng ハウツー，メイウエイ，シアン	good, delicious **グ**ド，ディ**リ**シャス
うまる **埋まる** umaru	埋上，埋没 máishàng, máimò マイサン，マイモォ	(be) buried (ビ) **ベ**リド
(…)うまれ **(…)生まれ** (…)umare	出生(在…) chūshēng(zài...) ツウソン(ヅァイ …)	birth, origin バース，**オ**ーリヂン
うまれる **生[産]まれる** umareru	出生，出世，誕生 chūshēng, chūshì, dànshēng ツウソン，ツウスー，ダンソン	(be) born (ビ) **ボ**ーン
(成立する)	産生，出現 chǎnshēng, chūxiàn ツァンソン，ツウシエン	come into existence **カ**ム イントゥ イグ**ズィ**ステンス
うみ **海** umi	(大)海，海洋 (dà)hǎi, hǎiyáng (ダァ)ハイ，ハイイアン	sea, ocean ス**ィ**ー，**オ**ウシャン
うみがめ **海亀** umigame	[隻]海龜 〔zhī〕hǎiguī 〔ヅー〕ハイグエイ	turtle **タ**ートル
うみだす **生み出す** umidasu	産生，創造 chǎnshēng, chuàngzào ツァンソン，ツアンヅァオ	produce プロ**デュ**ース
うみべ **海辺** umibe	海邊，海濱 hǎibiān, hǎibīn ハイビエン，ハイビン	beach **ビ**ーチ
うむ **生[産]む** umu	生，生産 shēng, shēngchǎn ソン，ソンツァン	bear **ベ**ア

日	台	英
(生じる)	產生，產出 chǎnshēng, chǎnchū ツァンソン，ツァンツウ	produce プロデュース
うめ **梅** ume	〔棵／枝〕梅樹 〔kē/zhī〕méishù 〔コォ/ヅー〕メイスウ	plum tree プラム トリー
(花)	〔朵〕梅花 〔duǒ〕méihuā 〔ドゥオ〕メイファア	plum blossoms プラム ブラソムズ
(実)	〔粒〕梅子 〔lì〕méizǐ 〔リィ〕メイヅー	plum プラム
うめく **呻く** umeku	呻吟 shēnyín センイン	groan, moan グロウン，モウン
うめたてる **埋め立てる** umetateru	填平 tiánpíng ティエンピン	fill in, fill up フィル イン，フィル アプ
うめる **埋める** umeru	埋 mái マイ	bury ベリ
うもう **羽毛** umou	羽毛 yǔmáo ユィマウ	feathers, down フェザズ，ダウン
(布団など)	羽絨 yǔróng ユィズオン	down ダウン
うやまう **敬う** uyamau	尊敬 zūnjìng ヅンヂン	respect, honor リスペクト，アナ
うら **裏** ura	背面，後面 bèimiàn, hòumiàn ベイミエン，ホウミエン	back バク
うらがえす **裏返す** uragaesu	翻過來，反過來 fānguòlái, fǎnguòlái ファングオライ，ファングオライ	turn over ターン オウヴァ
うらがわ **裏側** uragawa	背面 bèimiàn ベイミエン	back, reverse side バク，リヴァース サイド
うらぎる **裏切る** uragiru	背叛，出賣 bèipàn, chūmài ベイパン，ツウマイ	betray ビトレイ

日	台	英
（期待などを）	出乎意料，辜負 chū hū yì liào, gūfù ツウ フウ イィ リァウ，グウフウ	(be) contrary to (ビ) カントレリ トゥ
うらぐち **裏口** uraguchi	後門 hòumén ホウメン	back door バク ドー
（通用口）	便門 biànmén ビエンメン	side door サイド ドー
うらごえ **裏声** uragoe	假聲，假嗓子 jiǎshēng, jiǎsǎngzi ヂアソン，ヂアサンヅ	falsetto フォールセトウ
うらじ **裏地** uraji	襯裡，襯布 chènlǐ, chènbù ツェンリィ，ツェンブウ	lining ライニング
うらづける **裏付ける** urazukeru	證實，證明，保證 zhèngshí, zhèngmíng, bǎozhèng ヅォンスー，ヅォンミン，バウヅォン	prove プルーヴ
うらどおり **裏通り** uradoori	小巷，後巷 xiǎoxiàng, hòuxiàng シアウシアン，ホウシアン	back street バク ストリート
うらない **占い** uranai	占卦，算命 zhānguà, suànmìng ヅァングア，スアンミン	fortune-telling フォーチュンテリング
〜師	算命先生 suànmìng xiānshēng スアンミン シエンソン	fortune-teller フォーチュンテラ
うらなう **占う** uranau	算命，占卜 suànmìng, zhānbǔ スアンミン，ヅァンブウ	tell *a person's* fortune テル フォーチュン
うらみ **恨み** urami	仇恨，怨恨 chóuhèn, yuànhèn ツォウヘン，ユイエンヘン	grudge グラヂ
うらむ **恨む** uramu	恨，怨恨 hèn, yuànhèn ヘン，ユイエンヘン	bear a grudge ベア ア グラヂ
（残念に思う）	遺憾 yíhàn イィハン	regret リグレト

日	台	英
うらやましい **羨ましい** urayamashii	（令人）羨慕 (lìng rén) xiànmù （リン ゼン）シエンムウ	enviable エンヴィアブル
うらやむ **羨む** urayamu	羨慕，眼紅 xiànmù, yǎnhóng シエンムウ，イエンフオン	envy エンヴィ
うらん **ウラン** uran	鈾 yóu イオウ	uranium ユアレイニアム
うり **瓜** uri	〔粒〕瓜 〔lì〕guā 〔リィ〕グア	melon メロン
うりあげ **売り上げ** uriage	銷售額 xiāoshòu'é シアウソウオォ	amount sold アマウント ソウルド
うりきれ **売り切れ** urikire	售完，賣完，賣光 shòuwán, màiwán, màiguāng ソウウアン，マイウアン，マイグアン	sellout セラウト
うりきれる **売り切れる** urikireru	售完，賣完，賣光 shòuwán, màiwán, màiguāng ソウウアン，マイウアン，マイグアン	(be) sold out （ビ）ソウルド アウト
うりだし **売り出し** uridashi	大拍賣，俗賣 dàpāimài, súmài ダアパイマイ，スウマイ	bargain sale バーゲン セイル
（蔵払い）	清倉拍賣 qīngcāng pāimài チンツァン パイマイ	clearance sale クリアランス セイル
うりだす **売り出す** uridasu	出售，發售 chūshòu, fāshòu ツウソウ，ファソウ	put on sale プト オン セイル
うりて **売り手** urite	賣方，賣主 màifāng, màizhǔ マイファン，マイヅウ	seller セラ
うりば **売り場** uriba	出售處，專櫃 chūshòuchù, zhuānguì ツウソウツウ，ヅアングエイ	department ディパートメント
うる **売る** uru	賣，售，售賣，銷售 mài, shòu, shòumài, xiāoshòu マイ，ソウ，ソウマイ，シアウソウ	sell セル

日	台	英
うるうどし 閏年 uruudoshi	閏年 rùnnián ズンニエン	leap year リープ イヤ
うるおい 潤い uruoi	潤澤，滋潤 rùnzé, zīrùn ズンヅォ，ヅーズン	moisture モイスチャ
うるおう 潤う uruou	潤，濕 rùn, shī ズン，スー	(be) moistened (ビ) モイスンド
うるさい うるさい urusai	吵，吵人，吵鬧 chǎo, chǎorén, chǎonào ツァオ，ツァオゼン，ツァオナウ	noisy ノイズィ
（しつこい）	執拗 zhí'ào ヅーアウ	persistent パスィステント
うるし 漆 urushi	漆 qī チィ	lacquer, japan ラカ，チャパン
うれえる 憂える ureeru	憂慮，憂傷，擔憂 yōulù, yōushāng, dānyōu イオウリュィ，イオウシャン，ダンイオウ	(be) anxious (ビ) アン(ク)シャス
うれしい 嬉しい ureshii	高興，快樂，歡喜 gāoxìng, kuàilè, huānxǐ ガウシン，クアイロォ，フアンシイ	happy, delightful ハピ，ディライトフル
うれゆき 売れ行き ureyuki	銷路 xiāolù シアウルウ	sale セイル
うれる 売れる ureru	暢銷 chàngxiāo ツァンシアウ	sell well セル ウェル
（顔・名が）	聞名，出名 wénmíng, chūmíng ウンミン，ツウミン	become well known ビカム ウェル ノウン
うろたえる うろたえる urotaeru	慌張，發慌 huāngzhāng, fāhuāng フアンヂャン，ファフアン	(be) upset (ビ) アプセト
うわき 浮気 uwaki	婚外情，出軌外遇 hūnwàiqíng, chūguǐ wàiyù フンワイチン，ツウグエイ ウアイユィ	(love) affair (ラヴ) アフェア
うわぎ 上着 uwagi	〔件〕上衣，外衣 〔jiàn〕shàngyī, wàiyī 〔ヂエン〕サンイィ，ウアイイィ	jacket, coat チャケト，コウト

日	台	英
うわごと **譫言** uwagoto	胡話, 夢話 húhuà, mènghuà フウフア, モンフア	delirious words ディリリアス ワーズ
うわさ **噂** uwasa	風聲, 傳聞, 謠言, 謠傳 fēngshēng, chuánwén, yáoyán, yáochuán フォンソン, ツアンウン, イアウイエン, イ アウツアン	rumor ルーマ
うわべ **上辺** uwabe	外表, 表面 wàibiǎo, biǎomiàn ウアイビアウ, ビアウミエン	surface サーフェス
うわまわる **上回る** uwamawaru	超過, 超出 chāoguò, chāochū ツァオグオ, ツァオツウ	(be) more than, exceed (ビ) モー ザン, イクスィー ド
うわやく **上役** uwayaku	上司, 上面, 老闆 shàngsī, shàngmiàn, lǎobǎn サンスー, サンミエン, ラウバン	*one's* superior スピアリア
うん **運** un	命運, 運氣 mìngyùn, yùnqì ミンユイン, ユインチィ	fate, destiny フェイト, デスティニ
(幸運)	造化, 幸運, 福氣 zàohuà, xìngyùn, fúqì ヅァオフア, シンユイン, フウウチィ	fortune, luck フォーチュン, ラク
うんえい(する) **運営(する)** un-ei (suru)	經營, 運行, 運營 jīngyíng, yùnxíng, yùnyíng ヂンイン, ユインシン, ユインイン	management; manage マニヂメント, マニヂ
うんが **運河** unga	[條]運河 [tiáo] yùnhé [ティアウ] ユインホォ	canal カナル
うんこう(する) **運行(する)** unkou (suru)	運行 yùnxíng ユインシン	service, operation; operate, run サーヴィス, アペレイショ ン, アペレイト, ラン
(バスなど)	行駛 xíngshǐ シンスー	service, operation; operate, run サーヴィス, アペレイショ ン, アペレイト, ラン
うんざりする **うんざりする** unzarisuru	膩, 厭煩, 討厭 nì, yànfán, tǎoyàn ニィ, イエンファン, タウイエン	(be) sick of, (be) bored (ビ) スィク オヴ, (ビ) ボー ド

日	台	英
え うんせい **運勢** unsei	運氣，命運 yùnqì, mìngyùn ュィンチィ, ミンユィン	fortune **フォ**ーチュン
うんそう **運送** unsou	運輸，搬運 yùnshū, bānyùn ュィン**ス**ウ, バンユィン	transportation トランスポー**テ**イション
うんちん **運賃** unchin	車費，交通費 chēfèi, jiāotōngfèi **ツ**ォフェイ, ヂアウト**ゥ**オンフェイ	fare **フェ**ア
うんてん(する) **運転(する)** unten (suru)	駕駛，開(車) jiàshǐ, kāi(chē) ヂア**ス**ー, カイ(**ツ**ォ)	driving; drive **ド**ライヴィング, **ド**ライヴ
（機械の）	(開)動，操縦 (kāi)dòng, cāozòng (カイ)ド**ゥ**オン, ツァオヅオン	operation; operate アペ**レ**イション, **ア**ペレイト
～免許証	駕駛(執)照 jiàshǐ (zhí)zhào ヂア**ス**ー (**ヅ**ー)ヂャオ	driver's license **ド**ライヴァズ **ラ**イセンス
うんてんしゅ(さん) **運転手(さん)** untenshu (san)	司機(先生)，運將[運匠] sījī (xiānshēng), yùnjiàng スーヂィ (シエン**ソ**ン), ュィンヂアン	driver **ド**ライヴァ
うんどう(する) **運動(する)** undou (suru)	運動 yùndòng ュインド**ゥ**オン	physical exercise; take exercise **フ**ィズィカル エク**サ**サイズ, **テ**イク エク**サ**サイズ
うんめい **運命** unmei	命運，天命 mìngyùn, tiānmìng ミンユィン, ティエンミン	fate, destiny **フェ**イト, **デ**スティニ
うんゆ **運輸** un-yu	運輸，輸送 yùnshū, shūsòng ュィン**ス**ウ, **ス**ウスオン	transportation トランスポー**テ**イション
うんよく **運よく** un-yoku	僥倖，幸虧，好佳哉 jiǎoxìng, xìngkuī, hǎojiāzāi ヂアウシン, シンクエイ, ハウヂアヅァイ	fortunately **フォ**ーチュネトリ

え，エ

日	台	英
え **絵** e	[張／幅]畫，繪畫，圖 [zhāng/fú] huà, huìhuà, tú [**ヅ**ァン／**フ**ウ] フア, フエイフア, ト**ゥ**ウ	picture **ピ**クチャ

日	台	英
えあこん **エアコン** eakon	空調，冷氣(機) kōngtiáo, lěngqì(jī) クオンティアウ, ロンチィ(ヂィ)	air conditioner **エ**ア コン**ディ**ショナ
えいえん(の) **永遠(の)** eien (no)	永遠，恆久，永恆 yǒngyuǎn, héngjiǔ, yǒnghéng ユオンユイエン, ホンヂオウ, ユオンホン	eternity; eternal イ**タ**ーニティ, イ**タ**ーナル
えいが **映画** eiga	〔部〕電影，影片，映畫 (bù) diànyǐng, yǐngpiàn, yìnghuà 〔プウ〕ディエンイン, インピエン, インフ ア	movie, film **ム**ーヴィ, **フィ**ルム
～館	電影院，戲院 diànyǐngyuàn, xìyuàn ディエンインユイエン, シィユイエン	movie theater **ム**ーヴィ ス**イ**ータ
えいきゅうに **永久に** eikyuuni	永久，永遠 yǒngjiǔ, yǒngyuǎn ユオンヂオウ, ユオンユイエン	permanently **パ**ーマネントリ
えいきょう **影響** eikyou	影響 yǐngxiǎng インシアン	influence **イ**ンフルエンス
～する	影響，牽涉 yǐngxiǎng, qiānshè インシアン, チエン**ソ**ォ	influence **イ**ンフルエンス
えいぎょう(する) **営業(する)** eigyou (suru)	經商，營業 jīngshāng, yíngyè ヂンサン, インイエ	business; do business **ビ**ズネス, **ド**ゥー **ビ**ズネス
えいご **英語** eigo	英語，英文 Yīngyǔ, Yīngwén インユィ, インウン	English **イ**ングリシュ
えいこう **栄光** eikou	光榮，光耀 guāngróng, guāngyào グアン**ゾ**ン, グアンイアウ	glory グ**ロ**ーリ
えいこく **英国** eikoku	英國 Yīngguó イングオ	England, United Kingdom **イ**ングランド, ユー**ナ**イテド **キ**ングダム
えいしゃ(する) **映写(する)** eisha (suru)	放映 fàngyìng ファンイン	projection; project プロ**チェ**クション, プロ**チェ** クト

日	台	英
えいじゅう(する) **永住(する)** eijuu (suru)	久居，落戶 jiǔjū, luòhù チオウデュィ, ルオフウ	permanent residence; reside permanently パーマネント レズィデンス, リザイド パーマネントリ
えいず **エイズ** eizu	愛滋病 àizībìng アイヅービン	AIDS エイヅ
えいせい **衛星** eisei	衛星 wèixīng ウエイシン	satellite サテライト
えいせいてきな **衛生的な** eiseitekina	衛生 wèishēng ウエイソン	hygienic, sanitary ハイチーニク, サニテリ
えいぞう **映像** eizou	影像 yǐngxiàng インシアン	picture ピクチャ
えいてん(する) **栄転(する)** eiten (suru)	榮升，榮遷 róngshēng, róngqiān ズオンソン, ズオンチエン	promotion; (be) promoted プロモウション, (ビ) プロモウテド
えいびんな **鋭敏な** eibinna	敏銳，靈敏，尖銳 mǐnruì, língmǐn, jiānruì ミンズエイ, リンミン, デエンズエイ	keen, sharp キーン, シャープ
えいゆう **英雄** eiyuu	英雄，英傑 yīngxióng, yīngjié インシュオン, インデエ	hero ヒアロウ
えいよ **栄誉** eiyo	榮譽 róngyù ズオンュィ	honor アナ
えいよう **栄養** eiyou	營養 yíngyǎng インイアン	nutrition ニュートリション
えーじぇんしー **エージェンシー** eejenshii	代理業，代辦處，經售處 dàilǐyè, dàibànchù, jīngshòuchù ダイリィイエ, ダイバンツウ, デンソウツウ	agency エイヂェンスィ
えーじぇんと **エージェント** eejento	代理商，代理人 dàilǐshāng, dàilǐrén ダイリィサン, ダイリィゼン	agent エイヂェント

日	台	英
えーす **エース** eesu	高手，名手，能手 gāoshǒu, míngshǒu, néngshǒu ガウソウ，ミンソウ，ノンソウ	ace エイス
（切り札）	王牌 wángpái ウアンパイ	ace エイス
えがお **笑顔** egao	笑容，笑臉 xiàoróng, xiàoliǎn シアウズオン，シアウリエン	smiling face スマイリング フェイス
えがく **描く** egaku	畫，繪，描繪 huà, huì, miáohuì フア，フエイ，ミアウフエイ	draw, paint ドロー，ペイント
（描写する）	描寫，描繪 miáoxiě, miáohuì ミアウシエ，ミアウフエイ	describe ディスクライブ
えき **駅** eki	(火)車站，站，驛 (huǒ)chēzhàn, zhàn, yì (フオ)ツオヂァン，ヂァン，イイ	station ステイション
えきかがす **液化ガス** ekikagasu	液化瓦斯 yèhuà wǎsī イエフア ウアスー	liquefied gas リクウェイファイド ギャス
えきしびじょん **エキシビション** ekishibishon	展覽會，博覽會 zhǎnlǎnhuì, bólǎnhuì ヂァンランフエイ，ボォランフエイ	exhibition エクスィビション
（エキシビションゲーム）	表演 biǎoyǎn ビアウイエン	exhibition game エクスィビション ゲイム
えきしょう **液晶** ekishou	液晶 yèjīng イエヂン	liquid crystal リクウィド クリスタル
えきす **エキス** ekisu	精(華)，精萃 jīng(huá), jīngcuì ヂン(フア)，ヂンツエイ	extract イクストラクト
えきすぱーと **エキスパート** ekisupaato	專家，內行，行家 zhuānjiā, nèiháng, hángjiā ヂュアンヂア，ネイハン，ハンヂア	expert エクスパート
えきぞちっくな **エキゾチックな** ekizochikkuna	異國風味 yìguó fēngwèi イィグオ フォンウエイ	exotic イグザティク

日	台	英
え		
えきたい **液体** ekitai	液體 yètǐ イエティ	liquid, fluid リクウィド, フルーイド
えきべん **駅弁** ekiben	鐵路便當 tiělù biàndāng ティエルウ ビエンダン	station lunch ステイション ランチ
えくすたしー **エクスタシー** ekusutashii	陶醉, 銷魂, 神迷 táozuì, xiāohún, shénmí タウヅエイ, シアウフン, センミィ	ecstasy エクスタスィ
えぐぜくてぃぶ **エグゼクティブ** eguzekutibu	董事, 執行者 dǒngshì, zhíxíngzhě ドウオンスー, ヅーシンヅォ	executive イグゼキュティヴ
えくぼ **えくぼ** ekubo	酒窩, 笑窩 jiǔwō, xiàowō ヂオウウオ, シアウウオ	dimple ディンプル
えごいすと **エゴイスト** egoisuto	利己主義者, 自私的人 lìjǐ zhǔyìzhě, zìsī de rén リィディ ヅウィィヅォ, ヅースード ドォ ゼン	egoist イーゴウイスト
えごいずむ **エゴイズム** egoizumu	利己主義, 利己心 lìjǐ zhǔyì, lìjǐxīn リィディ ヅウイィ, リィヂィシン	egoism イーゴウイズム
えこのみーくらす **エコノミークラス** ekonomiikurasu	經濟艙 jīngjìcāng ヂンヂィツァン	economy class イカノミ クラス
えこのみすと **エコノミスト** ekonomisuto	經濟學家 jīngjìxuéjiā ヂンヂィシュィエヂア	economist イカノミスト
えころじー **エコロジー** ekorojii	生態學, 環保 shēngtàixué, huánbǎo ソンタイシュィエ, フアンバウ	ecology イーカロヂ
えしゃく(する) **会釈(する)** eshaku (suru)	點頭, 打招呼 diǎntóu, dǎ zhāohū ディエントウ, ダァ ヅァオフウ	salute, bow サルート, バウ
えすえふ(しょうせつ) **ＳＦ(小説)** esuefu (shousetsu)	科幻小說 kēhuàn xiǎoshuō コフアン シアウスオ	science fiction サイエンス フィクション
えすかれーたー **エスカレーター** esukareetaa	電(動)扶梯, 手扶梯 diàn(dòng) fútī, shǒufútī ディエン(ドウオン) フウティ, ソウフウ ティ	escalator エスカレイタ

日	台	英
えすかれーと(する) **エスカレート(する)** esukareeto (suru)	升級，擴大 shēngjí, kuòdà ソンディ，クオダァ	escalation; escalate エスカレイション，**エ**スカレイト
えだ **枝** eda	枝，樹枝 zhī, shùzhī ズー，**ス**ウズー	branch, bough ブランチ，バウ
えっくすせん **エックス線** ekkususen	X 光 X guāng X グアン	X rays エクス レイズ
えっせい **エッセイ** essei	散文，隨筆 sǎnwén, suíbǐ サンウン，スエイビィ	essay **エ**セイ
えっせんす **エッセンス** essensu	精，香精，精華 jīng, xiāngjīng, jīnghuá ヂン，シアンヂン，ヂンフア	essence **エ**センス
えつらん(する) **閲覧(する)** etsuran (suru)	閲覽 yuèlǎn ユィエラン	reading; read リーディング，**リ**ード
えなめる **エナメル** enameru	琺瑯，搪瓷 fàláng, tángcí ファラン，タンツー	enamel イ**ナ**メル
えねるぎー **エネルギー** enerugii	能，能量，氣力，精力 néng, néngliàng, qìlì, jīnglì ノン，ノンリアン，チィリィ，ヂンリィ	energy **エ**ナヂ
えねるぎっしゅな **エネルギッシュな** enerugisshuna	精力充沛，帶勁 jīnglì chōngpèi, dàijìn ヂンリィ **ツ**オンペイ，ダイヂン	energetic エナ**ヂェ**ティク
えのぐ **絵の具** enogu	顏料 yánliào イエンリアウ	paints, colors ペインツ，**カ**ラズ
えはがき **絵葉書** ehagaki	風景明信片 fēngjǐng míngxìnpiàn フォンヂン ミンシンピエン	picture postcard ピクチャ **ポ**ウストカード
えび **海老** ebi	蝦 xiā シア	shrimp, prawn シュ**リ**ンプ，プ**ロ**ーン
えぴそーど **エピソード** episoodo	(小)插曲, (小)故事 (xiǎo)chāqǔ, (xiǎo)gùshì (シアウ)**ツ**ァチュイ,(シアウ)グウ**ス**ー	episode **エ**ピソウド
えぴろーぐ **エピローグ** epiroogu	尾聲，結尾，收尾 wěishēng, jiéwěi, shōuwěi ウエイソン，ヂエウエイ，**ソ**ウウエイ	epilogue **エ**ピローグ

日	台	英
え		
えぷろん **エプロン** epuron	圍裙 wéiqún ウエイチゥイン	apron **エ**イプロン
えほん **絵本** ehon	繪本，圖畫書 huìběn, túhuàshū フエイベン, トゥウファ**ス**ウ	picture book **ピ**クチャ **ブ**ク
えめらるど **エメラルド** emerarudo	綠寶石 lǜbǎoshí リュイパウ**ス**ー	emerald **エ**メラルド
えら **鰓** era	鰓 sāi サイ	gills **ギ**ルズ
えらー **エラー** eraa	錯誤，過失 cuòwù, guòshī ツオウゥ, グオ**ス**ー	error **エ**ラ
えらい **偉い** erai	偉大，了不起 wěidà, liǎobùqǐ ウエイダァ, リアウブゥチィ	great グ**レ**イト
えらぶ **選ぶ** erabu	選擇，挑，挑選 xuǎnzé, tiāo, tiāoxuǎn シュイエンヅォ, ティアウ, ティアウシュイ エン	choose, select **チュ**ーズ, セ**レ**クト
（選挙する）	選舉 xuǎnjǔ シュイエンデュイ	elect イ**レ**クト
えり **襟** eri	領子 lǐngzi リンヅ	collar **カ**ラ
えりーと **エリート** eriito	菁英，高材 jīngyīng, gāocái ヂンイン, ガウツァイ	elite エ**リ**ート
える **得る** eru	得，得到，取得 dé, dédào, qǔdé ドォ, ドォダウ, チュイドォ	get, gain, obtain **ゲ**ト, **ゲ**イン, オブ**テ**イン
えれがんとな **エレガントな** eregantona	雅緻［雅致］，優雅，優美 yǎzhì, yōuyǎ, yōuměi イア**ヅ**ー, イオウイア, イオウメイ	elegant **エ**リガント
えれくとろにくす **エレクトロニクス** erekutoronikusu	電子學 diànzǐxué ディエンヅーシュイエ	electronics イレクト**ラ**ニクス

日	台	英
えれべーたー **エレベーター** erebeetaa	**電梯** diàntī ディエンティ	elevator, lift エレヴェイタ, リフト
えん **円** en	**圓** yuán ユィエン	circle サークル
（通貨単位）	**日圓** Rìyuán ズーユィエン	yen イェン
えんかい **宴会** enkai	**宴會，辦桌** yànhuì, bànzhuō イェンフエイ, バンヅオ	banquet バンクウェト
えんがわ **縁側** engawa	**外廊** wàiláng ウアイラン	veranda ヴェランダ
えんがん **沿岸** engan	**沿岸** yán'àn イエンアン	coast, seashore コウスト, スィーショー
えんき（する） **延期（する）** enki (suru)	**延期，展期** yánqí, zhǎnqí イエンチィ, ヅァンチィ	postponement; postpone ポウストポウンメント, ポウ ストポウン
えんぎ（する） **演技（する）** engi (suru)	**表演** biǎoyǎn ビアウイェン	performance; per- form パフォーマンス, パフォーム
えんきょくな **婉曲な** enkyokuna	**婉轉，委婉** wǎnzhuǎn, wěiwǎn ウアンヅアン, ウエイウアン	euphemistic ユーフェミスティク
えんけい **円形** enkei	**圓形** yuánxíng ユィエンシン	circle サークル
えんげい **園芸** engei	**園藝** yuányì ユィエンイィ	gardening ガードニング
えんげーじりんぐ **エンゲージリング** engeejiringu	**訂婚戒指** dìnghūn jièzhǐ ディンフン チエヅー	engagement ring インゲイヂメント リング
えんげき **演劇** engeki	**戲劇，演劇** xìjù, yǎnjù シィヂュィ, イエンヂュィ	play, drama プレイ, ドラーマ

日	台	英
えんこ **縁故** enko	關係 guānxī グアンシィ	relationship, connections リレイションシプ, コネクションズ
えんさん **塩酸** ensan	鹽酸 yánsuān イエンスアン	hydrochloric acid ハイドロク**ロ**ーリック **ア**スィド
えんし **遠視** enshi	遠視眼 yuǎnshìyǎn ユィエン**スー**イエン	farsightedness **ファーサ**イテドネス
えんじにあ **エンジニア** enjinia	工程師，技師 gōngchéngshī, jìshī グオン**ツ**ォン**スー**, ディ**スー**	engineer エン**ヂ**ニア
えんしゅう **円周** enshuu	圓周 yuánzhōu ユィエン**ヂ**ォウ	circumference サ**カ**ムファレンス
〜率	圓周率 yuánzhōulǜ ユィエン**ヂ**ォウリュィ	circular constant **サ**ーキュラ **カ**ンスタント
えんしゅつ(する) **演出(する)** enshutsu (suru)	導演，演出 dǎoyǎn, yǎnchū ダウイエン, イエン**ツ**ウ	direction; direct ディ**レ**クション, ディ**レ**クト
えんじょ(する) **援助(する)** enjo (suru)	援助 yuánzhù ユィエン**ヂ**ゥ	assistance, support; assist, support ア**スィ**スタンス, サ**ポ**ート, ア**スィ**スト, サ**ポ**ート
えんしょう **炎症** enshou	炎症，發炎 yánzhèng, fāyán イエン**ヂ**ォン, ファイエン	inflammation インフラ**メ**イション
えんじる **演じる** enjiru	演，扮演 yǎn, bànyǎn イエン, バンイエン	perform, play パ**フォ**ーム, プレイ
えんじん **エンジン** enjin	發動機，引擎 fādòngjī, yǐnqíng ファドゥオンヂィ, インチン	engine **エ**ンヂン
えんしんりょく **遠心力** enshinryoku	離心力 líxīnlì リィシンリィ	centrifugal force セント**リ**フュガル **フォ**ース
えんせい(する) **遠征(する)** ensei (suru)	遠征 yuǎnzhēng ユィエン**ヂ**ォン	expedition; go on an expedition エクスペ**ディ**ション, **ゴ**ウ オン アン エクスペ**ディ**ション

日	台	英
えんぜつ（する） **演説(する)** enzetsu (suru)	演講，演說 yǎnjiǎng, yǎnshuō イエンデアン，イエン**ス**オ	(make a) speech （**メ**イク ア）ス**ピ**ーチ
えんそ **塩素** enso	氯 lǜ リュイ	chlorine ク**ロ**ーリーン
えんそう（する） **演奏(する)** ensou (suru)	演奏 yǎnzòu イエンヅォウ	performance; perform, play パ**フォ**ーマンス，パ**フォ**ーム，プ**レ**イ
えんそく **遠足** ensoku	郊遊，遠足 jiāoyóu, yuǎnzú ヂアウイオウ，ュィエンヅウ	excursion イクス**カ**ージョン
えんたーているなー **エンターテイナー** entaateinaa	藝人 yìrén イィ**ゼ**ン	entertainer エンタ**テ**イナ
えんたーているめんと **エンターテイメント** entaateimento	娛樂，演藝 yúlè, yǎnyì ュィロォ，イエンイィ	entertainment エンタ**テ**インメント
えんたい **延滞** entai	拖欠，拖延，耽擱 tuōqiàn, tuōyán, dāngē トゥオチエン，トゥオイエン，ダンゴォ	delay ディ**レ**イ
えんだか **円高** endaka	日圓升值，日圓上漲 Rìyuán shēngzhí, Rìyuán shàngzhǎng ズーュィエン **ソ**ンヅー，ズーュィエン **サ**ンヅァン	strong yen rate ストローング **イェ**ン レイト
えんだん **縁談** endan	婚事，說媒 hūnshì, shuōméi フン**ス**ー，**ス**オメイ	marriage proposal **マ**リヂ プロ**ポ**ウザル
えんちゅう **円柱** enchuu	圓柱 yuánzhù ュィエン**ヂ**ュウ	column **カ**ラム
えんちょう（する） **延長(する)** enchou (suru)	延長 yáncháng イエン**ツ**ァン	extension; prolong イクス**テ**ンション，プロローング
えんどうまめ **豌豆豆** endoumame	豌豆，荷蘭豆 wǎn[wān]dòu, hélándòu ウアン[ウアン]ドウ，ホォランドウ	(green) pea （グリーン）**ピ**ー
えんとつ **煙突** entotsu	煙囪，煙筒 yāncōng, yāntǒng イエンツオン，イエントゥオン	chimney **チ**ムニ

日	台	英
えんばん **円盤** enban	圓盤，鐵餅 yuánpán, tiěbǐng ユィエンパン, ティエビン	disk ディスク
〜投げ	擲鐵餅 zhì tiěbǐng ツー ティエビン	discus throw ディスカス スロウ
えんぴつ **鉛筆** enpitsu	〔枝〕鉛筆 〔zhī〕qiānbǐ 〔ヅー〕チエンピィ	pencil ペンスル
えんぶん **塩分** enbun	鹽分 yánfèn イエンフェン	salt ソールト
えんまん(な) **円満(な)** enman (na)	完美，圓滿，美滿 wánměi, yuánmǎn, měimǎn ウアンメイ, ユィエンマン, メイマン	harmony; harmonious ハーモニ, ハーモニアス
えんめい **延命** enmei	延長壽命 yáncháng shòumìng イエンツァン ソウミン	prolongation of life プロウローンゲイション オヴ ライフ
えんやす **円安** en-yasu	日圓下跌 Rìyuán xiàdié ズーユィエン シアディエ	weak yen rate ウィーク イェン レイト
えんよう **遠洋** en-you	遠洋 yuǎnyáng ユィエンイアン	ocean オウシャン
えんりょ **遠慮** enryo	客氣，遠慮 kèqì, yuǎnlù コオチィ, ユィエンリュィ	reserve, hesitation リザーヴ, ヘズィテイション
〜がちな	好客氣，謙虛，自制 hào kèqì, qiānxū, zìzhì ハウ コオチィ, チエンシュィ, ツーツー	reserved, modest リザーヴド, マディスト

お，オ

日	台	英
お **尾** o	尾巴 wěibā ウエイバァ	tail テイル
おあしす **オアシス** oashisu	綠洲 lùzhōu リュィヅォウ	oasis オウエイスィス

日	台	英
おい **甥** （兄弟の） oi	姪子[侄子] zhízi ツーヅ	nephew ネフュー
（姉妹の） 	外甥 wàishēng ウアイ**ソ**ン	nephew ネフュー
おいかえす **追い返す** oikaesu	趕回，逐回 gǎnhuí, zhúhuí ガンフエイ，ヅウフエイ	send away センド ア**ウェ**イ
おいかける **追いかける** oikakeru	趕，追趕 gǎn, zhuīgǎn ガン，ヅエイガン	run after ラン **ア**フタ
おいこしきんし **追い越し禁止** oikoshikinshi	禁止超車 jìnzhǐ chāochē デンヅー ツァオツォ	No passing. ノウ **パ**スィング
おいこす **追い越す** oikosu	超過，超越 chāoguò, chāoyuè ツァオグオ，ツァオユイエ	overtake オウヴァ**テイ**ク
おいしい **美味しい** oishii	好吃，美味，香，香甜 hǎochī, měiwèi, xiāng, xiāngtián ハウツー，メイウエイ，シアン，シアンティ エン	nice, delicious **ナ**イス，ディ**リ**シャス
おいだす **追い出す** oidasu	趕走，趕出 gǎnzǒu, gǎnchū ガンヅォウ，ガンツウ	drive out ドライヴ **ア**ウト
おいつく **追いつく** oitsuku	趕上，追上 gǎnshàng, zhuīshàng ガン**サ**ン，ヅエイ**サ**ン	catch up **キャ**チ **ア**プ
おいつめる **追い詰める** oitsumeru	窮追，追逼 qióngzhuī, zhuībī チュオンヅエイ，ヅエイビィ	drive into a corner ドライヴ **イ**ントゥ ア **コ**ーナ
おいはらう **追い払う** oiharau	趕走，趕跑，轟走 gǎnzǒu, gǎnpǎo, hōngzǒu ガンヅォウ，ガンパウ，フオンヅォウ	drive away ドライヴ ア**ウェ**イ
おいる **老いる** oiru	老，年老，上年紀 lǎo, niánlǎo, shàng niánjì ラウ，ニエンラウ，**サ**ン ニエンヂィ	grow old グロウ **オ**ウルド
おいる **オイル** oiru	油 yóu イオウ	oil **オ**イル

日	台	英
（エンジンオイル）	機油 jīyóu ディイオウ	oil オイル
おいわい **お祝い** oiwai	祝賀 zhùhè ヅゥホォ	celebration セレブレイション
おう **王** ou	王，國王 wáng, guówáng ウアン，グオウアン	king キング
おう **負う**（責任・義務を） ou	負，負責 fù, fùzé フゥウ，フゥウヅォ	take upon *oneself* テイク アポン
（背負う）	揹［背］ bēi ペイ	bear on *one's* back ベア オン バク
おう **追う** ou	追，趕 zhuī, gǎn ヅェイ，ガン	run after, chase ランアフタ，チェイス
おうえん（する） **応援（する）** ouen (suru)	支援，援助，聲援 zhīyuán, yuánzhù, shēngyuán ヅーユィエン，ユィエンヅゥ，ソンユィエン	aid, support エイド，サポート
（スポーツなど）	助威 zhùwēi ヅゥウエイ	cheer チア
おうかくまく **横隔膜** oukakumaku	橫隔膜 hénggémò ホンゴオモォ	diaphragm ダイアフラム
おうきゅう **応急** oukyuu	應急 yìngjí インヂィ	emergency イマーヂェンスィ
〜処置	應急處置 yìngjí chǔzhì インヂィ ツゥヅー	first aid ファースト エイド
おうじ **王子** ouji	王子 wángzǐ ウアンヅー	prince プリンス
おうじ **皇子** ouji	皇子 huángzǐ フアンヅー	Imperial prince インピアリアル プリンス

日	台	英
おうしざ **牡牛座** oushiza	金牛座 jīnniúzuò ヂンニオウヅオ	Bull, Taurus ブル，トーラス
おうじて **応じて** oujite	按照，依照，據 ànzhào, yīzhào, jù アンヅァオ，イィヅァオ，デュイ	according to アコーディング トゥ
おうしゅう(する) **押収(する)** oushuu (suru)	扣押，沒收，查扣 kòuyā, mòshōu, chákòu コウイア，モォソウ，ツァコウ	seizure; seize スィージャー，スィーズ
おうじょ **王女** oujo	公主 gōngzhǔ グォンヅゥ	princess プリンセス
おうじょ **皇女** oujo	公主，皇女 gōngzhǔ, huángnǚ グォンヅゥ，フアンニュィ	Imperial princess インピアリアル プリンセス
おうじる **応じる** oujiru	應，響應 yìng, xiǎngyìng イン，シアンイン	answer, reply to アンサ，リプライ トゥ
おうせつしつ **応接室** ousetsushitsu	客廳，會客室 kètīng, huìkèshì コォティン，フエイコォスー	reception room リセプション ルーム
おうだん(する) **横断(する)** oudan (suru)	橫穿，橫渡 héngchuān, héngdù ホンツァン，ホンドゥウ	crossing; cross クロースィング，クロース
〜歩道	斑馬線，人行道 bānmǎxiàn, rénxíngdào バンマァシエン，ゼンシンダウ	crosswalk クロースウォーク
おうちょう **王朝** ouchou	王朝 wángcháo ウアンツァオ	dynasty ダイナスティ
おうと(する) **嘔吐(する)** outo (suru)	(嘔)吐 (ǒu)tù (オウ)トゥウ	vomit ヴァミト
おうとう(する) **応答(する)** outou (suru)	應答 yìngdá インダァ	reply リプライ
おうひ **王妃** ouhi	皇后，王妃 huánghòu, wángfēi フアンホウ，ウアンフェイ	queen クウィーン

日	台	英
おうふく（する） **往復（する）** oufuku (suru)	來回，往返 láihuí, wǎngfǎn ライフエイ, ウアンファン	to and from; go to and return トゥ アンド フラム, ゴゥ トゥ アンド リターン
〜切符	去回票，來回票 qùhuípiào, láihuípiào チュイフエイピアウ, ライフエイピアウ	round-trip ticket ラウンドトリプ ティケト
おうぼ（する） **応募（する）** oubo (suru)	應徵，應募 yìngzhēng, yìngmù インヅォン, インムウ	application; apply for アプリケイション, アプライ フォ
おうぼう（な） **横暴（な）** oubou (na)	蠻橫，鴨霸 mánhèng, yābà マンホン, イアパア	oppression; oppressive オプレション, オプレスィヴ
おうむ **鸚鵡** oumu	鸚哥，鸚鵡 yīnggē, yīngwǔ インゴォ, インウゥ	parrot パロト
おうよう（する） **応用（する）** ouyou (suru)	應用 yìngyòng インユオン	application; apply アプリケイション, アプライ
おうりょう（する） **横領（する）** ouryou (suru)	侵占，霸占，私吞 qīnzhàn, bàzhàn, sītūn チンヅァン, パァヅァン, スートゥン	embezzlement; embezzle インベズルメント, インベズル
おえる **終える** oeru	做完，完畢，結束 zuòwán, wánbì, jiéshù ヅオウアン, ウアンビィ, ヂエスウ	finish, complete フィニシュ, コンプリート
おおあめ **大雨** ooame	大雨 dàyǔ ダァユイ	heavy rain ヘヴィ レイン
おおい **多い** ooi	多，多數 duō, duōshù ドゥオ, ドゥオスウ	many, much メニ, マチ
おおい **覆い** ooi	套子，罩子 tàozi, zhàozi タゥヅ, ヅァオヅ	cover カヴァ
おおいに **大いに** ooini	頗，頗為，甚，甚為，大，大為，大大 pō, pōwéi, shèn, shènwéi, dà, dàwéi, dàdà ポォ, ポォウエイ, セン, センウエイ, ダァ, ダァウエイ, ダァダァ	greatly, very much グレイトリ, ヴェリ マチ

日	台	英
おおう **覆う** oou	搗住[捂住]，蓋上，蒙上 wǔzhù, gàishàng, méngshàng ウゥヅウ, ガイサン, モンサン	cover カヴァ
おおうりだし **大売り出し** oouridashi	大拍賣 dà pāimài ダァ パイマイ	sale セイル
おおがた(の) **大型(の)** oogata (no)	大型 dàxíng ダァシン	large ラーヂ
おおかみ **狼** ookami	狼 láng ラン	wolf ウルフ
おおかれすくなかれ **多かれ少なかれ** ookaresukunakare	或多或少，多多少少 huò duō huò shǎo, duōduōshǎoshǎo フオ ドゥオ フオ サオ, ドゥオドゥオサオサオ	more or less モー オー レス
おおきい **大きい** ookii	大 dà ダァ	big, large ビグ, ラーヂ
おおきさ **大きさ** ookisa	大小，尺寸 dàxiǎo, chǐcùn ダァシアウ, ツーツン	size サイズ
おーくしょん **オークション** ookushon	拍賣 pāimài パイマイ	auction オークション
ネット〜	網路拍賣，網拍 wǎnglù pāimài, wǎngpāi ウアンルウ パイマイ, ウアンパイ	online auction オンライン オークション
おおぐまざ **大熊座** oogumaza	大熊座 dàxióngzuò ダァシュオンヅオ	Great Bear グレイト ベア
おーけー **オーケー** ookee	OK, 可以，知道 OK, kěyǐ, zhīdào OK, コイィ, ヅーダウ	O.K. オウケイ
おおげさな **大袈裟な** oogesana	誇張，誇大 kuāzhāng, kuādà クアヅァン, クアダァ	exaggerated イグザヂェレイテド
おーけすとら **オーケストラ** ookesutora	管弦「樂隊[樂團] guǎnxiányuèduì[yuètuán] グアンシエンユィエドゥエイ[ユィエトゥアン]	orchestra オーケストラ

日	台	英
おおごえ **大声** oogoe	大聲，高聲 dàshēng, gāoshēng ダァ**ソ**ン，ガウ**ソ**ン	loud voice **ラ**ウド **ヴォ**イス
おおざっぱな **大雑把な** oozappana	粗糙，草率，粗略 cūcāo, cǎoshuài, cūlüè ツウツァオ，ツァオ**ス**アイ，ツウリュィエ	rough, loose **ラ**フ，**ルー**ス
おー・じー **OG** oojii	女校友 nǚ xiàoyǒu ニュィ シアウイオウ	(female) graduate (**フィー**メイル) グ**ラ**デュエ ト
おーすとらりあ **オーストラリア** oosutoraria	澳大利亞，澳洲 Àodàlìyǎ[yà], Àozhōu アウダァリィイア[イア]，アウ**ヂョ**ウ	Australia オースト**レ**イリャ
おおぜい **大勢** oozei	大批(人)，眾人 dàpī(rén), zhòngrén ダァピィ(**ゼ**ン)，**ヂョ**ン**ゼ**ン	(a) large number of (ア) **ラー**ヂ **ナ**ンバ オヴ
おーそどっくす(な) **オーソドックス(な)** oosodokkusu (na)	正統(派) zhèngtǒng(pài) **ヂョ**ントゥオン(パイ)	orthodox **オー**ソダクス
おーそりてぃー **オーソリティー** oosoritii	權威 quánwēi チュィエンウエイ	authority オ**サ**リティ
おーだー **オーダー** oodaa	訂貨 dìnghuò ディンフオ	order **オー**ダ
おおて **大手** oote	大企業，大公司 dà qìyè, dà gōngsī ダァ チイイエ，ダァ グオンスー	major company **メ**イヂャ **カ**ンパニ
おーでぃしょん **オーディション** oodishon	徵選演員試鏡，試鏡 zhēngxuǎn yǎnyuán shìjìng, shìjìng **ヂョ**ンシュィエン イエンュィエン **スー**ヂン, **スー**ヂン	audition オー**ディ**ション
おーでころん **オーデコロン** oodekoron	化妝水，香水 huàzhuāngshuǐ, xiāngshuǐ ファ**ヂュア**ン**ス**エイ，シアン**ス**エイ	eau de cologne オウ デ コ**ロ**ウン
おおどおり **大通り** oodoori	大路，(大)馬路 dàlù, (dà)mǎlù ダァルウ，(ダァ)マァルウ	main street **メ**イン スト**リー**ト
おーとばい **オートバイ** (250cc 未満) ootobai	[台／輛]機車 [tái/liàng] jīchē [タイ／リアン] ヂィ**ツォ**	motorcycle **モ**ウタサイクル

日	台	英

(250cc 以上)｜〔台／輛〕重機
〔tái/liàng〕zhòngjī
〔タイ／リアン〕ヅォンヂィ｜motorcycle
モウタサイクル

おーとまちっく
オートマチック
ootomachikku｜自動
zìdòng
ヅードゥオン｜automatic
オートマティク

(車)｜自排車
zìpáichē
ヅーパイツォ｜automatic
オートマティク

(拳銃)｜自動手槍
zìdòng shǒuqiāng
ヅードゥオン ソウチアン｜automatic
オートマティク

おーなー
オーナー
oonaa｜所有者，所有人，物主
suǒyǒuzhě, suǒyǒurén,
wùzhǔ
スオイオウヅォ, スオイオウゼン, ウゥヅゥ｜owner
オウナ

(球団などの)｜經營主
jīngyíngzhǔ
ヂンインヅゥ｜owner
オウナ

おーばー
オーバー
oobaa｜大衣，外衣
dàyī, wàiyī
ダァイイ, ウアイイイ｜overcoat
オウヴァコウト

おーびー
ＯＢ
oobii｜(男)校友
(nán)xiàoyǒu
(ナン)シアウイオウ｜(male) graduate
(メイル) グラヂュエト

おーぷにんぐ
オープニング
oopuningu｜開放，開場
kāifàng, kāichǎng
カイファン, カイツァン｜opening
オウプニング

おーぷん
オーブン
oobun｜烤爐，烤箱
kǎolú, kǎoxiāng
カウルウ, カウシアン｜oven
アヴン

おおみそか
大晦日
oomisoka｜除夕
chúxì
ツウシィ｜New Year's Eve
ニュー イヤズ イーヴ

おおむかし
大昔
oomukashi｜遠古，太古
yuǎngǔ, tàigǔ
ユィエングウ, タイグウ｜ancient times
エインシェント タイムズ

おおむぎ
大麦
oomugi｜大麥
dàmài
ダァマイ｜barley
バーリ

日	台	英
おおもじ **大文字** oomoji	**大寫字母，大字** dàxiě zìmǔ, dàzì ダァシエ ヅームウ，ダァヅー	capital letter キャピタル レタ
おおや **大家** ooya	**房東** fángdōng ファンドゥオン	landlord ランドロード
おおやけ(の) **公(の)** ooyake (no)	**公，公共，公家** gōng, gōnggòng, gōngjiā グオン，グオングオン，グオンヂア	publicness; public パブリクネス，パブリク
おおよろこび **大喜び** ooyorokobi	**非常高興，歡天喜地** fēicháng gāoxìng, huān tiān xǐ dì フェイツァン ガウシン，フアン ティエン シィ ディ	great joy グレイト ヂョイ
おおらかな **大らかな** oorakana	**大方，大大方方** dàfāng, dàdàfāngfāng ダァファン，ダァダァファンファン	largehearted ラーヂハーテド
おおわらい(する) **大笑い(する)** oowarai (suru)	**大笑，捧腹大笑** dàxiào, pěng fù dà xiào ダァシアウ，ポン フウ ダァ シアウ	hearty laugh; laugh a lot ハーティ ラフ，ラフ ア ラト
(笑い話)	**大笑話** dà xiàohuà ダァ シアウフア	funny story ファニ ストーリ
おか **丘** oka	**山崗，丘陵** shāngǎng, qiūlíng サンガン，チオウリン	hill ヒル
おかあさん **お母さん** okaasan	**母親，媽，媽媽，娘** mǔqīn, mā, māma, niáng ムウチン，マァ，ママァ，ニアン	mother マザ
おかげ **お陰** okage	**多虧，托福，幸虧** duōkuī, tuōfú, xìngkuī ドゥオクエイ，トゥオフゥ，シンクエイ	help, favor ヘルプ，フェイヴァ
おかしい **可笑しい** okashii	**好笑，可笑，滑稽** hǎoxiào, kěxiào, huájī ハウシアウ，コォシアウ，フアヂイ	amusing, funny アミューズィング，ファニ
(変だ・怪しい)	**奇怪，可疑** qíguài, kěyí チィグアイ，コオイィ	unusual, strange アニュージュアル，ストレイ ンヂ
おかす **犯す** okasu	**犯** fàn ファン	commit コミト

日	台	英
（法律などを）	犯，違犯 fàn, wéifàn ファン，ウエイファン	violate ヴァイオレイト
（人を）	強姦 qiángjiān チアンヂエン	rape レイプ
おかす **侵す** okasu	侵害，侵犯，侵占 qīnhài, qīnfàn, qīnzhàn チンハイ，チンファン，チンヅァン	invade インヴェイド
おかす **冒す** okasu	冒險，不顧 màoxiǎn, bú gù マウシエン，ブウ グウ	brave, face ブレイヴ，**フェイス**
おかね **お金** okane	錢，金錢，貨幣 qián, jīnqián, huòbì チエン，ヂンチエン，フオビィ	money マニ
おがむ **拝む** ogamu	拜，拜託 bài, bàituō バイ，バイトゥオ	worship ワーシプ
（祈願する）	祈禱，拜神，拜佛 qídǎo, bài shén, bài fó チィダウ，バイ **セ**ン，バイ フォ	pray to プレイ トゥ
おがわ **小川** ogawa	小溪 xiǎoxī シアウシィ	brook, stream ブルク，ストリーム
おかん **悪寒** okan	發冷，惡寒 fālěng, èhán ファロン，オォハン	chill チル
おき **沖** oki	海面，海上 hǎimiàn, hǎishàng ハイミエン，ハイ**サ**ン	offing **オ**ーフィング
おきあがる **起き上がる** okiagaru	爬起來，站起來，起來 páqǐlái, zhànqǐlái, qǐlái パァチライ，ヅァンチライ，チライ	get up **ゲ**ト **ア**プ
おきて **掟** okite	規矩，老規矩，成規 guījǔ, lǎo guījǔ, chéngguī グエイヂュィ，ラウ グエイヂュィ，**ツ**オングエイ	law, rule ロー，**ル**ール
おきどけい **置き時計** okidokei	座鐘 zuòzhōng ヅオ**ヅ**オン	table clock **テ**イブル クラク

日	台	英
<ruby>補<rt>おぎな</rt></ruby>う oginau	彌補，補充 míbǔ, bǔchōng ミィブウ，ブウツオン	make up for, supplement メイク アプ フォ，サプリメント
お<ruby>気<rt></rt></ruby>に入り okiniiri	最喜愛，我的最愛 zuì xǐ'ài, wǒ de zuì'ài ヅエイ シィアイ，ウオ ドォ ヅエイアイ	favorite フェイヴァリト
<ruby>置物<rt>おきもの</rt></ruby> okimono	陳設品 chénshèpǐn ツェンソォピン	ornament オーナメント
（名前だけの人） 	牌位 páiwèi パイウエイ	figurehead フィギャヘド
お<ruby>経<rt>きょう</rt></ruby> okyou	經，佛經 jīng, fójīng ヂン，フォヂン	sutra スートラ
<ruby>起<rt>お</rt></ruby>きる okiru	起床，起來 qǐchuáng, qǐlái チィツアン，チィライ	get up, rise ゲト アプ，ライズ
（目を覚ます） 	醒，睡醒 xǐng, shuìxǐng シン，スエイシン	wake up ウェイク アプ
（物事が） 	起，發生 qǐ, fāshēng チィ，ファソン	happen, occur ハプン，オカー
<ruby>置き忘れる<rt>おきわすれる</rt></ruby> okiwasureru	落(在…)，擱忘《地方》 là⟨zài...⟩, gēwàng ⟨dìfāng⟩ ラァ⟨ヅァイ …⟩，ゴォウアン⟨ディファン⟩	forget, leave フォゲト，リーヴ
<ruby>奥<rt>おく</rt></ruby> oku	裡面，後面 lǐmiàn, hòumiàn リィミエン，ホウミエン	interior, back インティアリア，バク
<ruby>億<rt>おく</rt></ruby> oku	億，萬萬 yì, wànwàn イィ，ウアンウアン	one hundred million ワン ハンドレド ミリョン
<ruby>置<rt>お</rt></ruby>く oku	放，擱，擱下 fàng, gē, gēxià ファン，ゴォ，ゴォシア	put, place プト，プレイス
<ruby>屋外<rt>おくがい</rt></ruby> okugai	戶外，露天，室外 hùwài, lùtiān, shìwài フウアイ，ルウティエン，スーウアイ	outdoors アウトドーズ

日	台	英
おごる **驕る** ogoru	傲慢，驕傲 àomàn, jiāo'ào アウマン，ヂアウアウ	(be) haughty (ビ) **ホ**ーティ
おさえる **押さえる** osaeru	按，壓，摁，捺 àn, yā, èn, nà アン，イア，エン，ナァ	hold down **ホ**ウルド **ダ**ウン
おさえる **抑える** (感情などを) osaeru	抑制，忍住 yìzhì, rěnzhù イィヅー，**ゼ**ンヅウ	control コント**ロ**ウル
(反乱などを)	鎮壓，壓制 zhènyā, yāzhì ヅェンイア，イアヅー	suppress サプ**レ**ス
おさない **幼い** osanai	年幼，幼小 niányòu, yòuxiǎo ニエンイオウ，イオウシアウ	infant, juvenile **イ**ンファント，**チ**ューヴェナ イル
おさまる **治まる** osamaru	解決，了結，完結 jiějué, liǎojié, wánjié ヂエヂュィエ，リアウヂエ，ウアンヂエ	(be) settled (ビ) **セ**トルド
(鎮まる)	平息，平定 píngxí, píngdìng ピンシィ，ピンディン	calm down **カ**ーム **ダ**ウン
おさまる **納まる** osamaru	容納，收納，納入 róngnà, shōunà, nàrù **ズ**オンナァ，**ソ**ウナァ，ナァ**ズ**ウ	(be) put in (ビ) プ**ト** イン
(落着する)	解決，了結，完結 jiějué, liǎojié, wánjié ヂエヂュィエ，リアウヂエ，ウアンヂエ	(be) settled (ビ) **セ**トルド
おさめる **治める** osameru	統治，治理 tǒngzhì, zhìlǐ トゥオンヅー，ヅーリィ	rule, govern **ル**ール，**ガ**ヴァン
(鎮定)	平定，鎮壓 píngdìng, zhènyā ピンディン，ヅェンイア	suppress サプ**レ**ス
おさめる **納める** osameru	繳納，交納 jiǎonà, jiāonà ヂアウナァ，ヂアウナァ	pay **ペ**イ
おじ **伯父[叔父]** (父の兄) oji	伯父，伯伯，阿伯 bófù, bóbó, ābó ボォフウ，ボォボォ，アアボォ	uncle **ア**ンクル
(父の弟)	叔父，叔叔，阿叔 shūfù, shúshú, āshú スウフウ，**ス**ウスウ，アアスウ	uncle **ア**ンクル

日	台	英
(母の兄弟)	舅父，舅舅，阿舅 jiùfù, jiùjiù, ājiù ヂオウフウ, ヂオウヂオウ, アァヂオウ	uncle アンクル
おしあう **押し合う** oshiau	擁擠，推擠 yǒngjǐ, tuījǐ ユオンヂィ, トゥエイヂィ	push one another **プ**シュ **ワ**ン アナザ
おしい **惜しい** oshii	可惜，遺憾，珍惜 kěxí, yíhàn, zhēnxí コォシィ, イィハン, **ヅェ**ンシィ	regrettable リグ**レ**タブル
おじいさん **おじいさん** (祖父) ojiisan	〔父方・母方〕阿公,〔父方〕祖父, 〔母方〕外公 āgōng, zǔfù, wàigōng アァグオン, ヅゥフウ, ウアイグオン	grandfather グ**ラ**ンドファーザ
(老人)	阿公，老先生 āgōng, lǎo xiānshēng アァグオン, ラウ シエン**ソ**ン	old man **オ**ウルド **マ**ン
おしえ **教え** oshie	教訓，教誨，教導 jiàoxùn, jiàohuì, jiàodǎo ヂアウシュイン, ヂアウフエイ, ヂアウダウ	lesson, teachings **レ**スン, **ティ**ーチングズ
おしえる **教える** oshieru	教，教授 jiāo, jiàoshòu ヂアウ, ヂアウ**ソ**ウ	teach, instruct **ティ**ーチ, インスト**ラ**クト
(告げる)	告訴 gàosù ガウスウ	tell **テ**ル
(知らせる)	通知，告知 tōngzhī, gàozhī トゥオン**ヅ**ー, ガウ**ヅ**ー	inform of イン**フォ**ーム オヴ
おじぎする **お辞儀する** ojigisuru	鞠躬，行禮 júgōng, xínglǐ ヂュイグオン, シンリィ	bow **バ**ウ
おしくも **惜しくも** oshikumo	可惜(得…)，真可惜(…) kěxí(de ...), zhēn kěxí (...) コォシィ(ドォ ...), **ヅェ**ン コォシィ (...)	to *one's* regret トゥ リグ**レ**ト
おしこむ **押し込む** oshikomu	塞進，塞入 sāijìn, sāirù サイヂン, サイ**ズ**ウ	push in, stuff into **プ**シュ イン, ス**タ**フ イン トゥ
おしつける **押しつける** oshitsukeru	強加，硬推 qiángjiā, yìngtuī チアンヂア, イントゥエイ	press プ**レ**ス

日	台	英
(責任を)	推卸 tuīxiè トゥエイシエ	shirk シャーク
おしっこ **おしっこ** oshikko	尿，小便 niào, xiǎobiàn ニアウ, シアウビエン	pee ピー
(幼児語)	尿尿 niàoniào ニアウニアウ	pee ピー
おしつぶす **押し潰す** oshitsubusu	壓碎，壓爛 yāsuì, yālàn イアスエイ, イアラン	crush, smash クラシュ, スマシュ
おしとどめる **押し止める** oshitodomeru	攔住，制止 gēzhù, zhìzhǐ ゴォヅウ, ヅーヅー	stop スタプ
おしぼたん **押しボタン** oshibotan	按鈕，電鈕 ànniǔ, diànniǔ アンニオウ, ディエンニオウ	push button プシュ バトン
おしまい **お仕舞い** oshimai	結束，完了，沒(有)了 jiéshù, wán le, méi(yǒu) le ヂエスウ, ウアン ロォ, メイ(イオウ) ロォ	end エンド
おしめ **おしめ** oshime	[塊]尿布 [kuài] niàobù [クアイ] ニアウブウ	diaper ダイアパ
おしゃべりする **お喋りする** oshaberisuru	開聊，聊天，談天 xiánliáo, liáotiān, tántiān シエンリアウ, リアウティエン, タンティエン	chat, chatter チャト, チャタ
おしゃれ **お洒落** oshare	愛打扮的(人)，修飾 ài dǎbàn de (rén), xiūshì アイ ダァバンドォ (ゼン), シオウスー	dressing up ドレスィング アプ
～な	酷 kù クウ	neat ニート
～する	打扮，修飾 dǎbàn, xiūshì ダァバン, シオウスー	dress smartly ドレス スマートリ
おじょうさん **お嬢さん** ojousan	小姐，姑娘 xiǎojiě, gūniáng シアウヂエ, グウニアン	young lady ヤング レイディ

日	台	英
おしょく **汚職** oshoku	貪污，瀆職 tānwū, dúzhí タンウゥ，ドゥウヅー	corruption, graft コラプション，グラフト
おしろい **おしろい** oshiroi	白粉，香粉，撲粉 báifěn, xiāngfěn, pūfěn バイフェン，シアンフェン，プウフェン	powder パウダ
おす **押す** osu	推 tuī トゥエイ	push, press プシュ，プレス
（おさえる）	按，壓 àn, yā アン，イア	push, press プシュ，プレス
おす **雄** osu	公(的)，雄(的) gōng (de), xióng (de) グオン（ドォ），シュオン（ドォ）	male メイル
おせじ **お世辞** oseji	奉承話，恭維話 fèngchénghuà, gōngwéihuà フォンツォンフア，グオンウエイフア	compliment, flattery カンプリメント，フラタリ
〜を言う	奉承，恭維 fèngchéng, gōngwéi フォンツォン，グオンウエイ	compliment, flatter カンプリメント，フラタ
おせっかい **お節介** osekkai	雞婆，愛管《人家的》閒事 jīpó, ài guǎn 《rénjiā de》 xiánshì ディポォ，アイ グアン《ゼンヂア ドォ》シエンスー	meddling メドリング
おせん **汚染** osen	污染 wūrǎn ウゥザン	pollution ポリューション
おそい **遅い** （時間） osoi	晩，遅，來不及 wǎn, chí, láibùjí ウアン，ツー，ライブウディ	late レイト
（速度）	慢，遅 màn, chí マン，ツー	slow スロウ
おそう **襲う** osou	襲，襲擊 xí, xíjí シィ，シィヂィ	attack アタク
おそかれはやかれ **遅かれ早かれ** osokarehayakare	早晩，遅早 zǎowǎn, chízǎo ヅァオウアン，ツーヅァオ	sooner or later スーナ オー レイタ

日	台	英
おそなえ **お供え** osonae	供品 gòngpǐn グオンピン	offering オーファリング
おそらく **恐らく** osoraku	恐怕, 也許, 或許 kǒngpà, yěxǔ, huòxǔ クオンパァ, イエシュィ, フオシュィ	perhaps パハプス
おそれ **恐れ** osore	恐懼 kǒngjù クオンヂュイ	fear フィア
～を知らない	大無畏, 不知恐懼 dàwúwèi, bù zhī kǒngjù ダァウゥウエイ, ブウ ヅー クオンヂュイ	intrepid イントレピド
おそれる **恐れる** osoreru	怕, 害怕 pà, hàipà パァ, ハイパァ	fear, (be) afraid of フィア, (ビ) アフレイド オヴ
(懸念)	…之虞, …的危險 ... zhī yǔ, ... de wéixiǎn ... ヅーユィ, ... ドォ ウエイシエン	worry about ワーリ アバウト
おそろしい **恐ろしい** osoroshii	可怕(的), 嚇人, 驚人 kěpà(de), xiàrén, jīngrén コォパァ(ドォ), シアゼン, ヂンゼン	fearful, awful フィアフル, オーフル
おそわる **教わる** osowaru	學, 受教 xué, shòujiào シュィエ, ソウヂアウ	learn ラーン
おぞん **オゾン** ozon	臭氧 chòuyǎng ツォウイアン	ozone オウゾウン
おたがいさま **お互い様** otagaisama	彼此彼此 bǐcǐ bǐcǐ ビィツー ビィツー	I am another. アイ アム アナザ
おたがいに **お互いに** otagaini	互相, 彼此 hùxiāng, bǐcǐ フウシアン, ビィツー	each other イーチ アザ
おたまじゃくし **オタマジャクシ** otamajakushi	蝌蚪 kēdǒu コォドウ	tadpole タドポウル
おだやかな **穏やかな** odayakana	平靜, 平穩 píngjìng, píngwěn ピンヂン, ピンウン	calm カーム
(気性が)	溫和, 和藹 wēnhé, hé'ǎi ウンホォ, ホォアイ	gentle ヂェントル

日	台	英
（気候が）	温和，温暖 wēnhé, wēnnuǎn ウンホォ，ウンヌアン	mild マイルド
おちあう **落ち合う** ochiau	相見，碰頭 xiāngjiàn, pèngtóu シアンヂエン，ポントウ	meet, come together ミート，カム トゲザ
おちいる **陥る** ochiiru	陷入，陷於 xiànrù, xiànyú シエンズゥ，シエンユィ	fall into フォール イントゥ
おちこむ （気分が） **落ち込む** ochikomu	低落 dīluò ディルオ	slump スランプ
おちつき **落ち着き** ochitsuki	鎮静，穏重，沉著 zhènjìng, wěnzhòng, chénzhuó ヂェンヂン，ウンヂオン，ヂェンヂオ	composure コンポウジャ
おちつく **落ち着く** ochitsuku	鎮静，安静，沉著 zhènjìng, ānjìng, chénzhuó ヂェンヂン，アンヂン，ヂェンヂオ	calm down カーム ダウン
（事柄などが）	平定，平息 píngdìng, píngxí ピンディン，ピンシィ	settle down セトル ダウン
おちど **落ち度** ochido	過錯，過失，錯誤 guòcuò, guòshī, cuòwù グオツオ，グオスー，ツオウゥ	fault フォルト
おちば **落ち葉** ochiba	落葉 luòyè ルオイエ	fallen leaf フォールン リーフ
おちる **落ちる** ochiru	落（下），掉（下），塌（下） luò(xià), diào(xià), tā(xià) ルオ(シア)，ディアウ(シア)，タァ(シア)	fall, drop フォール，ドラプ
（試験に）	沒考上，沒考中 méi kǎoshàng, méi kǎozhòng メイ カウサン，メイ カウヂオン	fail in フォール イン
おっと **夫** otto	丈夫，老公，先生 zhàngfū, lǎogōng, xiānshēng ヂァンフゥ，ラウゴン，シエンソン	husband ハズバンド
おっとせい **オットセイ** ottosei	海狗，海熊，膃肭 hǎigǒu, hǎixióng, wànà ハイゴウ，ハイシュオン，ウアンァァ	fur seal ファー スィール

日	台	英
おつり **おつり** otsuri	找錢 zhǎoqián ヅァオチエン	change チェインヂ
おでこ **おでこ** odeko	額頭，腦門 étóu, nǎomén オオトウ，ナウメン	forehead フォーレド
おてん **汚点** oten	汚點 wūdiǎn ウウディエン	stain ステイン
おてんば **お転婆** otenba	淘氣的女孩 táoqì de nǚhái タウチィ ド ニュイハイ	tomboy タムボイ
おと **音** oto	音，聲音 yīn, shēngyīn イン，ソンイン	sound サウンド
おとうさん **お父さん** otousan	父親，爸爸，爸，令尊， 多桑 fùqīn, bàba, bà, lìngzūn, duòsang フゥウチン，パァパァ，パァ，リンヅン，ドゥ オサン	father ファーザ
おとうと **弟** otouto	弟弟 dìdi ディディ	(younger) brother (ヤンガ) ブラザ
おとこ **男** otoko	男人，男的，男性 nánrén, nán de, nánxìng ナンゼン，ナンドォ，ナンシン	man, male マン，メイル
おとこのこ **男の子** otokonoko	男孩(子) nánhái(zì) ナンハイ(ヅ)	boy ボイ
おどし **脅し** odoshi	恐嚇，威嚇 kǒnghè, wēihè クオンホォ，ウエイホォ	threat, menace スレト，メナス
おとしだま **お年玉** otoshidama	壓歲錢 yāsuìqián イアスエイチエン	New Year's gift ニュー イヤズ ギフト
おとす **落とす** otosu	弄掉，弄丟，去掉 nòngdiào, nòngdiū, qùdiào ヌオンディアウ，ヌオンディオウ，チュイ ディアウ	drop, let fall ドラプ，レト フォール
(失う)	丟，丟掉，丟失 diū, diūdiào, diūshī ディオウ，ディオウディアウ，ディオウスー	lose ルーズ

日	台	英
（抜かす）	漏，落 lòu, là ロウ，ラァ	omit オウミト
（信用・人気を）	失掉，喪失 shīdiào, sàngshī スーディアウ，サンスー	lose ルーズ
おどす **脅す** odosu	威脅，恐嚇，嚇唬 wēixié, kǒnghè, xiàhǔ ウエイシエ，クオンホォ，シアフウ	threaten, menace スレトン，**メ**ナス
おとずれる **訪れる** otozureru	訪問，拜訪，來訪 fǎngwèn, bàifǎng, láifǎng ファンウン，バイファン，ライファン	visit **ヴィ**ズィト
おととい **一昨日** ototoi	前天，前日 qiántiān, qiánrì チエンティエン，チエンズー	day before yester-day デイ ビフォー **イェ**スタデイ
おととし **一昨年** ototoshi	前年 qiánnián チエンニエン	year before last **イ**ヤ ビフォー **ラ**スト
おとな **大人** otona	成人，大人 chéngrén, dàrén **ツォ**ンゼン，**ダ**ゼン	adult, grown-up ア**ダ**ルト，グ**ロ**ウナプ
おとなしい **おとなしい** otonashii	老實，溫順，溫柔 lǎoshí, wēnshùn, wēnróu ラウスー，ウンスン，ウンゾウ	gentle, quiet **チェ**ントル，ク**ワ**イアト
おとめざ **乙女座** otomeza	處女座 chǔnǚzuò **ツ**ウニュィヅオ	Virgin, Virgo **ヴァ**ーヂン，**ヴァ**ーゴウ
おどり **踊り** odori	跳舞，舞蹈 tiàowǔ, wǔdǎo ティアウウゥ，ウゥダウ	dance **ダ**ンス
おとる **劣る** otoru	不如，差，次等 bùrú, chà[chā], cìděng ブゥルゥ，**ツァ**[**ツァ**]，ツードン	(be) inferior to （ビ）イン**フィ**アリア トゥ
おどる **踊る** odoru	跳舞，舞蹈 tiàowǔ, wǔdǎo ティアウウゥ，ウゥダウ	dance **ダ**ンス
おとろえる **衰える** otoroeru	衰弱，衰落，衰退 shuāiruò, shuāiluò, shuāituì スアイズオ，スアイルオ，スアイトゥエイ	(become) weak （ビカム）**ウィ**ーク
おどろかす **驚かす** odorokasu	驚動，嚇，轟動 jīngdòng, xià, hōngdòng ヂンドゥオン，シア，フオンドゥオン	surprise, astonish サプ**ラ**イズ，アス**タ**ニシュ

日	台	英
おどろき **驚き** odoroki	驚駭，驚訝，驚恐 jīnghài, jīngyà, jīngkǒng ヂンハイ，ヂンイア，ヂンクオン	surprise サプ**ラ**イズ
おどろく **驚く** odoroku	吃驚，驚訝，驚恐 chījīng, jīngyà, jīngkǒng ツーヂン，ヂンイア，ヂンクオン	(be) surprised (ビ) サプ**ラ**イズド
おなか **お腹** onaka	肚子，腹肚 dùzi, fùdù ドゥヅ，フウドゥウ	stomach ス**タ**マク
おなじ **同じ** onaji	一樣，相同，同樣 yíyàng, xiāngtóng, tóngyàng イイイアン，シアントゥオン，トゥオンイアン	same **セ**イム
(等しい)	等於(…) děngyú (…) ドンユィ (…)	equal, equivalent **イ**ークワル，イク**ウィ**ヴァレント
おに **鬼** oni	鬼，鬼怪 guǐ, guǐguài グエイ，グエイグアイ	ogre, demon **オ**ウガ，**ディ**ーモン
おにごっこ **鬼ごっこ** onigokko	捉迷藏 zhuōmícáng ヅォミィツァン	tag **タ**グ
おね **尾根** one	山脊，山梁 shānjǐ, shānliáng **サ**ンヂイ，**サ**ンリアン	ridge **リ**ヂ
おのおの **各々** onoono	各，各自，分別，各位 gè, gèzì, fēnbié, gèwèi ゴォ，ゴォヅー，フェンビエ，ゴオウエイ	each **イ**ーチ
おば **伯母[叔母]** (父の姉妹) oba	姑姑 gūgū グウグウ	aunt **ア**ント
(母の姉妹)	阿姨，姨母 āyí, yímǔ アァイィ，イィムウ	aunt **ア**ント
おばあさん **おばあさん** (祖母) obaasan	〔父方·母方〕阿嬤，〔父方〕祖母， 〔母方〕外婆 āmà, zǔmǔ, wàipó アァマァ，ヅウムウ，ウアイポォ	grandmother グ**ラ**ンドマザ
(老女)	阿嬤，老太太，老太婆 āmà, lǎotàitài, lǎotàipó アァマァ，ラウタイタイ，ラウタイポォ	old woman **オ**ウルド **ウ**マン

日	台	英
おぱーる **オパール** opaaru	蛋白石 dànbáishí ダンバイスー	opal **オ**ウパル
おばけ **お化け** obake	妖怪，妖精 yāoguài, yāojīng イアウグアイ，イアウヂン	bogy, ghost **ボ**ウギ，**ゴ**ウスト
おび **帯** obi	帯，帯子，腰帯 dài, dàizi, yāodài ダイ，ダイヅ，イアウダイ	belt, sash **ベ**ルト，**サ**ッシュ
おびえる **怯える** obieru	恐懼，害怕，膽怯 kǒngjù, hàipà, dǎnquè クオンヂュイ，ハイパァ，ダンチュイエ	(be) frightened at (ビ) フ**ラ**イトンド アト
おひつじざ **牡羊座** ohitsujiza	白羊座，白羊宮 báiyángzuò, báiyánggōng バイヤンヅォ，バイヤングオン	Ram, Aries **ラ**ム，**エ**アリーズ
おふぃす **オフィス** ofisu	辦公室，辦事處 bàngōngshì, bànshìchù バングオンスー，バンスーツウ	office **オ**ーフィス
おぶざーばー **オブザーバー** obuzaabaa	旁聽人，觀察員 pángtīngrén, guāncháyuán パンティンゼン，グアンツァユイエン	observer オブ**ザ**ーヴァ
おふしーずん **オフシーズン** ofushiizun	淡季，閒季 dànjì, xiánjì ダンヂィ，シエンヂィ	off-season **オ**ーフ**シ**ーズン
（プロ野球など）	非運動季節 fēi yùndòng jìjié フェイ ユインドゥオン ヂィヂエ	off-season **オ**ーフ**シ**ーズン
おぷしょん **オプション** opushon	選擇(權) xuǎnzé(quán) シュイエンヅォ(チュイエン)	option **ア**プション
おぶつ **汚物** obutsu	髒東西，污物，屎尿 zāng dōngxī, wūwù, shǐniào ヅァン ドゥオンシィ，ウウウ，**ス**ーニア ウ	filth **フィ**ルス
おふれこ **オフレコ** ofureko	非正式的，不作紀錄的 fēi zhèngshì de, bú zuò jìlù de フェイ **ヂ**ォン**ス**ードォ，ブウ ヅオ ヂィル ウ ドォ	off-the-record **オ**ーフザ**レ**コド
おべっか **おべっか** obekka	諂媚，阿諛 chǎnmèi, ēyú **ツ**ァンメイ，オォユイ	flattery フ**ラ**タリ

日	台	英
オペラ opera	歌劇 gējù ゴデュイ	opera **ア**パラ
オペレーター opereetaa	操作員 cāozuòyuán ツァオヅオユイエン	operator **ア**パレイタ
覚え書き oboegaki	備忘錄, 紀錄 bèiwànglù, jìlù ベイウアンルウ, ヂイルウ	memo, memorandum **メ**モウ, メモ**ラ**ンダム
覚える oboeru	學會, 懂得, 學習 xuéhuì, dǒngdé, xuéxí シュイエフエイ, ドゥオンドォ, シュイエシィ	learn **ラ**ーン
（記憶する）	記住, 記得 jìzhù, jìdé ヂィヅウ, ヂィドォ	remember リ**メ**ンバ
（感じる）	感覺, 覺得, 感到 gǎnjué, juédé, gǎndào ガンヂュイエ, デュイエドォ, ガンダウ	feel **フィ**ール
溺れる oboreru	淹, 溺, 溺水, 淹沒 yān, nì, nìshuǐ, yānmò イエン, ニィ, ニィ**ス**エイ, イエンモォ	(be) drowned (ビ) ド**ラ**ウンド
（ふける）	沉溺, 迷戀 chénnì, míliàn ツェンニィ, ミィリエン	indulge in イン**ダ**ルヂ イン
おまけ omake	附帶 fùdài フウダイ	extra **エ**クストラ
（景品・割り増し）	贈品 zèngpǐn ヅォンピン	premium プ**リ**ーミアム
（割引き）	(大)減價 (dà)jiǎnjià (ダァ)ヂエンヂア	discount **ディ**スカウント
お守り omamori	護(身)符 hù(shēn)fú フウ(**セ**ン)フウ	charm, talisman **チャ**ーム, **タ**リスマン
お巡りさん omawarisan	警察先生 jǐngchá xiānshēng デン**ツァ** シエン**ソ**ン	police officer, policeman ポ**リ**ース **オ**ーフィサ, ポ**リ**ースマン

日	台	英
おむつ おむつ omutsu	尿布，襁褓 niàobù, qiǎngbǎo ニアウプウ，チアンバウ	diaper ダイアパ
重い おもい omoi	重，沉 zhòng, chén ヂォン，ツェン	heavy ヘヴィ
（重要・重大）	重要，重大 zhòngyào, zhòngdà ヂォンイアウ，ヂォンダァ	important, grave インポータント，グレイヴ
（病が）	重，嚴重 zhòng, yánzhòng ヂォン，イエンヂォン	serious スィアリアス
思いがけない おもいがけない omoigakenai	出乎意料（之外），冷不防 chū hū yì liào (zhīwài), lěngbùfáng ツゥ フゥ イィ リアウ（ヂーウアイ），ロン ブゥファン	unexpected アニクスペクテド
思い切り おもいきり omoikiri	斷念，死心 duànniàn, sǐxīn ドゥアンニエン，スーシン	resignation レズィグネイション
（思う存分）	盡情，下決心，堅決 jìnqíng, xià juéxīn, jiānjué ヂンチン，シア デュイエシン，ヂエンデュイ エ	to *one's* heart's content トゥ ハーツ コンテント
思い出す おもいだす omoidasu	想起來 xiǎngqǐlái シアンチィライ	remember, recall リメンバ，リコール
思い違い おもいちがい omoichigai	想錯，誤會 xiǎngcuò, wùhuì シアンツオ，ウゥフエイ	misunderstanding ミスアンダスタンディング
思いつく おもいつく omoitsuku	想出來，想到 xiǎngchūlái, xiǎngdào シアンツゥライ，シアンダウ	think of スィンク オヴ
思い出 おもいで omoide	回憶，懷念 huíyì, huáiniàn フエイイィ，フアイニエン	memory メモリ
思いやり おもいやり omoiyari	關懷，體貼，體諒 guānhuái, tǐtiē, tǐliàng グアンフアイ，ティティエ，ティリアン	consideration, sympathy コンスィダレイション，スィ ンパスィ
思う おもう omou	以為，認為，想，感覺 yǐwéi, rènwéi, xiǎng, gǎnjué イィウエイ，ゼンウエイ，シアン，ガンデュイ エ	think スィンク

日	台	英
（推測する）	推測，猜測，猜想 tuīcè, cāicè, cāixiǎng トゥエイツォ, ツァイツォ, ツァイシアン	suppose サポウズ
おもかげ **面影** omokage	風貌，風采，姿容 fēngmào, fēngcǎi, zīróng フォンマウ, フォンツァイ, ズーズオン	image イミデ
おもくるしい **重苦しい** omokurushii	抑鬱，鬱悶，不舒暢，鬱卒 yìyù, yùmèn, bù shūchàng, yùzú イィユィ, ユィメン, ブウ スウツァン, ユィ ヅウ	gloomy, oppressive グルーミ, オプレスィヴ
おもさ **重さ** omosa	分量，重量，輕重 fènliàng, zhòngliàng, qīngzhòng フェンリアン, ヅォンリアン, チンヅォン	weight ウェイト
おもしろい **面白い** omoshiroi	好玩，有意思，有趣(味) hǎowán, yǒu yìsi, yǒu qù (wèi) ハウウアン, イオウ イィス, イオウ チュィ (ウエイ)	interesting インタレスティング
おもちゃ **おもちゃ** omocha	玩具 wánjù ウアンヂュイ	toy トイ
～屋	玩具店 wánjùdiàn ウアンヂュイディエン	toyshop トイシャプ
おもて **表** omote	表面，上面，外表 biǎomiàn, shàngmiàn, wàibiǎo ビアウミエン, サンミエン, ウアイビアウ	face フェイス
（戸外）	外面，外頭，屋外 wàimiàn, wàitóu, wūwài ウアイミエン, ウアイトウ, ウゥウアイ	outdoors アウトドーズ
～通り	街道 jiēdào ヂエダウ	main street メイン ストリート
おもな **主な** omona	主要，重要 zhǔyào, zhòngyào ヅゥイアウ, ヅオンイアウ	main, principal メイン, プリンスィパル
おもに **主に** omoni	主要，大部分，多半 zhǔyào, dàbùfèn, duōbàn ヅゥイアウ, ダァブウフェン, ドゥオバン	mainly, mostly メインリ, モウストリ

日	台	英
趣 (趣意) おもむき omomuki	宗旨，旨趣，內容，意思 zōngzhǐ, zhǐqù, nèiróng, yìsi ヅオンヅー, ヅーチュィ, ネイヅオン, イィス	import インポート
(雅趣)	情趣，雅緻，雅趣 qíngqù, yǎzhì, yǎqù チンチュィ, イアヅー, イアチュィ	taste, elegance テイスト, エリガンス
思惑 おもわく omowaku	用心，企圖，意圖，看法 yòngxīn, qìtú, yìtú, kànfǎ ユオンシン, チトゥ, イイトゥウ, カンファ	thought, intention ソート, インテンション
重んじる おもんじる omonjiru	注重，重視，注意 zhùzhòng, zhòngshì, zhùyì ヅウヅオン, ヅオンスー, ヅウィィ	value ヴァリュ
親 おや oya	父母，雙親 fùmǔ, shuāngqīn フウムウ, スアンチン	parent ペアレント
(トランプなどの)	莊家 zhuāngjiā ヅアンヂア	dealer ディーラ
親知らず おやしらず oyashirazu	智齒 zhìchǐ ヅーツー	wisdom tooth ウィズダム トゥース
おやつ おやつ oyatsu	點心，零食，茶點 diǎnxīn, língshí, chádiǎn ディエンシン, リンスー, ツァディエン	refreshments リフレシュメンツ
親指 おやゆび oyayubi	(大)拇指 (dà)mǔzhǐ (ダァ)ムウヅー	thumb サム
(足の)	拇趾 mǔzhǐ ムウヅー	big toe ビグ トゥ
泳ぐ およぐ oyogu	游泳 yóuyǒng イオウユオン	swim スウィム
凡そ およそ oyoso	大致，大約，大概 dàzhì, dàyuē, dàgài ダァヅー, ダァユィエ, ダガイ	about, nearly アバウト, ニアリ
(まったく)	全然，完全 quánrán, wánquán チュィエンザン, ウアンチュィエン	entirely インタイアリ

日	台	英
および **及び** oyobi	**及, 和, 與, 跟, 同** jí, hàn[hé], yǔ, gēn, tóng ディ, ハン[ホォ], ユィ, ゲン, トゥオン	and アンド
およぶ **及ぶ** oyobu	**到, 達到, 涉及, 及於** dào, dádào, shèjí, jíyú ダウ, ダァダウ, ソォディ, ディユィ	reach, amount to リーチ, アマウント トゥ
おりーぶ **オリーブ** oriibu	**橄欖** gǎnlǎn ガンラン	olive アリヴ
～オイル	**橄欖油** gǎnlǎnyóu ガンランヨウ	olive oil アリヴ オイル
おりえんてーしょん **オリエンテーション** orienteeshon	**新生教育** xīshēng jiàoyù シィソン デアウュィ	orientation オーリエンテイション
おりかえす **折り返す** orikaesu	**折回, 返回, 翻回** zhéhuí, fǎnhuí, fānhuí ヅォフエイ, ファンフエイ, ファンフエイ	turn down ターン ダウン
おりじなりてぃー **オリジナリティー** orijinaritii	**獨創性, 創造性** dúchuàngxìng, chuàngzàoxìng ドゥウツァンシン, ツァンヅァオシン	originality オリヂナリティ
おりじなる **オリジナル** orijinaru	**原文, 原作, 原版** yuánwén, yuánzuò, yuánbǎn ュィエンウン, ュィエンゾォ, ュィエンバン	original オリヂナル
おりたたむ **折り畳む** oritatamu	**摺疊** zhédié ヅォディエ	fold (up) フォウルド (アプ)
おりめ **折り目** orime	**褶子, 褶線, 摺痕** zhězi, zhěxiàn, zhéhén ヅォヅ, ヅォシエン, ヅォヘン	fold フォウルド
おりもの **織物** orimono	**紡織品, 織品** fǎngzhīpǐn, zhīpǐn ファンヅーピン, ヅーピン	textile, fabric テクスタイル, ファブリク
おりる **下[降]りる** oriru	**下, 降落** xià, jiàngluò シア, ヂアンルオ	go down ゴウ ダウン
（乗り物から）	**下車** xià chē シア ツォ	get off, get out of ゲト オーフ, ゲト アウト オ ヴ

日	台	英
お おりんぴっく **オリンピック** orinpikku	奥運(會) Àoyùn(huì) アウユィン(フエイ)	Olympic games オリンピク ゲイムズ
おる **折る** oru	折，折斷 zhé, zhéduàn ヅォ，ヅォドゥアン	break, snap ブレイク，スナプ
（曲げる）	折，彎，疊 zhé, wān, dié ヅォ，ウアン，ディエ	bend ベンド
おる **織る** oru	織，編 zhī, biān ヅー，ビエン	weave ウィーヴ
おるがん **オルガン** orugan	〔台〕風琴 〔tái〕fēngqín 〔タイ〕フォンチン	organ オーガン
おるごーる **オルゴール** orugooru	八音盒 bāyīnhé バァインホォ	music box ミューズィク バクス
おれる **折れる** oreru	折，斷，折斷 zhé, duàn, zhéduàn ヅォ，ドゥアン，ヅォドゥアン	break ブレイク
（譲歩）	遷就，讓步 qiānjiù, ràngbù チエンヂオウ，ザンブウ	give in ギヴ イン
おれんじ **オレンジ** orenji	柳丁，柳橙 liǔdīng, liǔchéng リオウディン，リオウツォン	orange オリンヂ
おろかな **愚かな** orokana	傻，愚，笨，愚蠢 shǎ, yú, bèn, yúchǔn サァ，ユイ，ベン，ユイツン	foolish, silly フーリシュ，スィリ
おろしうり **卸売り** oroshiuri	批發，批售 pīfā, pīshòu ピィファ，ピィソウ	wholesale ホウルセイル
おろしね **卸値** oroshine	批發價 pīfājià ピィファヂア	wholesale price ホウルセイル プライス
おろす **下[降]ろす** orosu	放下，拿下，卸下 fàngxià, náxià, xièxià ファンシア，ナァシア，シエシア	take down テイク ダウン
（乗客を）	讓(乘客)下車 ràng (chéngkè) xià chē ザン (ツォンコォ) シア ツォ	drop ドラプ

日	台	英
おわり **終わり** owari	末尾，結局，尾聲 mòwěi, jiéjú, wěishēng モォウエイ，チエチュィ，ウエイソン	end, close エンド，クロウズ
おわる **終わる** owaru	結束，完畢，終了 jiéshù, wánbì, zhōngliǎo チエスウ，ウアンビィ，**ヅ**ォンリアウ	end, close エンド，クロウズ
おん **恩** on	恩，恩情，恩惠，恩典 ēn, ēnqíng, ēnhuì, ēndiǎn エン，エンチン，エンフエイ，エンディエン	obligation アプリ**ゲ**イション
おんがく **音楽** ongaku	音樂 yīnyuè インュィエ	music ミュー**ズ**ィク
～家	音樂家 yīnyuèjiā インュィエヂア	musician ミュー**ズ**ィシャン
おんかん **音感** onkan	音感 yīngǎn インガン	sense of pitch センス オヴ **ピ**チ
おんきょう **音響** onkyou	音響 yīnxiǎng インシアン	sound **サ**ウンド
おんけい **恩恵** onkei	恩惠 ēnhuì エンフエイ	favor, benefit **フェ**イヴァ，ベネフィト
おんけんな **穏健な** onkenna	穩健 wěnjiàn ウンヂエン	moderate **マ**ダレト
おんこうな **温厚な** onkouna	溫厚，敦厚 wēnhòu, dūnhòu ウンホウ，ドゥンホウ	gentle **ヂェ**ントル
おんしつ **温室** onshitsu	溫室，暖房 wēnshì, nuǎnfáng ウン**ス**ー，ヌアンファン	greenhouse グリーンハウス
おんじん **恩人** onjin	恩人 ēnrén エン**ゼ**ン	benefactor **ベ**ネファクタ
おんすい **温水** onsui	溫水 wēnshuǐ ウン**ス**エイ	warm water **ウォ**ーム **ウォ**ータ
おんせい **音声** onsei	聲音，語音 shēngyīn, yǔyīn **ソ**ンイン，ュィイン	voice, sound **ヴォ**イス，**サ**ウンド

日	台	英
お おんせん **温泉** onsen	**温泉** wēnquán ウンチュイエン	hot spring, spa ハト スプリング, スパー
おんたい **温帯** ontai	**温帯** wēndài ウンダイ	Temperate Zone テンペレト ゾウン
おんだんな **温暖な** ondanna	**温暖** wēnnuǎn ウンヌアン	warm, mild ウォーム, マイルド
おんち **音痴** onchi	**音痴, 走音, 走調** yīnchī, zǒuyīn, zǒudiào インツー, ヅォウイン, ヅォウディアウ	tone deafness トウン デフネス
おんど **温度** ondo	**温度** wēndù ウンドゥウ	temperature テンパラチャ
〜計	**温度計, 寒暑表** wēndùjì, hánshǔbiǎo ウンドゥウディ, ハンスウビアウ	thermometer サマメタ
おんな **女** onna	**女的, 婦女, 女性** nǚ de, fùnǚ, nǚxìng ニュイドォ, フウニュイ, ニュイシン	woman, female ウマン, フィーメイル
おんなのこ **女の子** onnanoko	**女孩(子)** nǚhái(zi) ニュイハイ(ヅ)	girl ガール
おんぷ **音符** onpu	**音符** yīnfú インフウ	(musical) note (ミューズィカル) ノウト
おんぶする **おんぶする** onbusuru	**揹[背]** bēi ベイ	carry on *one's* back キャリ オン バク
おんらいん(の) **オンライン(の)** onrain (no)	**連線, (在)線上** liánxiàn, (zài) xiànshàng リエンシエン, (ヅァイ) シエンサン	on-line オンライン
おんわな **穏和な** onwana	**穏和, 穏健, 温柔** wěnhé, wěnjiàn, wēnróu ウンホォ, ウンヂエン, ウンゾウ	gentle, mild ヂェントル, マイルド

107

日	台	英

か, カ

か
蚊
ka
[隻]蚊子
〔zhī〕wénzi
〔ヅー〕ウンヅ
mosquito
モスキートウ

か
科
ka
科
kē
コォ
family
ファミリ

（大学の学部）
系
xì
シィ
department
ディパートメント

（大学院の研究科）
研究所, 所
yánjiùsuǒ, suǒ
イエンヂオウスオ, スオ
graduate school
グラデュエト スクール

（学校の学科・課程）
課, 課程
kè, kèchéng
コォ, コォ**ツォ**ン
course
コース

か
課
ka
科
kē
コォ
section, division
セクション, ディ**ヴィ**ジョン

（教科書などの
一区切り・章）
課
kè
コォ
lesson
レスン

かーそる
カーソル
kaasoru
游標
yóubiāo
イオウビアウ
cursor
カーサ

かーでぃがん
カーディガン
kaadigan
[件]對襟毛衣
〔jiàn〕duìjīn máoyī
〔ヂエン〕ドゥエイヂン マウイィ
cardigan
カーディガン

かーてん
カーテン
kaaten
[塊]窗簾
〔kuài〕chuānglián
〔クアイ〕**ツ**アンリエン
curtain
カートン

かーど
カード
kaado
[張]卡片, 卡
〔zhāng〕kǎpiàn, kǎ
〔**ヅ**ァン〕カァピエン, カァ
card
カード

がーどまん
ガードマン
gaadoman
警衛
jǐngwèi
ヂンウエイ
guard
ガード

がーどれーる
ガードレール
gaadoreeru
護欄, 護軌
hùlán, hùguǐ
フウラン, フウグエイ
guardrail
ガードレイル

日	台	英
かーぶ **カーブ** kaabu	轉彎處，曲線 zhuǎnwānchù, qūxiàn ヅゥアンウアンツゥ，チュイシイエン	curve, turn カーヴ，ターン
（道路の）	彎道 wāndào ウアンダウ	curve カーヴ
（野球の）	曲線（變化）球 qūxiàn(biànhuà)qiú チュイシイエン(ビエンフア)チオウ	curve カーヴ
かーぺっと **カーペット** kaapetto	［塊］地毯 ［kuài］dìtǎn ［クアイ］ディタン	carpet カーペット
がーるふれんど **ガールフレンド** gaarufurendo	女朋友 nǚpéngyǒu ニュィポンイオウ	girlfriend ガールフレンド
かい **会** kai	［次／屆］會，會議 ［cì/jiè］huì, huìyì ［ツー／デエ］フエイ，フエイィイ	meeting, party ミーティング，パーティ
かい **回** kai	次，回 cì, huí ツー，フエイ	time タイム
（競技・野球）	局 jú デュィ	round, inning ラウンド，イニング
かい **貝** kai	貝 bèi ペイ	shellfish シェルフィシュ
がい **害** gai	害，危害，損害，害處 hài, wéihài, sǔnhài, hàichù ハイ，ウエイハイ，スンハイ，ハイツゥ	harm, damage ハーム，ダミヂ
がいあつ **外圧** gaiatsu	外壓 wàiyā ウアイイア	foreign pressure フォーリン プレシャ
かいいん **会員** kaiin	會員 huìyuán フエイユィエン	member メンバ
かいえん **開演** kaien	開演，上演 kāiyǎn, shàngyǎn カイイエン，サンイエン	opening オウプニング
かいおうせい **海王星** kaiousei	海王星 hǎiwángxīng ハイウアンシン	Neptune ネプテューン

日	台	英
かいが **絵画** kaiga	畫，繪畫，圖畫 huà, huìhuà, túhuà フア, フエイフア, トゥウフア	picture, painting ピクチャ, ペインティング
かいかい(する) **開会(する)** kaikai (suru)	開會 kāihuì カイフエイ	opening; open オウプニング, オウプン
かいがい **海外** kaigai	海外，國外 hǎiwài, guówài ハイウアイ, グオウアイ	foreign countries フォーリン カントリズ
かいかく(する) **改革(する)** kaikaku (suru)	改革 gǎigé ガイゴォ	reform, innovation; innovate リフォーム, イノヴェイション, イノヴェイト
かいかつな **快活な** kaikatsuna	快活，活潑 kuàihuó, huópō クアイフオ, フオポォ	cheerful チアフル
かいかん **会館** kaikan	會館，會堂，廳 huìguǎn, huìtáng, tīng フエイグアン, フエイタン, ティン	hall ホール
かいかん(する) **開館(する)** kaikan (suru)	開門 kāimén カイメン	opening; open オウプニング, オウプン
～時間	開門時間 kāimén shíjiān カイメン スーヂエン	opening time オウプニング タイム
かいがん **海岸** kaigan	海岸，海邊，海濱 hǎi'àn, hǎibiān, hǎibīn ハイアン, ハイビエン, ハイビン	seashore, coast スィーショー, コウスト
がいかん **外観** gaikan	外表，外觀，外形 wàibiǎo, wàiguān, wàixíng ウアイビアウ, ウアイグアン, ウアイシン	appearance アピアランス
かいぎ(する) **会議(する)** kaigi (suru)	開會，會議 kāihuì, huìyì カイフエイ, フエイイィ	meeting, conference; hold a meeting ミーティング, カンファレンス, ホウルド ア ミーティング
かいきゅう **階級** kaikyuu	階級，階層 jiējí, jīcéng ヂエヂィ, ヂィツオン	class, rank クラス, ランク
かいきょう **海峡** kaikyou	海峽 hǎixiá ハイシア	strait, channel ストレイト, チャネル

日	台	英
かいぎょう(する) **開業(する)** kaigyou (suru)	開, 開市, 開辦, 開業 kāi, kāishì, kāibàn, kāiyè カイ, カイスー, カイバン, カイイエ	starting business; start business スターティング ビズネス, スタート ビズネス
かいぐん **海軍** kaigun	海軍 hǎijūn ハイヂュイン	navy ネイヴィ
かいけい **会計** kaikei	會計, 算帳, 算錢 kuàijì, suànzhàng, suànqián クアイヂィ, スアンヅァン, スアンチエン	account, finance アカウント, フィナンス
(支払い) 	結帳 jiézhàng ヂエヅァン	payment ペイメント
~士	會計師 kuàijìshī クアイヂィスー	accountant アカウンタント
かいけつ(する) **解決(する)** kaiketsu (suru)	解決, 處理 jiějué, chǔlǐ ヂエヂュィエ, ツウリィ	settlement; settle セトルメント, セトル
かいけん(する) **会見(する)** kaiken (suru)	會見, 會面, 接見 huìjiàn, huìmiàn, jiējiàn フエイヂエン, フエイミエン, ヂエヂエン	interview インタヴュー
がいけん **外見** gaiken	外貌, 外表, 外觀 wàimào, wàibiǎo, wàiguān ウアイマウ, ウアイビアウ, ウアイグアン	appearance アピアランス
かいご **介護** kaigo	護理, 照護 hùlǐ, zhàohù フウリィ, ヅァオフウ	care ケア
かいごう **会合** kaigou	集會, 聚會 jíhuì, jùhuì ヂィフエイ, ヂュィフエイ	meeting, gathering ミーティング, ギャザリング
がいこう **外交** gaikou	外交 wàijiāo ウアイヂアウ	diplomacy ディプロウマスィ
~官	外交官 wàijiāoguān ウアイヂアウグアン	diplomat ディプロマト
がいこく **外国** gaikoku	外國 wàiguó ウアイグオ	foreign country フォーリン カントリ

日	台	英
～人	外國人，老外 wàiguórén, lǎowài ウアイグオゼン, ラウウアイ	foreigner フォーリナ
かいさい(する) 開催(する) kaisai (suru)	召開，舉辦，舉行 zhàokāi, jǔbàn, jǔxíng ヅァオカイ, デュイパン, デュイシン	holding; hold, open ホウルディング, ホウルド, オープン
かいさつぐち 改札口 kaisatsuguchi	剪票口 jiǎnpiàokǒu ヂエンピアウコウ	ticket gate ティケト ゲイト
かいさん(する) 解散(する) kaisan (suru)	散會，解散 sànhuì, jiěsàn サンフエイ, ヂエサン	breakup; dissolve ブレイカプ, ディザルヴ
がいさん 概算 gaisan	概算，估計，估算 gàisuàn, gūjì, gūsuàn ガイスアン, グウヂィ, グウスアン	rough estimate ラフ エスティメト
かいさんぶつ 海産物 kaisanbutsu	海產品，海產物 hǎichǎnpǐn, hǎichǎnwù ハイツァンピン, ハイツァンウゥ	marine products マリーン プラダクツ
かいし(する) 開始(する) kaishi (suru)	開始，起頭 kāishǐ, qǐtóu カイスー, チィトウ	start; start, begin, open スタート, スタート, ビギン, オープン
かいしめる 買い占める kaishimeru	囤積 túnjī トゥンヂィ	buy up, corner バイ アプ, コーナ
かいしゃ 会社 kaisha	公司，行，會社 gōngsī, háng, huìshè グオンスー, ハン, フエイツォ	company, corporation カンパニ, コーポレイション
～員	公司職員，上班族 gōngsī zhíyuán, shàngbānzú グオンスー ヅーユィエン, サンバンヅウ	office worker オーフィス ワーカ
かいしゃく(する) 解釈(する) kaishaku (suru)	解釋 jiěshì ヂエスー	interpretation; interpret インタープリテイション, インタープリト
かいしゅう(する) 回収(する) kaishuu (suru)	收回，回收 shōuhuí, huíshōu ソウフエイ, フエイソウ	recovery; collect リカヴァリ, コレクト
かいしゅう(する) 改修(する) kaishuu (suru)	改建，改修，整修 gǎijiàn, gǎixiū, zhěngxiū ガイヂエン, ガイシオウ, ヅォンシオウ	repair リペア

日	台	英
がいしゅつ(する) **外出(する)** gaishutsu (suru)	出門，出去，出外 chūmén, chūqù, chūwài ツウメン, **ツ**ウチュイ, **ツ**ウウアイ	go out ゴウ **ア**ウト
かいじょ **介助** kaijo	扶助，幫助 fúzhù, bāngzhù フウ**ヅ**ウ, バン**ヅ**ウ	care **ケ**ア
かいじょ(する) **解除(する)** kaijo (suru)	解除，撤銷，廢除 jiěchú, chèxiāo, fèichú デエ**ツ**ウ, **ツ**オシア**ウ**, フェイ**ツ**ウ	cancellation; cancel キャンセレイション, **キャ**ンセル
かいじょう **会場** kaijou	會場 huìchǎng フエイ**ツ**ァン	meeting place **ミ**ーティング プレイス
かいじょう **海上** kaijou	海上 hǎishàng ハイ**サ**ン	marine マ**リ**ーン
がいしょく(する) **外食(する)** gaishoku (suru)	外食 wàishí ウアイス**ー**	eat out **イ**ート **ア**ウト
かいすい **海水** kaisui	海水 hǎishuǐ ハイ**ス**エイ	sea water **ス**ィー **ウ**ォータ
〜浴	海水浴 hǎishuǐyù ハイ**ス**エイユィ	sea bathing **ス**ィー **ベ**イ**ズ**ィング
かいすう **回数** kaisuu	次數，回數 cìshù, huíshù ツース**ウ**, フエイ**ス**ウ	number of times **ナ**ンバ オヴ **タ**イムズ
〜券	回數票，多次票 huíshùpiào, duōcìpiào フエイ**ス**ウピア**ウ**, ドゥオ**ツ**ー**ピ**ア**ウ**	commutation ticket カミュ**テ**イション **テ**ィケト
がいする **害する** gaisuru	害，傷害，危害 hài, shānghài, wéihài ハイ, **サ**ンハイ, ウエイハイ	injure **イ**ンヂャ
かいせい **快晴** kaisei	晴朗 qínglǎng チンラン	fine weather **フ**ァイン **ウェ**ザ
かいせい(する) **改正(する)** kaisei (suru)	修正，改正，修改 xiūzhèng, gǎizhèng, xiūgǎi シオウ**ヅ**ォン, ガイ**ヅ**ォン, シオウガイ	revision; revise リ**ヴ**ィジョン, リ**ヴ**ァイズ

日	台	英
かいせつ（する） **解説（する）** kaisetsu (suru)	講解，説明，解說 jiǎngjiě, shuōmíng, jiěshuō ヂアンヂエ，**ス**オミン，ヂエ**ス**オ	explanation; explain エクスプラ**ネ**イション，イク**ス**プ**レ**イン
かいぜん（する） **改善（する）** kaizen (suru)	改善 gǎishàn ガイ**サ**ン	improvement; improve インプ**ルー**ヴメント，インプ**ルー**ヴ
かいそう **海草** kaisou	海草，海藻 hǎicǎo, hǎizǎo ハイ**ツァ**オ，ハイ**ヅァ**オ	seaweed **ス**ィーウィード
かいそう **階層** kaisou	階層，層次 jiēcéng, céngcì ヂエ**ツォ**ン，**ツォ**ンツー	class, stratum ク**ラ**ス，ストレイタム
かいそう（する） **回送（する）** kaisou (suru)	轉送，轉寄 zhuǎnsòng, zhuǎnjì **ヅ**アンソン，**ヅ**アンヂィ	sending on **セ**ンディング **オ**ン
かいぞう **改造** kaizou	改造，改建 gǎizào, gǎijiàn ガイ**ヅァ**オ，ガイヂエン	reconstruction リーコンスト**ラ**クション
かいそく **快速** kaisoku	快速，高速 kuàisù, gāosù クアイスウ，ガウスウ	high speed **ハ**イ ス**ピ**ード
〜列車	（區間）快車 (qūjiān) kuàichē （チュィヂエン）クアイ**ツ**ォ	fast train **ファ**スト ト**レ**イン
かいぞく **海賊** kaizoku	海盜 hǎidào ハイ**ダ**ウ	pirate パイアレト
〜版	盜版 dàobǎn ダウバン	pirated edition パイア**レ**イテド イ**ディ**ション
かいたく（する） **開拓（する）** kaitaku (suru)	開墾，拓荒，開闢 kāikěn, tuòhuāng, kāipì カイケン，トゥオフアン，カイピィ	cultivation; open up カルティ**ヴェ**イション，**オ**ウプン **ア**プ
かいだん **階段** kaidan	樓梯，階梯 lóutī, jiētī ロウティ，ヂエティ	stairs ス**テ**アズ
かいだん（する） **会談（する）** kaidan (suru)	會談 huìtán フエイタン	talk, conference; have a talk **ト**ーク，**カ**ンファレンス，**ハ**ヴァ **ト**ーク

日	台	英
かいちく（する） **改築（する）** kaichiku (suru)	改建，重建，改修 gǎijiàn, chóngjiàn, gǎixiū ガイヂエン，ツオンヂエン，ガイシオウ	rebuilding; rebuild リービルディング，リービル ド
がいちゅう **害虫** gaichuu	［隻］害蟲 ［zhī］hàichóng ［ヅー］ハイ**ツ**オン	harmful insect, vermin ハームフル　**イ**ンセクト， **ヴ**ァーミン
かいちゅうでんとう **懐中電灯** kaichuudentou	手電筒 shǒudiàntǒng ソウディエントゥオン	flashlight フ**ラ**シュライト
かいつう（する） **開通（する）** kaitsuu (suru)	開通，通車 kāitōng, tōngchē カイトゥオン，トゥオン**ツ**ォ	(be) opened to traffic （ビ）　**オ**ウプンド　トゥ　ト**ラ** フィク
かいて **買い手** kaite	買主，買方 mǎizhǔ, mǎifāng マイ**ヅ**ウ，マイファン	buyer **バ**イア
かいてい（する） **改定（する）** kaitei (suru)	重新規定 chóngxīn guīdìng **ツ**オンシン　グエイディン	revision; revise リ**ヴ**ィジョン，リ**ヴ**ァイズ
かいてい（する） **改訂（する）** kaitei (suru)	修訂 xiūdìng シオウディン	revision; revise リ**ヴ**ィジョン，リ**ヴ**ァイズ
かいてきな **快適な** kaitekina	舒適，舒服，舒暢 shūshì, shūfú, shūchàng **ス**ウスー，**ス**ウフウウ，**ス**ウ**ツ**ァン	agreeable, comfortable アグリーアブル，**カ**ンフォタ ブル
かいてん（する） **回転（する）** kaiten (suru)	旋轉，迴轉 xuánzhuǎn, huízhuǎn シュイエン**ヅ**ァン，フエイ**ヅ**ァン	turn **タ**ーン
かいてん（する） **開店（する）** kaiten (suru)	開市，營業，開張 kāishì, yíngyè, kāizhāng カイ**ス**ー，インイエ，カイ**ヅ**ァン	opening; open **オ**ウプニング，**オ**ウプン
がいど **ガイド** gaido	嚮導，導遊 xiàngdǎo, dǎoyóu シアンダウ，ダウイオウ	guide **ガ**イド
～ブック	（旅行［旅遊］）指南 （lǚxíng［lǚyóu］）zhǐnán （リュイシン［リュィイオウ］）**ヅ**ーナン	guidebook **ガ**イドブク
～ライン	指導方針［目標］ zhǐdǎo fāngzhēn［mùbiāo］ **ヅ**ーダウ　ファン**ヅ**ェン［ムウビアウ］	guidelines **ガ**イドラインズ

日	台	英
かいとう **解答** kaitou	解答，答案 jiědá, dá'àn ヂエダァ, ダァアン	answer, resolution アンサ, レゾルーション
〜する	(作)解答，回答 (zuò) jiědá, huídá (ヅオ) ヂエダァ, フエイダァ	answer, solve アンサ, サルヴ
かいとう(する) **回答(する)** kaitou (suru)	回答，答覆 huídá, dáfù フエイダァ, ダァフウ	reply; reply to リプライ, リプライ トゥ
がいとう **街灯** gaitou	街燈，路燈 jiēdēng, lùdēng ヂエドン, ルウドン	streetlight ストリートライト
かいどく(する) **解読(する)** kaidoku (suru)	解碼，解讀，譯解 jiěmǎ, jiědú, yìjiě ヂエマァ, ヂエドゥウ, イィヂエ	decipherment; decipher ディサイファメント, ディサイファ
かいなんきゅうじょ **海難救助** kainankyuujo	海難救援 hǎinàn jiùyuán ハイナン ヂオウュイエン	sea rescue スィー レスキュー
かいにゅう(する) **介入(する)** kainyuu (suru)	介入，干預，干與 jièrù, gānyù, gānyù ヂエズウ, ガンユィ, ガンユィ	intervention; intervene インタヴェンション, インタヴィーン
がいねん **概念** gainen	概念 gàiniàn ガイニエン	notion, concept ノウション, カンセプト
かいばしら **貝柱** kaibashira	干貝 gānbèi ガンペイ	scallop スカラプ
かいはつ(する) **開発(する)** kaihatsu (suru)	開發 kāifā カイファ	development; develop ディヴェロプメント, ディヴェロプ
かいばつ **海抜** kaibatsu	海拔 hǎibá ハイバァ	above the sea アバヴ ザ スィー
かいひ **会費** kaihi	會費 huìfèi フエイフェイ	(membership) fee (メンバシプ) フィー
がいぶ **外部** gaibu	外部，外面 wàibù, wàimiàn ウアイブウ, ウアイミエン	outside アウトサイド

日	台	英
かいふく（する） **回復（する）** kaifuku (suru)	**恢復，復原** huīfù, fùyuán フエイフウ，フウユィエン	recovery; recover リ**カ**ヴァリ，リ**カ**ヴァ
かいほう（する） **解放（する）** kaihou (suru)	**解放，解除** jiěfàng, jiěchú デエファン，デエツウ	liberation; liberate リバレイション，**リ**バレト
かいほう（する） **開放（する）** kaihou (suru)	**打開，開放，公開** dǎkāi, kāifàng, gōngkāi ダァカイ，カイファン，グオンカイ	opening; open **オ**ウプニング，**オ**ウプン
かいまく（する） **開幕（する）** kaimaku (suru)	**開幕，開場** kāimù, kāichǎng カイムウ，カイツァン	opening; open **オ**ウプニング，**オ**ウプン
がいむ **外務** gaimu	**外交，外勤** wàijiāo, wàiqín ウアイヂアウ，ウアイチン	foreign affairs **フォ**ーリン ア**フェ**アズ
〜省	**外交部** wàijiāobù ウアイヂアウブウ	Ministry of Foreign Affairs ミニストリ オヴ **フォ**ーリン ア**フェ**アズ
〜大臣	**外交部長** wàijiāo bùzhǎng ウアイヂアウ ブウヅァン	Minister of Foreign Affairs ミニスタ オヴ **フォ**ーリン ア **フェ**アズ
かいもの **買い物** kaimono	**買東西，購物** mǎi dōngxī, gòuwù マイ ドゥオンシィ，ゴウウゥ	shopping **シャ**ピング
かいやく（する） **解約（する）** kaiyaku (suru)	**解約，解除契約** jiěyuē, jiěchú qìyuē デエユィエ，デエツウ チィユィエ	cancellation; can- cel キャンセ**レ**イション，**キャ**ン セル
がいよう **概要** gaiyou	**概要，概略，梗概** gàiyào, gàilüè, gěnggài ガイアウ，ガイリュィエ，ゴンガイ	outline, summary **ア**ウトライン，**サ**マリ
がいらいご **外来語** gairaigo	**外来語** wàiláiyǔ ウアイライユィ	loan-word **ロ**ウンワード
がいりゃく **概略** gairyaku	**概略，大概情形** gàilüè, dàgài qíngxíng ガイリュィエ，ダァガイ チンシン	outline, summary **ア**ウトライン，**サ**マリ
かいりゅう **海流** kairyuu	**海流** hǎiliú ハイリオウ	current **カ**ーレント

日	台	英
かいりょう（する） **改良（する）** kairyou (suru)	改良 gǎiliáng ガイリアン	improvement; improve インプルーヴメント，インプルーヴ
かいろ **回路** kairo	電路，線路，回路 diànlù, xiànlù, huílù ディエンルウ，シエンルウ，フエイルウ	circuit サーキト
かいわ（する） **会話（する）** kaiwa (suru)	會話，交談，對話 huìhuà, jiāotán, duìhuà フエイフア，ヂアウタン，ドゥエイフア	conversation; talk カンヴァ**セイ**ション，**ト**ーク
かう **買う** kau	買，購，購買 mǎi, gòu, gòumǎi マイ，ゴウ，ゴウマイ	buy, purchase バイ，パーチェス
（認める）	器重，賞識 qìzhòng, shǎngshì チィヅオン，**サンス**ー	appreciate アプ**リ**ーシエイト
かう **飼う** kau	養，飼養 yǎng, sìyǎng イアン，スーイアン	keep, raise **キ**ープ，**レ**イズ
かうんせらー **カウンセラー** kaunseraa	（生活）顧問 (shēnghuó) gùwèn （ソンフオ）グウウン	counselor **カ**ウンセラ
かうんたー **カウンター** kauntaa	櫃檯 guìtái グエイタイ	counter **カ**ウンタ
かえす **返す** kaesu	還，退，歸還 huán, tuì, guīhuán フアン，トゥエイ，グエイフアン	return, send back リ**タ**ーン，**セ**ンド バク
かえって **却って** kaette	卻（是），反倒，反而 què(shì), fǎndào, fǎn'ér チュイエ（**ス**ー），ファンダウ，ファンオル	on the contrary オン ザ **カ**ントレリ
かえり **帰り** kaeri	回家，歸途 huíjiā, guītú フエイヂア，グエイトゥウ	return リ**タ**ーン
かえりみる **省みる** kaerimiru	反思，反省 fǎnsī, fǎnxǐng ファンスー，ファンシン	reflect upon リフ**レ**クト ア**ポ**ン
かえりみる **顧みる** kaerimiru	回頭看，回顧，回想 huítóu kàn, huígù, huíxiǎng フエイトウ カン，フエイグウ，フエイシアン	look back ル**ク** バク

日	台	英
かえる **蛙** kaeru	[隻] 青蛙，田雞，蛤蟆 〔zhī〕qīngwā, tiánjī, hámá 〔ヅー〕チンウア, ティエンヂィ, ハァマァ	frog フローグ
かえる **変える** kaeru	改變，更改 gǎibiàn, gēnggǎi ガイビエン, ゴンガイ	change **チェ**インヂ
かえる **換える** kaeru	換，交換，替換 huàn, jiāohuàn, tìhuàn フアン, ヂアウフアン, ティフアン	exchange, replace イクス**チェ**インヂ, リプ**レイ**ス
かえる **帰る** kaeru	歸回，回歸，回家 guīhuí, huíguī, huíjiā グエイフエイ, フエイグエイ, フエイヂア	come home, go home **カ**ム **ホ**ウム, **ゴ**ウ **ホ**ウム
かえる **返る** kaeru	返回 fǎnhuí ファンフエイ	return, come back リ**タ**ーン, **カ**ム バク
かお **顔** kao	臉，面孔 liǎn, miànkǒng リエン, ミエンクオン	face, look **フェ**イス, **ル**ク
(メンツ)	面子，體面 miànzi, tǐmiàn ミエンヅ, ティミエン	face, honor **フェ**イス, **ア**ナ
かおいろ **顔色** kaoiro	臉色，氣色，神色 liǎnsè, qìsè, shénsè リエンソォ, チィソォ, **セ**ンソォ	complexion コンプ**レ**クション
かおり **香り** kaori	香味，香氣，芳香 xiāngwèi, xiāngqì, fāngxiāng シアンウエイ, シアンチィ, ファンシアン	smell, fragrance ス**メ**ル, フ**レ**イグランス
かおる **香[薫]る** kaoru	有香味，散發香氣 yǒu xiāngwèi, sànfā xiāngqì イオウ シアンウエイ, サンファ シアンチィ	(be) fragrant (ビ) フ**レ**イグラント
がか **画家** gaka	畫家 huàjiā フアヂア	painter **ペ**インタ
かがいしゃ **加害者** kagaisha	加害者 jiāhàizhě ヂアハイヅォ	assailant ア**セ**イラント
かかえる **抱える** kakaeru	抱，摟 bào, lǒu バウ, ロウ	hold in *one's* arms **ホ**ウルド イン **ア**ームズ
かかく **価格** kakaku	價格，價錢 jiàgé, jiàqián ヂアゴォ, ヂアチエン	price, value プ**ラ**イス, **ヴァ**リュ

日	台	英
かがく **化学** kagaku	化學 huàxué ファシュイエ	chemistry ケミストリ
かがく **科学** kagaku	科學 kēxué コォシュイエ	science サイエンス
〜者	科學家 kēxuéjiā コォシュイエヂア	scientist サイエンティスト
かかげる **掲げる** kakageru	懸掛，舉起 xuánguà, jǔqǐ シュイエングア，デュイチイ	hoist ホイスト
かかと **踵** kakato	腳後跟 jiǎohòugēn ヂアウホウゲン	heel ヒール
かがみ **鏡** kagami	〔面〕鏡子 〔miàn〕jìngzi 〔ミエン〕ヂンヅ	mirror, glass ミラ，グラス
かがむ **屈む** kagamu	彎腰，曲身 wānyāo, qūshēn ウアンイアウ，チュイセン	stoop ストゥープ
かがやかしい **輝かしい** kagayakashii	輝煌，燦爛，光輝 huīhuáng, cànlàn, guānghuī フエイフアン，ツァンラン，グアンフエイ	brilliant ブリリアント
かがやき **輝き** kagayaki	閃爍，閃光 shǎnshuò, shǎnguāng サンスオ，サングアン	brilliance ブリリャンス
かがやく **輝く** kagayaku	閃耀，發光 shǎnyào, fāguāng サンイアウ，ファグアン	shine, glitter シャイン，グリタ
かかりいん **係員** kakariin	人員，負責人 rényuán, fùzérén ゼンユイエン，フウヅォゼン	person in charge of パースン イン チャーヂ オヴ
かかる **掛かる** kakaru	（高）懸，掛，懸掛 （gāo）xuán, guà, xuánguà （ガウ）シュイエン，グア，シュイエングア	hang on ハング オン
（金が）	花，花費《金錢》 huā, huāfèi《jīnqián》 ファ，フアフェイ《ヂンチエン》	cost コスト
（時間が）	花，花費《時間》 huā, huāfèi《shíjiān》 ファ，フアフェイ《スーヂエン》	take テイク

日	台	英
かかわらず **かかわらず** kakawarazu	不管，不論，盡管 bùguǎn, búlùn, jǐnguǎn プウグアン，プウルン，ヂングアン	in spite of イン スパイト オヴ
かかわる **関[係]わる** kakawaru	關涉，涉及，有關 guānshè, shèjí, yǒuguān グアンシォ，シォヂィ，イオウグアン	(be) concerned in (ビ) コンサーンド イン
かき **牡蠣** kaki	蚵子，牡蠣 kēzǐ, mǔlì コォヅー，ムウリィ	oyster オイスタ
かき **柿** kaki	柿子 shìzi スーヅ	persimmon パースィモン
かき **夏期[夏季]** kaki	夏期，夏季，暑期 xiàqí, xiàjì, shǔqí シアチィ，シアヂィ，スウチィ	summer サマ
かぎ **鍵** kagi	[把]鑰匙 [bǎ] yàoshi [バァ] イアウス	key キー
かきかえる **書き換える** kakikaeru	改寫，重寫 gǎixiě, chóngxiě ガイシエ，ツオンシエ	rewrite リーライト
かきとめる **書き留める** kakitomeru	記下來，寫下來 jìxiàlái, xiěxiàlái ヂィシアライ，シエシアライ	write down ライト ダウン
かきとり **書き取り** kakitori	聽寫 tīngxiě ティンシエ	dictation ディクテイション
かきとる **書き取る** kakitoru	筆錄，抄錄 bǐlù, chāolù ビィルウ，ツァオルウ	write down ライト ダウン
かきなおす **書き直す** kakinaosu	改寫，重寫 gǎixiě, chóngxiě ガイシエ，ツオンシエ	rewrite リーライト
かきまぜる **かき混ぜる** kakimazeru	攪，攪拌，攪和 jiǎo, jiǎobàn, jiǎohuò ヂアウ，ヂアウバン，ヂアウフオ	mix up ミクス アプ
かきまわす **掻き回す** kakimawasu	攪 jiǎo ヂアウ	stir スター
（掻き乱す）	攪亂 jiǎoluàn ヂアウルアン	disturb ディスターブ

125

日	台	英
かくめい **革命** kakumei	革命 gémìng ゴォミン	revolution レヴォルーション
がくもん **学問** gakumon	[門]學問, 學識 [mén] xuéwèn, xuéshì [メン] シュイエゥン, シュイエスー	learning, study ラーニング, スタディ
かくやすの **格安の** kakuyasuno	廉價, 特價 liánjià, tèjià リエンヂア, トォヂア	cheap チープ
かくりつ **確率** kakuritsu	機率 jīlù ヂィリュィ	probability プラバビリティ
かくりつ(する) **確立(する)** kakuritsu (suru)	確立 quèlì チュイエリィ	establishment; es- tablish イスタブリシュメント, イスタブリシュ
がくりょく **学力** gakuryoku	學力 xuélì シュイエリィ	academic ability アキャデミク アビリティ
がくれき **学歴** gakureki	學歷 xuélì シュイエリィ	school career スクール カリア
かくれる **隠れる** kakureru	藏, 躲, 躲藏, 隱藏 cáng, duǒ, duǒcáng, yǐncáng ツァン, ドゥオ, ドゥオツァン, インツァン	hide *oneself* ハイド
がくわり **学割** gakuwari	學生優惠 xuéshēng yōuhuì シュイエソン イオウフエイ	reduced fee for students リデュースト フィー フォ ステューデンツ
かけ **賭け** kake	賭博 dǔbó ドゥウボォ	gambling ギャンブリング
かげ **陰** kage	蔭[陰]涼處, 日陰 yìn[yīn]liángchù, rìyīn イン[イン]リアンツゥ, ズーイン	shade シェイド
かげ **影** kage	影, 影子, 蹤影 yǐng, yǐngzi, zōngyǐng イン, インヅ, ヅオンイン	shadow, silhouette シャドウ, スィルーエト
がけ **崖** gake	懸崖, 峭壁 xuányá, qiàobì シュイエンイア, チアウビィ	cliff クリフ

日	台	英
かけい **家計** kakei	家計，家庭經濟 jiājì, jiātíng jīngjì ヂアヂィ，ヂアティン ヂンヂィ	household economy ハウスホウルド イ**カ**ノミ
かけざん **掛け算** kakezan	乘法 chéngfǎ ツォンファ	multiplication マルティプリ**ケ**イション
かけつ(する) **可決(する)** kaketsu (suru)	通過 tōngguò トゥオングオ	approval; approve アプルーヴァル，アプ**ルー**ヴ
かけね **掛け値** kakene	虛價，謊價 xūjià, huǎngjià シュィヂア，フアンヂア	overcharge オウヴァ**チャー**ヂ
〜なし	不二價 bú'èrjià ブウオルヂア	fixed price **フィ**クスト プ**ラ**イス
かけひき **駆け引き** kakehiki	策略 cèlüè ツォリュィエ	tactics **タ**クティクス
(値段の)	討價還價 tǎo jià huán jià タウ ヂア フアン ヂア	haggle **ハ**グル
かけぶとん **掛け布団** kakebuton	棉被 miánbèi ミエンベイ	quilt, comforter ク**ウィ**ルト，**カ**ンフォタ
かけら **かけら** kakera	碎片，破片 suìpiàn, pòpiàn スエイピエン，ポォピエン	fragment フ**ラ**グメント
かける **欠ける** kakeru	缺 quē チュィエ	break off ブ**レ**イク オフ
(不足する)	缺少，不夠 quēshǎo, búgòu チュィエ**サ**オ，プウゴウ	lack **ラ**ク
かける **掛ける** kakeru	掛(上)，懸掛，蓋(上) guà(shàng), xuánguà, gài (shàng) グア(**サ**ン)，シュィエングア，ガイ(**サ**ン)	hang, suspend **ハ**ング，サス**ペ**ンド
(掛け算)	乘 chéng ツォン	multiply **マ**ルティプライ

日	台	英
（時間・金を）	花，費，花費 huā, fèi, huāfèi フア，フェイ，フアフェイ	spend スペンド
かける **駆ける** kakeru	跑，快跑，奔跑 pǎo, kuàipǎo, bēnpǎo パウ，クアイパウ，ベンパウ	run ラン
かける **賭ける** kakeru	賭(錢)，打賭 dǔ(qián), dǎdǔ ドゥウ(チエン)，ダアドゥウ	bet on ベト オン
かこ **過去** kako	過去，既往 guòqù, jìwǎng グオチュイ，ディウアン	past パスト
かご **籠** kago	籃(子)，簍(子)，筐(子) lán(zi), lǒu(zi), kuāng(zi) ラン(ヅ)，ロウ(ヅ)，クアン(ヅ)	basket, cage バスケト，ケイヂ
かこい **囲い** kakoi	[道]籬笆，圍牆，柵欄 [dào] líbā, wéiqiáng, zhàlán [ダウ] リィバァ，ウエイチアン，ヅァラン	enclosure, fence インクロウジャ，**フェ**ンス
かこう（する） **加工（する）** kakou (suru)	加工 jiāgōng ヂアグオン	processing; process プラセスィング，プラセス
かごう（する） **化合（する）** kagou (suru)	化合 huàhé フアホォ	combination; com- bine カンビネイション，コンバイ ン
かこむ **囲む** kakomu	圍，包圍，環繞 wéi, bāowéi, huánrào ウエイ，バウウエイ，フアンザオ	surround, enclose サラウンド，インク**ロ**ウズ
かさ **傘** kasa	[把]雨傘 [bǎ] yǔsǎn [バァ] ユィサン	umbrella アンブ**レ**ラ
かさい **火災** kasai	火災 huǒzāi フオヅァイ	fire **ファ**イア
～報知機	火災報警設備 huǒzāi bàojǐng shèbèi フオヅァイ バウヂン ソォベイ	fire alarm **ファ**イア アラーム
～保険	火災保險，火險 huǒzāi bǎoxiǎn, huǒxiǎn フオヅァイ バウシエン，フオシエン	fire insurance **ファ**イア イン**シュ**アランス

日	台	英
かさなる **重なる** kasanaru	重重，層層 chóngchóng, céngcéng ツォンツォン，ツォンツォン	(be) piled up (ビ) パイルド **ア**プ
（重複する）	重疊，重複 chóngdié, chóngfù ツォンディエ，**ツ**ォンフゥウ	overlap オウヴァラプ
（度重なる）	再三，反復，重複 zàisān, fǎnfù, chóngfù ヅァイサン，ファンフゥウ，**ツ**ォンフゥウ	(be) repeated (ビ) リ**ピ**ーテド
（祭日などが）	碰在一起 pèngzài yìqǐ ポンヅァイ イィチィ	fall on **フォ**ール **オ**ン
かさねる **重ねる** kasaneru	使…重疊，疊，積累 shǐ...chóngdié, dié, jīlěi スー…**ツ**ォンディエ，ディエ，ヂィレイ	pile up パイル **ア**プ
（繰り返す）	重做，反復，重複 chóngzuò, fǎnfù, chóngfù **ツ**ォンヅオ，ファンフゥウ，**ツ**ォンフゥウ	repeat リ**ピ**ート
かさばる **嵩張る** kasabaru	體積大，占地方 tǐjī dà, zhàn dìfāng ティヂィ ダァ，**ヅ**ァン ディファン	(be) bulky (ビ) **バ**ルキ
かさむ **嵩む** kasamu	增大，增多 zēngdà, zēngduō ヅォンダァ，ヅォンドゥオ	increase インク**リ**ース
かざり **飾り** kazari	裝飾（品） zhuāngshì(pǐn) ヅァンスー(ピン)	decoration, ornament デコ**レ**イション，**オ**ーナメント
かざる **飾る** kazaru	裝飾，修飾 zhuāngshì, xiūshì ヅァンスー，シオウスー	decorate, ornament **デ**コレイト，**オ**ーナメント
（インテリアを）	裝潢 zhuānghuáng ヅァンフアン	decorate, ornament **デ**コレイト，**オ**ーナメント
かざん **火山** kazan	火山 huǒshān フオ**サ**ン	volcano ヴァル**ケ**イノウ
かし **貸し** kashi	貸款 dàikuǎn ダイクアン	loan **ロ**ウン

日	台	英
<small>かし</small> **菓子** kashi	糕點，點心 gāodiǎn, diǎnxīn ガウディエン, ディエンシン	confectionery, cake コン**フェ**クショネリ, **ケ**イク
<small>かし</small> **歌詞** kashi	歌詞 gēcí ゴォツー	words, text, lyrics **ワ**ーヅ, **テ**クスト, **リ**リクス
<small>かじ</small> **火事** kaji	火災，失火，火警 huǒzāi, shīhuǒ, huǒjǐng フオヅァイ, **ス**ーフオ, フオヂン	fire **ファ**イア
<small>かじ</small> **家事** kaji	家務，家政 jiāwù, jiāzhèng ヂアウゥ, ヂア**ヅ**ォン	housework **ハ**ウスワーク
<small>かしきり</small> **貸し切り** kashikiri	包租 bāozū パウヅゥ	chartered **チャ**ータド
<small>かしこい</small> **賢い** kashikoi	聰明，賢明，伶俐 cōngmíng, xiánmíng, línglì ツオンミン, シエンミン, リンリィ	wise, clever **ワ**イズ, ク**レ**ヴァ
<small>かしだし</small> **貸し出し** kashidashi	出借，出租，放款 chūjiè, chūzū, fàngkuǎn **ツ**ウヂエ, **ツ**ウヅゥ, ファンクアン	lending **レ**ンディング
<small>かしつ</small> **過失** kashitsu	過失，錯誤，過錯 guòshī, cuòwù, guòcuò グオ**ス**ー, ツオウゥ, グオツオ	fault, error **フォ**ールト, **エ**ラ
<small>かしつけ</small> **貸し付け** kashitsuke	貸款 dàikuǎn ダイクアン	loan, credit **ロ**ウン, ク**レ**ディト
<small>かしみや</small> **カシミヤ** kashimiya	開［司］[斯]米，卡什密阿 kāisīmǐ, kǎshímì'ā カイス−ミィ, カァ**ス**−ミィアァ	cashmere **キャ**ジュミア
<small>かしや</small> **貸し家** kashiya	出租的房屋，租屋 chūzū de fángwū, zūwū **ツ**ウヅゥ ドォ ファンウゥ, ヅウウゥ	house for rent **ハ**ウス フォ **レ**ント
<small>かしゅ</small> **歌手** kashu	歌星 gēxīng ゴォシン	singer **ス**ィンガ
<small>かじゅあるな</small> **カジュアルな** kajuaruna	輕便，便《服》 qīngbiàn, biàn〈fú〉 チンピエン, ピエン〈フウゥ〉	casual **キャ**ジュアル
<small>かしょ</small> **箇所** kasho	地方，處，部分 dìfāng, chù, bùfèn ディファン, **ツ**ウ, ブウフェン	part, place, spot **パ**ート, プ**レ**イス, ス**パ**ト

日	台	英
かじょう **過剰** kajou	**過剰** guòshèng グオソン	excess, surplus イクセス, **サ**ープラス
かしょくしょう **過食症** kashokushou	**暴食症** bàoshízhèng バウ**ス**ーヅォン	bulimia ビュリーミア
かじる **齧る** kajiru	**啃，咬** kěn, yǎo ケン, イアウ	gnaw at, nibble at ノーアト, **ニ**ブルアト
（少し知る）	**稍微懂得** shāowéi dǒngdé **サ**オウエイ ドゥオンドォ	know a bit of ノウア**ビ**ト オヴ
かす **滓** kasu	**渣滓，殘渣，糟粕** zhāzǐ, cánzhā, zāopò ヅァ**ヅ**ー, ツァンヅァ, ヅァオポォ	dregs ド**レ**グズ
かす **貸す** kasu	**出租，出借** chūzū, chūjiè ツウヅウ, ツウヂエ	lend レンド
かず **数** kazu	**數，數目** shù, shùmù スウ, **ス**ウムウ	number, figure **ナ**ンバ, **フィ**ギャ
がす **ガス** gasu	**瓦斯，煤氣** wǎsī, méiqì ウアスー, メイチィ	gas **ギ**ャス
かすかな **微かな** kasukana	**微弱，隱約** wéiruò, yǐnyuē ウエイ**ズ**オ, インユィエ	faint, slight **フェ**イント, ス**ラ**イト
かすてら **カステラ** kasutera	**長崎蛋糕** Chángqí dàngāo ツァンチィ ダンガウ	sponge cake スパンヂ **ケ**イク
かすむ **霞む** kasumu	**有薄霧的，朦朧的** yǒu bówù de, ménglóng de イオウ ボォウウ ドォ, モンルオン ドォ	(be) hazy (ビ) **ヘ**イズィ
（目が）	**看不清楚** kànbùqīngchǔ カンブチン**ツ**ウ	(be) dim (ビ) **ヂ**ィム
かする **課する** kasuru	**強使，加（負擔）於…** qiǎngshǐ, jiā (fùdān) yú... チアン**ス**ー, ヂア (フゥダン) ユィ...	impose イン**ポ**ウズ
かぜ **風** kaze	**風** fēng フォン	wind, breeze **ウ**ィンド, ブ**リ**ーズ

日	台	英
かぜ **風邪** kaze	感冒，傷風 gǎnmào, shāngfēng ガンマウ，**サン**フォン	cold, flu **コ**ウルド，フ**ルー**
かせい **火星** kasei	火星 huǒxīng フオシン	Mars **マー**ズ
かぜい(する) **課税(する)** kazei (suru)	課税 kèshuì コォ**ス**エイ	taxation; tax タク**セイ**ション，**タ**クス
かせき **化石** kaseki	〔塊〕化石 〔kuài〕huàshí 〔クァイ〕ファ**スー**	fossil **ファ**スィル
かせぐ **稼ぐ** kasegu	賺錢，挣錢 zhuànqián, zhèngqián **ヅ**アンチエン，**ヂョ**ンチエン	work, earn **ワー**ク，**アー**ン
(時間を)	拖延時間 tuōyán shíjiān トゥオイエン **スー**ヂエン	gain **ゲ**イン
かせつ **仮説** kasetsu	假說，假設 jiǎshuō, jiǎshè ヂア**ス**オ，ヂア**ソ**ォ	hypothesis ハイ**パ**セスィス
かせつ(の) **仮設(の)** kasetsu (no)	臨時，假設的 línshí, jiǎshè de リン**スー**，ヂア**ソ**ォ ドォ	temporary **テ**ンポレリ
～住宅	臨時住宅 línshí zhùzhái リン**スー** ヅゥヂャイ	temporary houses **テ**ンポレリ **ハ**ウゼズ
～する	臨時設置 línshí shèzhì リン**スー** ショォヂー	build temporarily **ビ**ルド テンポ**レ**リリ
かせん **河川** kasen	〔條〕河川，河流 〔tiáo〕héchuān, héliú 〔ティアウ〕ホォ**ツ**アン，ホォリオウ	river **リ**ヴァ
がぞう **画像** gazou	影像 yǐngxiàng インシアン	picture, image **ピ**クチャ，**イ**ミヂ
かぞえる **数える** kazoeru	數，算，計算 shǔ, suàn, jìsuàn **ス**ウ，スアン，ヂィスアン	count, calculate **カ**ウント，**キャ**ルキュレイト

日	台	英
かそく(する) **加速(する)** kasoku (suru)	**加速，加快** jiāsù, jiākuài ヂアスウ，ヂアクアイ	acceleration; accelerate アクセラ**レ**イション，アク**セ** ラ**レ**イト
かぞく **家族** kazoku	**家屬，家族，家眷** jiāshǔ, jiāzú, jiājuàn ヂア**ス**ウ，ヂア**ヅ**ウ，ヂアヂュイエン	family **ファ**ミリ
がそりん **ガソリン** gasorin	**汽油** qìyóu チイイオウ	gasoline, gas **ギャ**ソリーン，**ギャ**ス
〜スタンド	**加油站** jiāyóuzhàn ヂアイオウ**ヂ**ャン	gas station **ギャ**ス ス**テ**イション
かた **型・形** kata	**模型，模子** móxíng, mózi モォシン，モォヅ	pattern **パ**タン
（形状）	**形，形狀，樣子** xíng, xíngzhuàng, yàngzi シン，シン**ヂ**ュアン，イアンヅ	shape **シェ**イプ
（形式）	**形式** xíngshì シン**ス**ー	form **フォ**ーム
（様式）	**樣式，形式，花樣** yàngshì, xíngshì, huāyàng イアン**ス**ー，シン**ス**ー，フアイアン	style, mode, type ス**タ**イル，**モ**ウド，**タ**イプ
（鋳型）	**模具，鑄型** mójù, zhùxíng モォ**ヂ**ュイ，**ヂ**ュシン	mold **モ**ウルド
かた **肩** kata	**肩，肩膀** jiān, jiānbǎng ヂエン，ヂエンバン	shoulder **ショ**ウルダ
かたい **固[堅／硬]い** katai	**硬，堅固** yìng, jiāngù イン，ヂエングウ	hard, solid **ハ**ード，**サ**リド
（結び目が）	**緊** jǐn ヂン	tight **タ**イト
かだい **課題** kadai	**題目，課題，任務** tímù, kètí, rènwù ティムウ，コォティ，**ゼ**ンウウ	subject, theme **サ**プヂェクト，**ス**イーム

日	台	英
かたがき **肩書き** katagaki	頭銜，稱號 tóuxián, chēnghào トウシエン，**ツォ**ンハウ	title **タ**イトル
（役人の） 	官銜 guānxián グ**ア**ンシエン	position ポ**ジ**ション
かたき **敵** kataki	冤家，仇人 yuānjiā, chóurén ユイエンヂア，**ツォ**ウゼン	enemy, opponent **エ**ネミ，オ**ポ**ウネント
かたぎ **気質** katagi	氣質，風度 qìzhí, fēngdù チィ**ヅー**，フォンドゥウ	character **キャ**ラクタ
かたち **形** katachi	形，形狀，樣子 xíng, xíngzhuàng, yàngzi シン，シン**ヅ**アン，イアンヅ	shape, form **シェ**イプ，**フォ**ーム
かたづく **片付く** katazuku	收拾整齊，整理好 shōushí zhěngqí, zhěnglǐhǎo ソウスー **ヅ**ォンチィ，**ヅ**ォンリィハウ	(be) put in order （ビ）**プ**ト イン **オ**ーダ
（完結） 	結束，完了 jiéshù, wánliǎo ヂエ**ス**ウ，ウアンリアウ	(be) finished （ビ）**フ**ィニシュト
（処理） 	處理好，解決 chǔlǐhǎo, jiějué **ツ**ウリィハウ，ヂエヂュイエ	(be) settled （ビ）**セ**トルド
かたづける **片付ける** katazukeru	收拾，整理，整頓 shōushí, zhěnglǐ, zhěngdùn ソウスー，**ヅ**ォンリィ，**ヅ**ォンドゥン	put in order **プ**ト イン **オ**ーダ
（完結） 	結束，完了 jiéshù, wánliǎo ヂエ**ス**ウ，ウアンリアウ	finish **フ**ィニシュ
（処理） 	解決，處理 jiějué, chǔlǐ ヂエヂュイエ，**ツ**ウリィ	settle **セ**トル
かたな **刀** katana	［把］刀，刀劍 [bǎ] dāo, dāojiàn ［**バ**ァ］ダウ，ダウヂエン	sword **ソ**ード
（日本刀） 	武士刀 wǔshìdāo ウゥスーダウ	Japanese sword ヂャパ**ニ**ーズ **ソ**ード
かたはば **肩幅** katahaba	肩寬 jiānkuān ヂエンクアン	shoulder length **ショ**ウルダ レングス

日	台	英
かたほう **片方** katahou	一方，單方面 yì fāng, dān fāngmiàn イィ ファン, ダン ファンミエン	one of the pair ワン オヴ ザ ペア
かたまり **塊** katamari	塊，疙瘩 kuài, gēda クアイ, ゴォダァ	lump, mass ランプ, マス
かたまる **固まる** katamaru	變硬，硬化，凝固 biàn yìng, yìnghuà, nínggù ビエン イン, インフア, ニングウ	harden ハードン
かたみち **片道** katamichi	單程 dānchéng ダンツォン	one way ワン ウェイ
～切符	［張］單程票 〔zhāng〕dānchéngpiào 〔ヴァン〕ダンツォンピアウ	one-way ticket ワンウェイ チケト
かたむく **傾く** katamuku	傾，傾斜，歪 qīng, qīngxié, wāi チン, チンシエ, ウアイ	lean, incline リーン, インクライン
かたむける **傾ける** katamukeru	使傾斜 shǐ qīngxié スー チンシエ	incline, bend インクライン, ベンド
かためる **固める** katameru	加固，使變硬 jiāgù, shǐ biàn yìng デァグウ, スー ビエン イン	harden ハードン
かたよる **偏る** katayoru	偏，偏頗 piān, piānpō ピエン, ピエンポォ	lean to, (be) biased リーン トゥ, (ビ) バイアスト
（…に偏る）	偏於… piānyú… ピエンユィ …	lean to, (be) biased toward リーン トゥ, (ビ) バイアスト トーワド
かたりあう **語り合う** katariau	談，交談，談心 tán, jiāotán, tánxīn タン, デアウタン, タンシン	have a talk with ハヴァ トーク ウィズ
かたる **語る** kataru	講，說，談，敘說 jiǎng, shuō, tán, xùshuō デアン, スオ, タン, シュイスオ	talk, speak, narrate トーク, スピーク, ナレイト
かたろぐ **カタログ** katarogu	目錄，樣本 mùlù, yàngběn ムウルウ, イアンベン	catalog キャタローグ

日	台	英
かたわら **傍ら** katawara	旁邊，身旁 pángbiān, shēnpáng パンビエン，センパン	by the side of バイ ザ サイド オヴ
かだん **花壇** kadan	花園，花圃，花壇 huāyuán, huāpǔ, huātán フアユィエン，フアプウ，フアタン	flower bed フラウア ベド
かち **勝ち** kachi	贏，勝，勝利 yíng, shèng, shènglì イン，ソン，ソンリィ	victory, win ヴィクトリ，ウィン
かち **価値** kachi	價值 jiàzhí デアヅー	value, worth ヴァリュ，ワース
かちく **家畜** kachiku	家畜，牲口 jiāchù, shēngkǒu デアツウ，ソンコウ	livestock ライヴスタク
かちょう **課長** kachou	科長 kēzhǎng コォヅァン	section manager セクション マニチャ
かつ **勝つ** katsu	贏，得勝，獲勝 yíng, déshèng, huòshèng イン，ドォソン，フオソン	win ウィン
がっか **学科** gakka	學科，科目 xuékē, kēmù シュィエコォ，コォムウ	subject サブヂェクト
がっか **学課** gakka	課程，功課 kèchéng, gōngkè コォツォン，グオンコォ	lesson レスン
がっかい **学会** gakkai	學會 xuéhuì シュィエフエイ	society, academy ソサイエティ，アキャデミ
がっかりする **がっかりする** gakkarisuru	灰心，喪氣，氣餒 huīxīn, sàngqì, qìněi フエイシン，サンチィ，チィネイ	(be) disappointed (ビ) ディサポインテド
かっき **活気** kakki	活力，生氣 huólì, shēngqì フオリィ，ソンチィ	life, animation ライフ，アニメイション
がっき **学期** gakki	學期 xuéqí シュィエチイ	term, semester ターム，セメスタ
がっき **楽器** gakki	樂器 yuèqì ユィエチイ	musical instrument ミューズィカル インストルメント

135

日	台	英
かっきてきな **画期的な** kakkitekina	**劃時代的** huàshídài de フアスーダイ ドォ	epoch-making エポクメイキング
がっきゅう **学級** gakkyuu	**班，班級** bān, bānjí バン，バンディ	class クラス
かつぐ **担ぐ** katsugu	**扛，挑，擔，背[揹]** káng, tiāo, dān, bēi カン，ティアウ，ダン，ベイ	shoulder ショウルダ
かっこいい **かっこいい** kakkoii	**酷，帥，瀟灑** kù, shuài, xiāsǎ クウ，スアイ，シアサァ	neat, super, cool ニート，スーパ，クール
かっこう **格好** kakkou	**樣子，模樣，姿態** yàngzi, móyàng, zītài イアンヅ，モォイアン，ヅータイ	shape, form シェイプ，フォーム
がっこう **学校** gakkou	**學校** xuéxiào シュイエシアウ	school スクール
かっさい **喝采** kassai	**喝彩[喝采]，叫好** hècǎi, jiàohǎo ホォツァイ，デアウハウ	cheers, applause チアズ，アプローズ
かつじ **活字** katsuji	**活字，鉛字** huózì, qiānzì フオヅー，チエンヅー	type タイプ
がっしょう(する) **合唱(する)** gasshou (suru)	**合唱** héchàng ホォツァン	chorus; sing in chorus コーラス，スィング イン コーラス
がっそう(する) **合奏(する)** gassou (suru)	**合奏** hézòu ホォヅォウ	ensemble; play all together アーンサーンブル，プレイ オール トゲザ
かっそうろ **滑走路** kassouro	**[條](飛機)跑道** 〔tiáo〕〔fēijī〕pǎodào 〔ティアウ〕〔フェイデイ〕パウダウ	runway ランウェイ
かって **勝手**（事情・様子） katte	**情況，情形** qíngkuàng, qíngxíng チンクアン，チンシン	circumstances サーカムスタンセズ
～な	**隨便，自私，任意** suíbiàn, zìsī, rènyì スエイビエン，ヅースー，ゼンイィ	selfish セルフィシュ

日	台	英
かつて **かつて** katsute	曾經，曾，以前 céngjīng, céng, yǐqián ツォンヂン, ツォン, イィチエン	once, before ワンス, ビフォー
カット （挿絵） **カット** katto	插圖，插畫 chātú, chāhuà ツァトゥウ, ツァフア	cut, illustration カト, イラストレイション
かっとう （心の） **葛藤** kattou	糾紛，糾葛 jiūfēn, jiūgé ヂオウフェン, ヂオウゴォ	conflict カンフリクト
かつどう(する) **活動(する)** katsudou (suru)	活動，行動 huódòng, xíngdòng フオドゥオン, シンドゥオン	activity; act アクティヴィティ, アクト
かっとなる **かっとなる** kattonaru	發火，發脾氣 fāhuǒ, fā píqì ファフオ, ファ ピィチイ	fly into a rage フライ イントゥア レイヂ
かっぱつな **活発な** kappatsuna	活躍，活潑 huóyuè, huópō フオユィエ, フオポォ	active, lively アクティヴ, ライヴリ
かっぷ **カップ** kappu	杯子，茶杯 bēizi, chábēi ベイヅ, ツァベイ	cup カプ
かっぷくのよい **恰幅のよい** kappukunoyoi	體格好，發福 tǐgé hǎo, fāfú ティゴォ ハウ, ファフウ	of stout build オヴ スタウト ビルド
かっぷる **カップル** kappuru	情侶，一對 qínglǚ, yíduì チンリュィ, イィドゥエイ	couple カプル
がっぺい(する) **合併(する)** gappei (suru)	合併，歸併 hébìng, guībìng ホォビン, グエイビン	merger; merge マーヂャ, マーヂ
（企業の買収合併）	併購 bìnggòu ビンゴウ	merger; merge マーヂャ, マーヂ
かつやく(する) **活躍(する)** katsuyaku (suru)	活躍，活動 huóyuè, huódòng フオユィエ, フオドゥオン	activity; (be) active in アクティヴィティ, (ビ) アクティヴ イン
かつよう(する) **活用(する)** katsuyou (suru)	活用，應用 huóyòng, yìngyòng フオユオン, インユオン	(put to) practical use (プト トゥ) プラクティカル ユース

日	台	英
かつら **鬘** katsura	假髮，頭套 jiǎfǎ, tóutào ヂアファ, トウタウ	wig **ウィ**グ
かてい **家庭** katei	家，家庭 jiā, jiātíng ヂア, ヂアティン	home, family **ホ**ウム, **ファ**ミリ
かてい **過程** katei	過程 guòchéng グオ**ツォ**ン	process プ**ラ**セス
かてい(する) **仮定(する)** katei (suru)	假設，假定 jiǎshè, jiǎdìng ヂア**ソォ**, ヂアディン	supposition; suppose サポ**ズィ**ション, サ**ポ**ウズ
かてごりー **カテゴリー** kategorii	範疇 fànchóu ファン**ツォ**ウ	category **キャ**テゴーリ
かど **角** kado	拐角，拐彎 guǎijiǎo, guǎiwān グアイヂアウ, グアイウアン	corner, turn **コ**ーナ, **タ**ーン
かどう(する) **稼動(する)** kadou (suru)	開動，運轉 kāidòng, yùnzhuǎn カイドウォン, ユィン**ヂュ**アン	operation; operate ア**ペ**レイション, **ア**ペレイト
かとりっく **カトリック** katorikku	天主教 Tiānzhǔjiào ティエン**ヂュ**ヂアウ	Catholicism カ**サ**リスィズム
～教徒	天主教徒 Tiānzhǔjiàotú ティエン**ヂュ**ヂアウトゥゥ	Catholic **キャ**ソリク
かない **家内** kanai	家裡，家庭，家内 jiālǐ, jiātíng, jiānèi ヂアリィ, ヂアティン, ヂエンエイ	family **ファ**ミリ
(妻)	老婆，内人，太太, (我)妻子 lǎopó, nèirén, tàitài, (wǒ) qīzi ラウポォ, ネイ**ゼ**ン, タイタイ, (ウオ) チィヅ	my wife マイ **ワ**イフ
かなう **適う** kanau	適合，符合，合乎 shìhé, fúhé, héhū **ス**ーホォ, フウホォ, ホォフウ	suit **ス**ート
かなえる **叶える** kanaeru	滿足(願望)，達到(目的) mǎnzú (yuànwàng), dádào (mùdì) マン**ヅ**ウ (ユィエンウアン), ダァダウ (ムウディ)	grant グ**ラ**ント

日	台	英
かなぐ **金具** kanagu	金屬零件，小五金 jīnshǔ língjiàn, xiǎo wǔjīn ヂンスウ リンヂエン, シアウ ウウヂン	metal fittings メトル フィティングズ
かなしい **悲[哀]しい** kanashii	悲哀，悲傷，難過 bēi'āi, bēishāng, nánguò ベイアイ, ベイサン, ナングオ	sad, sorrowful サド, サロウフル
かなしみ **悲しみ** kanashimi	悲哀，悲痛，悲情 bēi'āi, bēitòng, bēiqíng ベイアイ, ベイトゥオン, ベイチン	sorrow, sadness サロウ, サドネス
かなしむ **悲[哀]しむ** kanashimu	悲傷，(為…而)傷心 bēishāng, (wèi...ér) shāngxīn ベイサン, (ウエイ … オル) サンシン	feel sad, grieve over フィール サド, グリーヴ オウヴァ
かなづち **金槌** kanazuchi	[把]錘子，鐵錘 [bǎ] chuízi, tiěchuí [バァ] ツエイヅ, ティエツエイ	hammer ハマ
かなめ **要** kaname	樞紐，中樞，要點 shūniǔ, zhōngshū, yàodiǎn スウニオウ, ヅオンスウ, イアウディエン	point, pivot ポイント, ピヴォト
かならず **必ず** kanarazu	一定，必定，必然，肯定 yídìng, bìdìng, bìrán, kěndìng イィディン, ビィディン, ビィザン, ケンディン	certainly サートンリ
かなり **かなり** kanari	相當，頗 xiāngdāng, pō シアンダン, ポォ	fairly, pretty フェアリ, プリティ
かに **蟹** kani	[隻]螃蟹，海蟹 [zhī] pángxiè, hǎixiè [ヅー] パンシエ, ハイシエ	crab クラブ
(淡水のカニ)	毛蟹 máoxiè マウシエ	freshwater crab フレシュウォータ クラブ
(ワタリガニ)	蟳 xún シュィン	swimming crab スウィミング クラブ
(ガザミの一種)	蠘 jiè ヂエ	swimming crab スウィミング クラブ
～座	巨蟹座 jùxièzuò ヂュィシエヅオ	Crab, Cancer クラブ, キャンサ

日	台	英
かにゅう(する) **加入(する)** kanyuu (suru)	**参加，加入** cānjiā, jiārù ツァンヂア，ヂアズウ	joining, entry; join, enter チョイニング，エントリ， チョイン，エンタ
かね **金** kane	**錢，金錢** qián, jīnqián チエン，ヂンチエン	money マニ
（金属）	**金屬** jīnshǔ ヂンスウ	metal メトル
かね **鐘** （つり鐘） kane	**鐘** zhōng ヅオン	bell ベル
かねつ(する) **加熱(する)** kanetsu (suru)	**加熱，加溫** jiārè, jiāwēn ヂアゾォ，ヂアウン	heating; heat ヒーティング，ヒート
かねもうけする **金儲けする** kanemoukesuru	**賺錢，營利，獲利** zhuàn qián, yínglì, huòlì ヅァンチエン，インリィ，フオリィ	make money メイク マニ
かねもち **金持ち** kanemochi	**富人** fùrén フゥウゼン	rich person リチ パースン
かねる **兼ねる** kaneru	**兼** jiān ヂエン	double as ダブル アズ
かのうせい **可能性** kanousei	**可能性** kěnéngxìng コォノンシン	possibility パスィビリティ
かのうな **可能な** kanouna	**可能** kěnéng コォノン	possible パスィブル
かのじょ **彼女** kanojo	**她，伊** tā, yī タァ，イイ	she シー
（恋人）	**女朋友，對象** nǚpéngyǒu, duìxiàng ニュイポンイオウ，ドゥエイシアン	girlfriend ガールフレンド
かばう **庇う** kabau	**袒護，庇護，保護** tǎnhù, bìhù, bǎohù タンフウ，ビィフウ，バウフウ	protect プロテクト

日	中	英
かばん **鞄** kaban	**書包，手提包，公事包** shūbāo, shǒutíbāo, gōngshìbāo スウバウ, ソウティバウ, グオンスーバウ	bag バグ
かはんすう **過半数** kahansuu	**過半數** guòbànshù グオバンスウ	majority マヂョーリティ
かび **黴** kabi	**黴[霉]** méi メイ	mold, mildew モウルド, ミルデュー
かびん **花瓶** kabin	**花瓶** huāpíng フアピン	vase ヴェイス
かぶ **株**　　(植物の) kabu	**樹根** shùgēn スウゲン	stump スタンプ
(切り株)	**殘株** cánzhū ツァンヂウ	stump スタンプ
(株式)	**[份]股份** [fèn] gǔfèn [フェン] グウフェン	stock スタク
かぶ **蕪** kabu	**蕪菁** wújīng ウヂン	turnip ターニプ
かぶけん **株券** kabuken	**[張]股票** [zhāng] gǔpiào [ヂァン] グウピアウ	stock certificate スタク サティフィケト
かぶしき **株式** kabushiki	**股份** gǔfèn グウフェン	stock スタク
～会社	**股份(有限)公司** gǔfèn (yǒuxiàn) gōngsī グウフェン (イオウシエン) グオンスー	joint-stock　corpo- ration ヂョイントスタク　コーポレ イション
～市場	**股市，股票市場** gǔshì, gǔpiào shìchǎng グウスー, グウピアウ スーヂァン	stock market スタク マーケト
かぶせる **被せる** kabuseru	**蓋上，罩上** gàishàng, zhàoshàng ガイサン, ヂァオサン	cover with カヴァ ウィズ

日	台	英
かぶせる **カプセル** kapuseru	膠嚢 jiāonáng ヂアウナン	capsule **キャ**プスル
かぶぬし **株主** kabunushi	股東 gǔdōng グウドゥオン	stockholder ス**タ**クホウルダ
かぶる **被る** kaburu	戴，蓋，蒙 dài, gài, méng ダイ，ガイ，モン	put on, wear プト **オ**ン，**ウェ**ア
かぶれ **かぶれ** kabure	斑疹，皮膚炎症 bānzhěn, pífū yánzhèng パンヂェン，ピイフウ イエン**ヂォ**ン	skin eruptions ス**キ**ン イ**ラ**プションズ
かふん **花粉** kafun	花粉 huāfěn フアフェン	pollen **パ**ルン
かべ **壁** kabe	牆，牆壁 qiáng, qiángbì チアン，チアンビィ	wall, partition **ウォ**ール，パー**ティ**ション
かへい **貨幣** kahei	貨幣，錢幣 huòbì, qiánbì フオビィ，チエンビィ	money, coin **マ**ニ，**コ**イン
かべがみ **壁紙** kabegami	〔張〕牆紙，壁紙 〔zhāng〕qiángzhǐ, bìzhǐ 〔**ヅァ**ン〕チアン**ヅ**ー，ビィ**ヅ**ー	wallpaper **ウォ**ールペイパ
かぼちゃ **カボチャ** kabocha	金瓜，南瓜 jīnguā, nánguā ヂングア，ナングア	pumpkin **パ**ンプキン
かま **釜** kama	鍋 guō グオ	iron pot **ア**イアン **パ**ト
かまう **構う**　（気にかける） kamau	介意 jièyì ヂエイィ	care about, mind **ケ**ア ア**バ**ウト，**マ**インド
（世話する）	照顧，照料 zhàogù, zhàoliào ヅァオグウ，ヅァオリアウ	care for **ケ**ア フォ
（干渉する）	干渉，干預 gānshè, gānyù ガンシォ，ガンユィ	meddle in **メ**ドル イン
かまきり **蟷螂** kamakiri	〔隻〕蟷螂 〔zhī〕tángláng 〔**ヅ**ー〕タンラン	mantis **マ**ンティス

日	台	英
がまんする **我慢する** gamansuru	忍耐，忍受，容忍 rěnnài, rěnshòu, róngrěn ゼンナイ, ゼンソウ, ズオンゼン	(be) patient, perse-vere (ビ) ペイシェント, パースィヴィア
かみ **神** kami	神，神明，上帝 shén, shénmíng, shàngdì セン, センミン, サンディ	God ガド
かみ **紙** kami	［張］紙，紙張 ［zhāng］zhǐ, zhǐzhāng ［ヅァン］ヅー, ヅーヅァン	paper ペイパ
かみ **髪** kami	［根］頭髪 ［gēn］tóufǎ ［ゲン］トウファ	hair ヘア
かみそり **剃刀** kamisori	刮鬍刀 guāhúdāo グアフウダウ	razor レイザ
（電動の）	電鬍刀 diànhúdāo ディエンフウダウ	shaver シェイヴァ
かみつな **過密な** kamitsuna	稠密，過密 chóumì, guòmì ツォウミィ, グオミィ	tight, heavy タイト, ヘヴィ
かみなり **雷** kaminari	雷，雷公 léi, léigōng レイ, レイグオン	thunder サンダ
かみん **仮眠** kamin	小睡，假寐 xiǎoshuì, jiǎmèi シアウスエイ, デアメイ	doze ドウズ
かむ **噛む** kamu	咬，嚼 yǎo, jiáo イアウ, デアウ	bite, chew, gnaw バイト, チュー, ノー
ガム gamu	［塊］口香糖 ［kuài］kǒuxiāngtáng ［クアイ］コウシアンタン	chewing gum チューイング ガム
かむふらーじゅ **カムフラージュ** kamufuraaju	偽裝，掩飾 wèi[wěi]zhuāng, yǎnshì ウエイ［ウエイ］ヅアン, イエンスー	camouflage キャモフラージュ
かめ **亀** kame	［隻］龜，烏龜，海龜 ［zhī］guī, wūguī, hǎiguī ［ヅー］グエイ, ウゥグエイ, ハイグエイ	tortoise, turtle トータス, タートル

日	台	英
かめい(する) **加盟(する)** kamei (suru)	**加盟，加入** jiāméng, jiārù ヂアモン，ヂアズウ	affiliation; affiliate アフィリ**エイ**ション，ア**フィ**リエイト
かめら **カメラ** kamera	**照相機** zhàoxiàngjī ヅァオシアンディ	camera **キャ**メラ
（ビデオカメラなど）	**攝影機** shèyǐngjī ソォインディ	video camera, movie camera **ヴィ**ディオウ キャメラ，**ムー**ヴィ キャメラ
〜マン	**攝影師，攝影記者** shèyǐngshī, shèyǐng jìzhě ソォインス**ー**，ソォイン ディヅォ	cameraman **キャ**メラマン
かめん **仮面** kamen	**假面具** jiǎmiànjù ヂアミエンヂュィ	mask **マ**スク
がめん **画面** gamen	**畫面** huàmiàn フアミエン	screen, picture スク**リー**ン，**ピ**クチャ
かも **鴨** kamo	〔隻〕**野鴨** 〔zhī〕yěyā 〔ヅ**ー**〕イエイア	duck **ダ**ク
（騙されやすい人）	**易受騙的人，冤大頭** yì shòupiàn de rén, yuāndàtóu イィ ソウピエン ドォ **ゼ**ン，ユィエンダァトウ	sucker **サ**カ
かもく **科目〔課目〕** kamoku	**科目，項目，學科** kēmù, xiàngmù, xuékē コォムウ，シアンムウ，シュィエコォ	subject **サ**ブヂェクト
かもつ **貨物** kamotsu	**貨物** huòwù フオウゥ	freight, cargo フ**レ**イト，**カー**ゴウ
〜船	〔艘〕**貨船，貨輪** 〔sōu〕huòchuán, huòlún 〔ソウ〕フオ**ツ**アン，フオルン	freighter フ**レ**イタ
〜列車	〔台／輛〕**貨車** 〔tái/liàng〕huòchē 〔タイ／リアン〕フオ**ツ**ォ	freight train フ**レ**イト ト**レ**イン
かやく **火薬** kayaku	**火藥** huǒyào フオイアウ	gunpowder **ガ**ンパウダ

145

日	台	英
かゆ **粥** kayu	〔碗〕粥, 稀飯, 糜 〔wǎn〕zhōu, xīfàn, mí 〔ウァン〕ヂョウ, シィファン, ミィ	rice gruel ライス グルーエル
かゆい **痒い** kayui	癢, 發癢 yǎng, fāyǎng イアン, ファイアン	itchy イチ
かよう **通う** (定期的に) kayou	來往, 往來, 通勤 láiwǎng, wǎnglái, tōngqín ライウアン, ウアンライ, トゥオンチン	commute to, attend コミュート トゥ, アテンド
(通学する)	上學, 通學 shàngxué, tōngxué サンシュィエ, トゥオンシュィエ	go to school ゴウ トゥ スクール
(電車などが)	通車, 運行, 營運 tōngchē, yùnxíng, yíngyùn トゥオンヂォ, ユィンシン, インユィン	run between ラン ビトウィーン
かようび **火曜日** kayoubi	星期二, 禮拜二, 週二 xīngqí'èr, lǐbài'èr, zhōu'èr シンチィオル, リィパイオル, ヂョウオル	Tuesday テューズデイ
から **から** (時間・空間・人) kara	從(…起), 自, 由 cóng(...qǐ), zì, yóu ツオン(... チィ), ヅー, イオウ	from, since フラム, スィンス
(原因)	由於, 因為 yóuyú, yīnwèi イオウユィ, インウエイ	because ビコーズ
(原料)	用, 以 yòng, yǐ ユオン, イィ	of, from オヴ, フラム
から **殻** (堅果の) kara	殻, 外殻 ké, wàiké コォ, ウアイコォ	husk ハスク
(貝の)	貝殻 bèiké ベイコォ	shell シェル
(卵の)	蛋殻 dànké ダンコォ	eggshell エグシェル
がら **柄** gara	花樣, 花紋, 圖案 huāyàng, huāwén, tú'àn フアイアン, フアウン, トゥウアン	pattern, design パタン, ディザイン
からー **カラー** (色) karaa	顏色, 彩色 yánsè, cǎisè イエンソォ, ツアイソォ	color カラ

日	台	英
（襟）	領子，硬(衣)領 lǐngzi, yìng(yī)lǐng リンヅ, イン(イィ)リン	collar カラ
からい **辛い** karai	辣 là ラァ	hot, spicy ハト, スパイスィ
からおけ **カラオケ** karaoke	卡拉 OK kǎlā OK カァラァ OK	*karaoke* カリ**オ**ウキ
からかう **からかう** karakau	戲弄，調戲，開玩笑 xìnòng, tiáoxì, kāi wánxiào シィヌオン, ティアウシィ, カイ ウアンシアウ	make fun of メイク **ファ**ン オヴ
からくち **辛口** karakuchi	辣味，辣性 làwèi, làxìng ラァウエイ, ラァシン	hot, pungent ハト, **パ**ンヂェント
（酒などが）	辣 là ラァ	dry ドライ
（批評などが）	嚴厲 yánlì イエンリィ	harsh, sharp ハーシュ, **シャ**ープ
からし **芥子** karashi	芥末，芥末泥 jièmò, jièmòní デエモォ, デエモォニィ	mustard **マ**スタド
からす **烏** karasu	〔隻〕烏鴉 〔zhī〕wūyā 〔ヅー〕ウゥイア	crow ク**ロ**ウ
がらす **ガラス** garasu	〔塊〕玻璃 〔kuài〕bōlí 〔クアイ〕ボォリィ	glass グ**ラ**ス
からだ **体** karada	身體，身軀，身材 shēntǐ, shēnqū, shēncái **セ**ンティ, **セ**ンツイ, **セ**ンツァイ	body バディ
からて **空手** karate	空手道 kōngshǒudào クオン**ソ**ウダウ	*karate* カ**ラ**ーティ
かり **借り** kari	(欠)債，借款 (qiàn)zhài, jièkuǎn (チエン)**ヴァ**イ, デエクアン	debt, loan デト, **ロ**ウン

日	台	英
かりいれ **借り入れ** kariire	借款，欠債，借入 jièkuǎn, qiànzhài, jièrù チエクアン, チエンヅァイ, チエヅウ	borrowing バロウイング
かりきゅらむ **カリキュラム** karikyuramu	課程，教學計畫 kèchéng, jiàoxué jìhuà コォツォン, チアウシュィエ ディフア	curriculum カリキュラム
かりすま **カリスマ** karisuma	超凡魅力，超能力 chāofán mèilì, chāonénglì ツァオファン メイリィ, ツァオノンリィ	charisma カリズマ
かりの **仮の** karino	臨時，暫時，姑且 línshí, zànshí, gūqiě リンスー, ヅァンスー, グウチエ	temporary テンポレリ
かりゅう **下流** karyuu	下游 xiàyóu シアイオウ	lower reaches ロウア リーチズ
かりる **借りる** kariru	借，租 jiè, zū チエ, ヅウ	borrow, rent バロウ, レント
かる **刈る** karu	割 gē ゴォ	reap, harvest リープ, ハーヴェスト
（髪を）	剪(頭髮) jiǎn (tóufǎ) チエン (トウファ)	cut カト
かるい **軽い** karui	輕 qīng チン	light, slight ライト, スライト
（気楽な）	輕鬆，輕便 qīngsōng, qīngbiàn チンスオン, チンビエン	easy イーズィ
かるしうむ **カルシウム** karushiumu	鈣 gài ガイ	calcium キャルスィアム
かるて **カルテ** karute	病歷(卡) bìnglì(kǎ) ビンリィ(カァ)	chart チャート
かれ **彼** kare	他，伊 tā, yī タァ, イィ	he ヒー
かれい **鰈** karei	比目魚 bǐmùyú ビィムウユィ	flatfish, flounder フラトフィシュ, フラウンダ

日	台	英
かれいな **華麗な** kareina	華麗，富麗 huálì, fùlì フアリィ，フゥリィ	splendid, gorgeous スプレンディド，ゴーヂャス
かれー **カレー** karee	咖喱，咖喱飯 gālí, gālífàn ガァリィ，ガァリィファン	curry カーリ
がれーじ **ガレージ** gareeji	車庫，車房 chēkù, chēfáng ツォクウ，ツォファン	garage ガラージ
かれし **彼氏** kareshi	男朋友，男友 nánpéngyǒu, nányǒu ナンポンイオウ，ナンイオウ	boyfriend ボイフレンド
かれら **彼等** karera	他們 tāmen タァメン	they ゼイ
かれる **枯れる** kareru	枯萎，凋萎，乾枯 kūwěi[wēi], diāowěi[wēi], gānkū クウウエイ[ウエイ]，ディアウウエイ[ウエイ]，ガンクウ	wither, die ウィザ，ダイ
かれんだー **カレンダー** karendaa	掛曆，月曆 guàlì, yuèlì グアリィ，ユィエリィ	calendar キャレンダ
かろう **過労** karou	過勞，疲勞過度 guòláo, píláo guòdù グオラウ，ピィラウ グオドゥウ	overwork オウヴァワーク
がろう **画廊** garou	畫廊 huàláng フアラン	art gallery アート ギャラリ
かろうじて **辛うじて** karoujite	好(不)容易，勉強地 hǎo(bù) róngyì, miǎnqiǎng de ハウ(ブウ) ズオンイィ，ミエンチアンドォ	barely ベアリ
かろりー **カロリー** karorii	卡路里，卡 kǎlùlǐ, kǎ カァルウリィ，カァ	calorie キャロリ
かろんじる **軽んじる** karonjiru	輕視，不重視，看不起 qīngshì, bú zhòngshì, kànbùqǐ チンスー，ブウ ヅオンスー，カンブウチィ	make light of メイク ライト オヴ
かわ **川** kawa	［條]河，河流 [tiáo] hé, héliú [ティアウ] ホォ，ホォリオウ	river リヴァ

日	台	英
かわ **皮** kawa	〔塊〕皮，皮膚，外皮 〔kuài〕pí, pífū, wàipí 〔クアイ〕ピィ, ピィフゥ, ウアイピィ	skin スキン
（樹皮）	〔塊〕樹皮 〔kuài〕shùpí 〔クアイ〕スゥピィ	bark バーク
（果皮）	果皮 guǒpí グオピィ	peel ピール
かわ **革** kawa	皮革 pígé ピィゴォ	leather, fur レザ, ファー
がわ **側** gawa	…邊，方，側 …biān, fāng, cè …ビエン, ファン, ツォ	side サイド
かわいい **可愛い** kawaii	可愛 kě'ài コォアイ	pretty, lovely, cute プリティ, ラヴリ, キュート
かわいがる **可愛がる** kawaigaru	疼愛，寵愛，喜愛 téng'ài, chǒng'ài, xǐ'ài トンアイ, ツオンアイ, シィアイ	love, pet, caress ラヴ, ペト, カレス
かわいそうな **可哀想な** kawaisouna	可憐 kělián コォリエン	poor, pitiable プア, ピティアブル
かわかす **乾かす**（日にあてて） kawakasu	曬乾 shàigān サイガン	dry in the sun ドライ イン ザ サン
（火で）	烤乾 kǎogān カウガン	dry over the fire ドライ オウヴァ ザ ファイア
（風にあてて）	晾乾 liànggān リアンガン	hang outside to dry ハング アウトサイド トゥ ドライ
（ドライヤーなどで）	烘乾 hōnggān フオンガン	dry by heat ドライ バイ ヒート
かわく **乾く** kawaku	乾，乾燥 gān, gānzào ガン, ガンヅァオ	dry (up) ドライ (アプ)

日	台	英
かわせ **為替** kawase	〔張〕匯票，匯兌 〔zhāng〕huìpiào, huìduì 〔ヅァン〕フエイピアウ, フエイドゥエイ	money order, exchange マニ **オ**ーダ, イクス**チェ**インヂ
～銀行	**外匯銀行** wàihuì yínháng ウアイフエイ インハン	exchange bank イクス**チェ**インヂ **バ**ンク
～レート	**匯率，外匯牌價** huìlù, wàihuì páijià フエイリュイ, ウアイフエイ パイヂア	exchange rate イクス**チェ**インヂ **レ**イト
かわら **瓦** kawara	〔塊〕瓦 〔kuài〕wǎ 〔クアイ〕ウア	tile **タ**イル
かわり **代わり** kawari	**代替，代理** dàitì, dàilǐ ダイティ, ダイリィ	substitute **サ**ブスティテュート
～に	**代替，代理** dàitì, dàilǐ ダイティ, ダイリィ	instead of インス**テ**ド オヴ
かわる **代わる** kawaru	**代替，替換** dàitì, tìhuàn ダイティ, ティフアン	replace リプ**レ**イス
かわる **変わる** kawaru	**變，變化，改變** biàn, biànhuà, gǎibiàn ビエン, ビエンフア, ガイビエン	change, turn into **チェ**インヂ, **タ**ーン イントゥ
かん **缶** kan	**罐，罐子，罐頭** guàn, guànzi, guàntóu グアン, グアンヅ, グアントウ	can **キャ**ン
かん **勘** kan	**直感，靈感** zhígǎn, línggǎn ヅーガン, リンガン	intuition インテュー**イ**ション
がん **癌** gan	**癌(症)，惡性腫瘤** ái(zhèng), èxìng zhǒngliú アイ(ヅォン), オオシン ヅォンリオウ	cancer **キャ**ンサ
かんえん **肝炎** kan-en	**肝炎** gānyán ガンイエン	hepatitis ヘパ**タ**イティス
がんか **眼科** ganka	**眼科** yǎnkē イエンコォ	ophthalmology アフサル**マ**ロヂ

日	台	英
かんがい(する) **灌漑(する)** kangai (suru)	灌漑，澆灌 guàngài, jiāoguàn グアンガイ，ヂアウグアン	irrigation; irrigate イリ**ゲ**イション，**イ**リゲイト
かんがえ **考え** kangae	想法，意見，意思 xiǎngfǎ, yìjiàn, yìsi シアンファ，イィヂエン，イィス	thought, thinking **ソ**ート，ス**イ**ンキング
かんがえる **考える** kangaeru	想，考慮，思考，打算， 認為，以為 xiǎng, kǎolǜ, sīkǎo, dǎsuàn, rènwéi, yǐwéi シアン，カウリュィ，スーカウ，ダァスアン， **ゼ**ンウエイ，イィウエイ	think ス**イ**ンク
かんかく **感覚** kankaku	感覺，知覺 gǎnjué, zhījué ガンヂュイエ，**ヅ**ーヂュィエ	sense, feeling **セ**ンス，**フィ**ーリング
かんかく **間隔** kankaku	間隔，距離 jiàngé, jùlí ヂエンゴォ，ヂュィリィ	space, interval ス**ペ**イス，**イ**ンタヴァル
かんかつ **管轄** kankatsu	管轄 guǎnxiá グアンシア	jurisdiction of ヂュアリス**ディ**クション　オ ヴ
かんがっき **管楽器** kangakki	管樂器 guǎnyuèqì グアンユィエチィ	wind instrument **ウィ**ンド **イ**ンストルメント
かんき(する) **換気(する)** kanki (suru)	通風，通氣，換氣 tōngfēng, tōngqì, huànqì トゥオンフォン，トゥオンチィ，フアンチイ	ventilation; venti- late ヴェンティ**レ**イション，**ヴェ** ンティレイト
かんきゃく **観客** kankyaku	觀眾 guānzhòng グアン**ヅ**オン	spectator ス**ペ**クテイタ
〜席	觀眾席，看台 guānzhòngxí, kàntái グアン**ヅ**オンシィ，カンタイ	seat, stand ス**イ**ート，ス**タ**ンド
かんきょう **環境** kankyou	環境 huánjìng フアンヂン	environment イン**ヴァ**イアロンメント
かんきり **缶切り** kankiri	〔把〕開罐器 〔bǎ〕kāiguànqì 〔パァ〕カイグアンチィ	can opener **キャ**ン **オ**ウプナ
がんきん **元金** gankin	本金，本錢 běnjīn, běnqián ベンヂン，ベンチエン	principal プ**リ**ンスィパル

日	台	英
がんぐ **玩具** gangu	玩具 wánjù ウアンデュイ	toy トイ
かんけい **関係** kankei	關係，聯繫[連繫] guānxī, liánxì グアンシィ，リエンシィ	relation(ship) リレイション(シプ)
〜する	有關係，涉及，參與 yǒu guānxī, shèjí, cānyù イオウ グアンシィ，ソォディ，ツァンユイ	(be) related to (ビ) リレイテド トゥ
かんげい(する) **歓迎(する)** kangei (suru)	歡迎 huānyíng フアンイン	welcome ウェルカム
〜会	歡迎會 huānyínghuì フアンインフエイ	welcome party, re- ception ウェルカム パーティ，リセ プション
かんげき(する) **感激(する)** kangeki (suru)	感激，激動，感動 gǎnjī, jīdòng, gǎndòng ガンヂィ，ヂィドゥオン，ガンドゥオン	deep emotion; be deeply moved ディープ イモウション，(ビ) ディープリ ムーヴド
かんけつ(する) **完結(する)** kanketsu (suru)	完結，完畢，結束 wánjié, wánbì, jiéshù ウアンヂエ，ウアンビィ，ヂエスウ	conclusion; finish カンクルージョン，フィニ シュ
かんけつな **簡潔な** kanketsuna	簡潔，簡要 jiǎnjié, jiǎnyào ヂエンヂエ，ヂエンイアウ	brief, concise ブリーフ，コンサイス
かんげんがく **管弦楽** kangengaku	管弦樂 guǎnxiányuè グアンシエンユィエ	orchestral music オーケストラル ミュージィ ク
かんご(する) **看護(する)** kango (suru)	看護，護理 kānhù, hùlǐ カンフウ，フウリィ	nursing; nurse ナースィング，ナース
かんこう **観光** kankou	觀光，遊覽，旅遊 guānguāng, yóulǎn, lǚyóu グアングアン，イオウラン，リュイイオウ	sightseeing サイトスィーイング
〜客	觀光客，遊客 guānguāngkè, yóukè グアングアンコォ，イオウコォ	tourist トゥアリスト
〜バス	[台／輛]遊覽車 [tái/liàng] yóulǎnchē [タイ／リアン] イオウランツォ	sightseeing bus サイトスィーイング バス

153

日	台	英
かんこうちょう **官公庁** kankouchou	公家機構，行政機關 gōngjiā jīgòu, xíngzhèng jīguān グオンヂア ヂィゴウ, シンヂォン ヂィグアン	government and municipal offices ガヴァンメント アンド ミューニスィパル オーフィセズ
かんこうへん **肝硬変** kankouhen	肝硬化症 gānyìnghuàzhèng ガンインフアヂォン	cirrhosis スィロウスィス
かんこく **韓国** kankoku	韓國 Hánguó ハングオ	Korea コリア
かんごし **看護師** kangoshi	護士，看護婦 hùshì, kānhùfù フウスー, カンフウフウウ	nurse ナース
がんこな **頑固な** gankona	頑固，固執 wángù, gùzhí ウアングウ, グウヂー	stubborn, obstinate スタボン, アブスティネト
かんさ(する) **監査(する)** kansa (suru)	監査 jiānchá ヂエンヂァ	inspection; inspect インスペクション, インスペクト
かんさつ(する) **観察(する)** kansatsu (suru)	觀察，打量 guānchá, dǎliàng グアンヂァ, ダリアン	observation; observe アブザヴェイション, オブザーヴ
かんさん(する) **換算(する)** kansan (suru)	換算，折合 huànsuàn, zhéhé フアンスアン, ヂォホォ	conversion; convert コンヴァージョン, コンヴァート
かんし(する) **監視(する)** kanshi (suru)	監視 jiānshì ヂエンスー	surveillance; watch サヴェイランス, ワチ
かんじ **感じ** kanji	感覺，知覺，印象 gǎnjué, zhījué, yìnxiàng ガンヂュィエ, ヂーヂュィエ, インシアン	feeling, impression フィーリング, インプレション
(…の感じ)	…之感 ...zhī gǎn …ヂー ガン	feel of, sense of フィール オヴ, センス オヴ
かんじ **漢字** kanji	漢字，字 Hànzì, zì ハンズー, ズー	Chinese character チャイニーズ キャラクタ
がんじつ **元日** ganjitsu	元旦 yuándàn ユィエンダン	New Year's Day ニュー イヤズ デイ

日	台	英
かんしゃ(する) **感謝(する)** kansha (suru)	感謝 gǎnxiè ガンシエ	thanks; thank **サ**ンクス, **サ**ンク
かんじゃ **患者** kanja	病人, 患者, 病患 bìngrén, huànzhě, bìnghuàn ビン**ゼ**ン, フアンヅォ, ビンフアン	patient, case **ペ**イシェント, **ケ**イス
かんしゅう **観衆** kanshuu	觀眾 guānzhòng グアンヅォン	spectators, audience スペ**ク**テイタズ, **オ**ーディエンス
かんじゅせい **感受性** kanjusei	感受性 gǎnshòuxìng ガン**ソ**ウシン	sensibility センスィ**ビ**リティ
がんしょ **願書** gansho	[封]申請書, 志願書 〔fēng〕shēnqǐngshū, zhìyuànshū 〔フォン〕**セ**ンチン**ス**ウ, ヅーユィエン**ス**ウ	application form アプリ**ケ**イション **フ**ォーム
かんしょう **感傷** kanshou	傷感, 感傷 shānggǎn, gǎnshāng **サ**ンガン, ガン**サ**ン	sentiment **セ**ンティメント
かんしょう(する) **干渉(する)** kanshou (suru)	干涉, 干預 gānshè, gānyù ガン**ソ**ォ, ガンユィ	intervention; interfere インタ**ヴェ**ンション, インタ**フ**ィア
かんしょう(する) **鑑賞(する)** kanshou (suru)	欣賞, 鑑賞 xīnshǎng, jiànshǎng シン**サ**ン, ヂエン**サ**ン	appreciation; appreciate アプリー**シ**エイション, アプ**リ**ーシエイト
かんじょう **感情** kanjou	感情, 情感 gǎnqíng, qínggǎn ガンチン, チンガン	feeling, emotion **フ**ィーリング, イ**モ**ウション
かんじょう (計算) **勘定** kanjou	數, 算, 計算, 算帳 shǔ, suàn, jìsuàn, suànzhàng **ス**ウ, スアン, ディスアン, スアン**ヅ**ァン	calculation キャルキュ**レ**イション
(勘定書)	帳單, 單子 zhàngdān, dānzi **ヅ**ァンダン, ダンヅ	bill **ビ**ル
(支払い)	結帳, 付款, 買單 jiézhàng, fùkuǎn, mǎidān ヂエ**ヅ**ァン, フウ**ク**アン, マイダン	payment **ペ**イメント
がんじょうな **頑丈な** ganjouna	牢固, 結實, 堅固 láogù, jiēshí, jiāngù ラウグウ, ヂエ**ス**ー, ヂエングウ	strong, stout スト**ロ**ング, ス**タ**ウト

日	台	英
かんしょく **間食** kanshoku	零食，小吃，點心 língshí, xiǎochī, diǎnxīn リンスー, シアウツー, ディエンシン	nosh, snack ノシュ, スナク
かんじる **感じる** kanjiru	感到，覺得，感覺 gǎndào, juédé, gǎnjué ガンダウ, デュイエドォ, ガンデュイエ	feel フィール
かんしん **関心** kanshin	關心，興趣，關懷 guānxīn, xìngqù, guānhuái グアンシン, シンチュィ, グアンフアイ	concern, interest コンサーン, インタレスト
かんしん(する) **感心(する)** kanshin (suru)	佩服，欽佩 pèifú, qīnpèi ペイフウ, チンペイ	admire アドマイア
～な	令人佩服的 lìng rén pèifú de リン ゼン ペイフウ ドォ	admirable アドミラブル
かんじんな **肝心な** kanjinna	緊要，重要，關鍵 jǐnyào, zhòngyào, guānjiàn デンイアウ, ヅオンイアウ, グアンヂエン	important, essential インポータント, イセンシャル
かんする **関する** kansuru	關於，(與…)有關 guānyú, (yǔ...) yǒuguān グアンユィ, (ユィ …) イオウグアン	on, about オン, アバウト
かんせい **歓声** kansei	歡聲 huānshēng フアンソン	shout of joy シャウト オヴ ヂョイ
かんせい(する) **完成(する)** kansei (suru)	完成 wánchéng ウアンツォン	completion; complete コンプリーション, コンプリート
かんぜい **関税** kanzei	關稅 guānshuì グアンスエイ	customs, tariff カスタムズ, タリフ
かんせいとう **管制塔** kanseitou	(航空)塔台，指揮塔 (hángkōng) tǎtái, zhǐhuītǎ (ハンクオン) タアタイ, ヅーフエイタァ	control tower コントロウル タウア
かんせん(する) **感染(する)** kansen (suru)	感染，沾染 gǎnrǎn, zhānrǎn ガンザン, ヅァンザン	infection; infect インフェクション, インフェクト
かんせんどうろ **幹線道路** kansendouro	幹道 gàndào ガンダウ	highway ハイウェイ

日	台	英
かんぜんな **完全な** kanzenna	**完美，完整，完善** wánměi, wánzhěng, wánshàn ウアンメイ, ウアン**ジョ**ン, ウアン**サ**ン	perfect パーフェクト
かんそう **感想** kansou	**感想** gǎnxiǎng ガンシアン	opinion オ**ピ**ニョン
かんそう(する) **乾燥(する)** kansou (suru)	**乾燥** gānzào ガンヅァオ	dryness; dry ド**ラ**イネス, ド**ラ**イ
かんぞう **肝臓** kanzou	**肝臓** gānzàng ガンヅァン	liver **リ**ヴァ
かんそうきょく **間奏曲** kansoukyoku	**間奏曲** jiānzòuqǔ ヂエンヅォウチュイ	intermezzo インタ**メ**ッツォウ
かんそく(する) **観測(する)** kansoku (suru)	**觀測，觀察** guāncè, guānchá グアンツォ, グアン**ツァ**	observation; ob- serve アブザ**ヴェ**イション, オブ **ザ**ーヴ
かんそな **簡素な** kansona	**簡樸，簡單，樸素** jiǎnpú, jiǎndān, púsù ヂエンプウ, ヂエンダン, プウスウ	simple **ス**ィンプル
かんたい **寒帯** kantai	**寒帶** hándài ハンダイ	Frigid Zone フ**リ**ヂド **ゾ**ーン
かんだいな **寛大な** kandaina	**寬大，寬容** kuāndà, kuānróng クアンダァ, クアン**ゾ**ン	generous **ヂェ**ネラス
かんたく(する) **干拓(する)** kantaku (suru)	**排水開墾，排水造田** páishuǐ kāikěn, páishuǐ zàotián パイ**ス**エイ カイケン, パイ**ス**エイ ヅァオ ティエン	reclamation; reclaim レクラメイション, リク**レ**イ ム
かんたん(する) **感嘆(する)** kantan (suru)	**感嘆，讚嘆** gǎntàn, zàntàn ガンタン, ヅァンタン	admiration; admire アド**ミ**レイション, アド**マ**イア
がんたん **元旦** gantan	**元旦** yuándàn ユィエンダン	New Year's Day ニュー **イ**ヤズ **デ**イ
かんたんな **簡単な** kantanna	**簡單，簡略，容易** jiǎndān, jiǎnlüè, róngyì ヂエンダン, ヂエンリュィエ, **ズ**オンイイ	simple, easy **ス**ィンプル, **イ**ーズィ

日	台	英
かんちがい(する) **勘違い(する)** kanchigai (suru)	誤會，誤解，弄錯 wùhuì, wùjiě, nòngcuò ウゥフエイ, ウゥヂエ, ヌオンツオ	mistake ミス**テ**イク
かんちょう **官庁** kanchou	官廳，官署，機關 guāntīng, guānshǔ, jīguān グアンティン, グアン**ス**ゥ, ヂィグアン	government offices **ガ**ヴァンメント　**オ**ーフィセズ
かんちょう **干潮** kanchou	退潮 tuìcháo トゥエイ**ツ**ァオ	low tide **ロ**ウ **タ**イド
かんづめ **缶詰** kanzume	罐頭 guàntóu グアントウ	canned food **キャ**ンド **フ**ード
かんてい **官邸** kantei	官邸 guāndǐ グアンディ	official residence オ**フィ**シャル **レ**ズィデンス
かんてい(する) **鑑定(する)** kantei (suru)	鑑定 jiàndìng ヂエンディン	judgement; judge **チャ**ヂメント, **チャ**ヂ
かんてん **観点** kanten	觀點，角度 guāndiǎn, jiǎodù グアンディエン, ヂアウドゥゥ	viewpoint **ヴュ**ーポイント
かんでんち **乾電池** kandenchi	乾電池 gāndiànchí ガンディエン**ツ**ー	dry cell ド**ラ**イ **セ**ル
かんどう(する) **感動(する)** kandou (suru)	感動，激動 gǎndòng, jīdòng ガンドゥオン, ヂィドゥオン	emotion; (be) moved by イ**モ**ウション, (ビ) **ム**ーヴド バイ
〜的な	動人，可歌可泣 dòngrén, kě gē kě qì ドゥオン**ゼ**ン, コォ ゴォ コォ チィ	impressive イン**プ**レスィヴ
かんとく(する) **監督(する)** kantoku (suru)	監督 jiāndū ヂエンドゥゥ	supervision; super- vise スーパ**ヴィ**ジャン, **ス**ーパ ヴァイズ
（演劇などの）	導演 dǎoyǎn ダウイエン	direction; direct ディ**レ**クション, ディ**レ**クト
かんにんぐ(する) **カンニング(する)** kanningu (suru)	（考試）作弊 (kǎoshì) zuòbì (カウ**ス**ー) ヅオビィ	cheating; cheat **チ**ーティング, **チ**ート

日	台	英
かんぬし **神主** kannushi	**神官** shénguān セングアン	Shinto priest シントウ プリースト
かんねん **観念** kannen	**觀念，概念** guānniàn, gàiniàn グアンニエン，ガイニエン	idea, conception アイディーア，コンセプション
かんぱ **寒波** kanpa	**寒流，寒潮** hánliú, háncháo ハンリオウ，ハンヂャオ	cold wave コウルド ウェイヴ
かんぱい(する) **乾杯(する)** kanpai (suru)	**乾杯** gānbēi ガンベイ	toast; drink a toast to トウスト，ドリンク ア トウスト トウ
かんばつ **旱魃** kanbatsu	**乾旱，天旱，旱魃** gānhàn, tiānhàn, hànbá ガンハン，ティエンハン，ハンパァ	drought ドラウト
がんばる **頑張る** ganbaru	**加油，努力，勤勞，打拼** **[打拚]** jiāyóu, nǔlì, qínláo, dǎpīn ヂアオウ，ヌウリィ，チンラウ，ダァピン	work hard ワーク ハード
かんばん **看板** kanban	**招牌，廣告牌，看板** zhāopái, guǎnggàopái, kànbǎn ヂャオパイ，グアンガウパイ，カンバン	billboard, signboard ビルボード，サインボード
かんびょう(する) **看病(する)** kanbyou (suru)	**看護，護理** kānhù, hùlǐ カンフウ，フウリィ	nursing; nurse ナースィング，ナース
かんぶ **患部** kanbu	**患部，患處** huànbù, huànchù フアンブウ，フアンヅウ	affected part アフェクテド パート
かんぶ **幹部** kanbu	**幹部** gànbù ガンブウ	leader, management リーダ，マニヂメント
かんぷ(する) **還付(する)** kanpu (suru)	**退還，歸還，退稅** tuìhuán, guīhuán, tuìshuì トゥエイフアン，グエイフアン，トゥエイスエイ	return リターン
かんぺき(な) **完璧(な)** kanpeki (na)	**完璧，完美，完善** wánbì, wánměi, wánshàn ウアンビィ，ウアンメイ，ウアンサン	perfection; perfect パフェクション，パーフェクト
かんべん(する) **勘弁(する)** kanben (suru)	**寬恕，原諒，饒恕** kuānshù, yuánliàng, ráoshù クアンスウ，ユイエンリアン，ザオスウ	pardon, forgive パードン，フォギヴ

日	台	英
がんぼう **願望** ganbou	願望，希望 yuànwàng, xīwàng ユィエンウアン, シィウアン	wish, desire **ウィ**シュ, ディ**ザ**イア
かんま **カンマ** kanma	逗點，逗號 dòudiǎn, dòuhào ドウディエン, ドウハウ	comma **カ**マ
かんゆう(する) **勧誘(する)** kan-yuu (suru)	勸誘，慫恿 quànyòu, sǒngyǒng チュイエンイオウ, スオンユオン	solicitation; solicit ソリシ**テ**イション, ソリ **ス**イト
かんよ(する) **関与(する)** kan-yo (suru)	干預，參與 gānyù, cānyù ガンユイ, ツァンユイ	participation; par- ticipate パーティシ**ペ**イション, パー**テ**ィシ**ペ**イト
かんようく **慣用句** kan-youku	慣用片語，成語 guànyòng piànyǔ, chéngyǔ グアンユオン ピエンユイ, **ツ**ォンユイ	idiom **イ**ディオム
かんような **寛容な** kan-youna	寬容，包容 kuānróng, bāoróng クアン**ズ**オン, バウ**ズ**オン	tolerant, generous **タ**ララント, **チ**ェネラス
がんらい **元来** ganrai	本來，原來 běnlái, yuánlái ベンライ, ユィエンライ	originally, by na- ture オ**リ**ヂナリ, バイ **ネ**イチャ
かんらく(する) **陥落(する)** kanraku (suru)	陷落，淪陷，失守 xiànluò, lúnxiàn, shīshǒu シエンルオ, ルンシエン, **ス**ーソウ	surrender サ**レ**ンダ
かんらんせき **観覧席** kanranseki	看台，觀眾席 kàntái, guānzhòngxí カンタイ, グアン**ヂ**ォンシィ	seat, stand **ス**イート, ス**タ**ンド
かんり(する) **管理(する)** kanri (suru)	管理，保管 guǎnlǐ, bǎoguǎn グアンリィ, バウグアン	management; manage **マ**ニヂメント, **マ**ニヂ
〜人	管理員，管理人 guǎnlǐyuán, guǎnlǐrén グアンリィユィエン, グアンリィ**ゼ**ン	caretaker, janitor **ケ**アテイカ, **チ**ャニタ
かんりゅう **寒流** kanryuu	寒流，寒潮 hánliú, háncháo ハンリオウ, ハン**ツ**ァオ	cold current **コ**ウルド **カ**ーレント
かんりょう(する) **完了(する)** kanryou (suru)	完了，完畢，結束 wánliǎo, wánbì, jiéshù ウアンリアウ, ウアンビィ, ヂエ**ス**ウ	completion; finish コンプ**リ**ーション, **フィ**ニ シュ

160

日	台	英
かんれい **慣例** kanrei	**慣例** guànlì グアンリィ	custom, usage **カ**スタム，ユースィヂ
かんれん(する) **関連(する)** kanren (suru)	**關聯，相關** guānlián, xiāngguān グアンリエン，シアングアン	relation; (be) related to リ**レ**イション，(ビ) リ**レ**イテ ド トゥ
かんろく **貫禄** kanroku	**威嚴，尊嚴，氣派** wēiyán, zūnyán, qìpài ウエイイエン，ヅンイエン，チィパイ	dignity **ディ**グニティ
かんわ(する) **緩和(する)** kanwa (suru)	**放寬，緩和，緩解** fàngkuān, huǎnhé, huǎnjiě ファンクアン，フアンホォ，フアンヂエ	mitigation; mitigate ミティ**ゲ**イション，**ミ**ティゲ イト

き，キ

き **木** ki	〔棵〕**樹，樹木** 〔kē〕shù, shùmù 〔コォ〕**ス**ウ，**ス**ウムウ	tree **ト**リー
(木材)	**木頭，木材，木料** mùtóu, mùcái, mùliào ムウトウ，ムウツァイ，ムウリアウ	wood **ウ**ド
ぎあ **ギア** gia	**齒輪** chǐlún **ツ**ールン	gear **ギ**ア
(自動車の)	**排檔** páidǎng パイダン	gear **ギ**ア
きあつ **気圧** kiatsu	**氣壓** qìyā チィイア	atmospheric pressure アトモス**フェ**リク プ**レ**シャ
～計	**氣壓計** qìyājì チィイアヂィ	barometer バ**ラ**ミタ
きーぼーど **キーボード** kiiboodo	**鍵盤** jiànpán ヂエンパン	keyboard **キ**ーボード
きーほるだー **キーホルダー** kiihorudaa	**鑰匙「圈[鏈]** yàoshiquān[liàn] イアウ**ス**チュィエン[リエン]	key ring **キ**ー リング

き

日	台	英
きいろ **黄色** kiiro	黄色 huángsè フアンソォ	yellow **イェ**ロウ
〜い	黄，黄色的 huáng, huángsè de フアン，フアンソォ ドォ	yellow **イェ**ロウ
きーわーど **キーワード** kiiwaado	關鍵詞 guānjiàncí グアンヂエンツー	key word **キー** ワード
ぎいん **議員** giin	議員 yìyuán イィユィエン	member of an assembly メンバ オヴ アン ア**セ**ンブリ
きうい(ふるーつ) **キウイ(フルーツ)** kiui (furuutsu)	〔顆／粒〕奇異果 〔kē/lì〕qíyìguǒ 〔コォ／リィ〕チィイグオ	kiwi **キー**ウィー
きえる **消える** kieru	消失 xiāoshī シアウ**ス**ー	vanish, disappear **ヴァ**ニシュ, ディサ**ピ**ア
(火が)	熄滅 xímiè シィミエ	die out, go out ダイ **ア**ウト, ゴウ **ア**ウト
ぎえんきん **義援金** gienkin	捐款 juānkuǎn デュィエンクアン	contribution カントリ**ビュ**ーション
きおく **記憶** kioku	記憶 jìyì ヂイィ	memory **メ**モリ
〜する	記住 jìzhù ヂィ**ヅ**ウ	memorize **メ**モライズ
きおくれする **気後れする** kiokuresuru	怯場，畏縮 qiècháng, wèisuō チュイエ**ツ**ァン, ウエイスオ	lose heart **ルー**ズ **ハー**ト
きおん **気温** kion	氣溫 qìwēn チィウン	temperature **テ**ンパラチャ
きが **飢餓** kiga	飢餓 jī'è ヂィオォ	hunger **ハ**ンガ
きかい **機会** kikai	機會 jīhuì ヂィフエイ	opportunity, chance アポ**テュ**ーニティ, **チャ**ンス

日	台	英
きかい **機械** kikai	機器，機械 jīqì, jīxiè ディチィ, ディシエ	machine, appara-tus マシーン, アパラタス
～工学	機械工學 jīxiè gōngxué ディシエ グオンシュィエ	mechanical engi-neering ミキャニカル エンヂニアリング
ぎかい **議会** gikai	議會，立法院 yìhuì, lìfǎyuàn イィフエイ, リィファユィエン	assembly, parlia-ment アセンブリ, パーラメント
きがえ **着替え** kigae	換衣服，更衣 huàn yīfú, gēngyī フアン イィフウ, ゴンイィ	change of clothes チェインヂ オヴ クロウズ
きがかり **気掛かり** kigakari	惦記，掛念，擔心 diànjì, guàniàn, dānxīn ディエンヂィ, グアニエン, ダンシン	anxiety, worry アングザイエティ, ワーリ
きかく(する) **企画(する)** kikaku (suru)	規劃，計劃[計畫] guīhuà, jìhuà グエイフア, ヂィフア	plan, project プラン, プロヂェクト
きかせる **聞かせる** kikaseru	給…聽 gěi ... tīng ゲイ … ティン	tell, let know テル, レト ノウ
きがつく **気が付く** kigatsuku	發現，發覺 fāxiàn, fājué ファシエン, ファヂュイエ	notice ノウティス
(行き届く)	周到，細緻 zhōudào, xìzhì ヅォウダウ, シィヅー	(be) attentive (ビ) アテンティヴ
(意識を取り戻す)	醒過來 xǐngguòlái シングオライ	come to *oneself* カム トゥ
きがるな **気軽な** kigaruna	輕易，隨便，爽快 qīngyì, suíbiàn, shuǎngkuài チンイィ, スエイビエン, スアンクアイ	lighthearted, casu-al ライトハーテド, キャジュアル
きかん **器官** kikan	器官 qìguān チィグアン	organ オーガン
きかん **期間** kikan	期間 qíjiān チィヂエン	period, term ピアリオド, ターム

163

日	台	英
_{きかん} **機関** kikan	機器，機械，裝置 jīqì, jīxiè, zhuāngzhì ディチィ, ディシエ, ヅアンヅー	engine, machine エンヂン, マシーン
（機構）	機關，機構 jīguān, jīgòu ディグアン, ディゴウ	organ, organization オーガン, オーガニゼイション
_{きかんさんぎょう} **基幹産業** kikansangyou	基礎產業 jīchǔ chǎnyè ディツゥ ツァンイエ	key industries キー インダストリズ
_{きかんし} **気管支** kikanshi	支氣管 zhīqìguǎn ヅーチィグアン	bronchus ブランカス
～炎	（支）氣管炎 (zhī)qìguǎnyán (ヅー)チィグアンイエン	bronchitis ブランカイティス
_{きかんしゃ} **機関車** kikansha	火車頭 huǒchētóu フオツォトウ	locomotive ロウコモウティヴ
_{きかんじゅう} **機関銃** kikanjuu	［枝／把］機關槍 〔zhī/bǎ〕jīguānqiāng 〔ヅー/パァ〕ディグアンチアン	machine gun マシーン ガン
_{きき} **危機** kiki	危機 wéijī ウエイヂィ	crisis クライスィス
_{ききとり} **聞き取り** kikitori	聽，聽取，聽寫 tīng, tīngqǔ, tīngxiě ティン, ティンチュィ, ティンシエ	hearing ヒアリング
_{ききめ} **効き目** kikime	效力，效果，效驗 xiàolì, xiàoguǒ, xiàoyàn シアウリィ, シアウグオ, シアウイエン	effect, efficacy イフェクト, エフィカスィ
_{ききょう(する)} **帰郷(する)** kikyou(suru)	回鄉，返鄉 huíxiāng, fǎnxiāng フエイシアン, ファンシアン	homecoming; return home ホウムカミング, リターン ホウム
_{きぎょう} **企業** kigyou	企業 qìyè チイエ	enterprise エンタプライズ
_{きぎょうか} **起業家** kigyouka	企業家 qìyèjiā チイエヂア	entrepreneur アーントレプレナー

き

日	台	英
ぎきょく **戯曲** gikyoku	戲劇，戲曲，劇本 xìjù, xìqǔ, jùběn シィデュイ，シィチュイ，デュイベン	drama, play ドラーマ，プレイ
ききん **基金** kikin	基金 jījīn ディヂン	fund ファンド
ききんぞく **貴金属** kikinzoku	貴金屬 guìjīnshǔ グエイヂンスウ	precious metals プレシャス メトルズ
きく **菊** kiku	菊花 júhuā デュイフア	chrysanthemum クリサンセマム
きく **効く** kiku	有效，見效，奏效 yǒuxiào, jiànxiào, zòuxiào イオウシアウ，ヂエンシアウ，ヅォウシアウ	have effect on ハヴ イフェクト オン
きく **聞[聴]く** kiku	聽，傾聽 tīng, qīngtīng ティン，チンティン	listen to リスント トゥ
（聞き入れる）	聽從 tīngcóng ティンツオン	obey オベイ
（尋ねる）	問，詢問，打聽 wèn, xúnwèn, dǎtīng ウン，シュインウン，ダアティン	ask, inquire アスク，インクワイア
きぐ **器具** kigu	器具，工具，用具 qìjù, gōngjù, yòngjù チィデュイ，グオンデュイ，ユオンデュイ	utensil, implement ユーテンスィル，インプレメント
きくばり **気配り** kikubari	照顧 zhàogù ヴァオグウ	care, consideration ケア，コンスィダレイション
きげき **喜劇** kigeki	喜劇，笑劇 xǐjù, xiàojù シィデュイ，シアウデュイ	comedy カメディ
きけん **危険** kiken	危險 wéixiǎn ウエイシエン	danger, risk デインヂャ，リスク
きげん **期限** kigen	期限，限期 qíxiàn, xiànqí チィシエン，シエンチィ	term, deadline ターム，デドライン
きげん **起源** kigen	起源，緣起 qǐyuán, yuánqǐ チィユイエン，ユイエンチィ	origin オーリヂン

日	台	英
きげん **機嫌** kigen	情緒，心情 qíngxù, xīnqíng チンシュイ，シンチン	humor, mood ヒューマ，ムード
きこう **気候** kikou	氣候，天氣 qìhòu, tiānqì チィホウ，ティエンチイ	climate, weather クライメト，ウェザ
きごう **記号** kigou	記號，符號 jìhào, fúhào ディハウ，フゥウハウ	mark, sign マーク，サイン
ぎこう **技巧** gikou	技巧，手法 jìqiǎo, shǒufǎ ディチアウ，ソウファ	technique, art テクニーク，アート
きこえる **聞こえる** kikoeru	聽見，聽得見 tīngjiàn, tīngdéjiàn ティンヂエン，ティンドオヂエン	hear ヒア
きこく(する) **帰国(する)** kikoku (suru)	回國，歸國 huíguó, guīguó フエイグオ，グエイグオ	homecoming; return home ホウムカミング，リターン ホウム
ぎこちない **ぎこちない** gikochinai	笨手笨腳，笨拙，生硬 bènshǒu bènjiǎo, bènzhuó, shēngyìng ベンソウ ベンヂアウ，ベンヅオ，ソンイン	awkward, clumsy オークワド，クラムズィ
きこん **既婚** kikon	已婚 yǐhūn イィフン	married マリド
きさい(する) **記載(する)** kisai (suru)	記載，刊登，寫上 jìzǎi[zài], kāndēng, xiěshàng ディヅァイ[ヅァイ]，カンドン，シエサン	mention, entry; enter メンション，エントリ，エンタ
きさくな **気さくな** kisakuna	坦率，直爽 tǎnshuài, zhíshuǎng タンスアイ，ヅースアン	frank フランク
きざし **兆し** kizashi	苗頭，預兆，先兆 miáotóu, yùzhào, xiānzhào ミアウトウ，ュィヅァオ，シエンヅァオ	sign, indication サイン，インディケイション
きざな **気障な** kizana	裝腔作勢，裝模作樣 zhuāng qiāng zuò shì, zhuāng mó zuò yàng ヅアン チアン ヅオ スー，ヅアン モォ ヅオ イアン	affected アフェクテド

日	台	英
きざむ **刻む** kizamu	切細, 切碎, 剁碎 qiēxì, qiēsuì, duòsuì チエシィ, チエスエイ, ドゥオスエイ	cut カト
(彫刻する)	刻, 雕刻 kē[kè], diāokē[kè] コォ[コォ], ディアウコォ[コォ]	carve カーヴ
きし **岸** kishi	岸, 海岸, 河岸 àn, hǎi'àn, hé'àn アン, ハイアン, ホォアン	bank バンク
きじ **記事** kiji	消息, 記事(文) xiāoxí, jìshì(wén) シアウシィ, ディスー(ウン)	article アーティクル
ぎし **技師** gishi	工程師, 技師 gōngchéngshī, jìshī グオンツォンスー, ディスー	engineer エンヂニア
ぎじ **議事** giji	議事 yìshì イィスー	proceedings プロスィーディングズ
ぎしき **儀式** gishiki	典禮, 儀式 diǎnlǐ, yíshì ディエンリィ, イィスー	ceremony, rite セレモウニ, ライト
きしつ **気質** kishitsu	氣質, 稟性, 脾氣 qìzhí, bǐngxìng, píqì チィヅー, ビンシン, ピィチィ	temperament テンペラメント
きじつ **期日** kijitsu	期限, 日期 qíxiàn, rìqí チィシエン, ズーチィ	date, time limit デイト, タイム リミト
きしゃ **汽車** kisha	[台／輌]火車, 列車 [tái/liàng] huǒchē, lièchē [タイ／リアン] フオツォ, リエツォ	train トレイン
きしゃかいけん **記者会見** kishakaiken	記者招待會 jìzhě zhāodàihuì ヂィヅォ ヅァォダイフエイ	press conference プレス カンファレンス
きじゅつ(する) **記述(する)** kijutsu (suru)	記述, 記敘 jìshù, jìxù ディスウ, ディシュイ	description; describe ディスクリプション, ディスクライブ
ぎじゅつ **技術** gijutsu	技術 jìshù ディスウ	technique, technology テクニーク, テクナロヂ

日	台	英
科学～	科技 kējì コォディ	science technology サイエンス テクナロヂ
～提携	技術合作 jìshù hézuò ディスウ ホォヅオ	technical tie-up テクニカル タイアプ
きじゅん 基準 kijun	標準, 基準, 規格 biāozhǔn, jīzhǔn, guīgé ビアウヅン, ディヅン, グエイグォ	standard, basis スタンダド, ベイスイス
きしょう 気象 kishou	氣象 qìxiàng チィシアン	weather, meteorology ウェザ, ミーティアラロヂ
きす(する) キス(する) kisu (suru)	親(嘴), 接吻 qīn(zuǐ), jiēwěn チン(ヅエイ), ヂエウン	kiss キス
きず 傷 kizu	傷, 創傷 shāng, chuāngshāng サン, ツアンサン	wound, injury ウーンド, インヂャリ
(物の)	疵, 疤 cī, bā ツー, バァ	flaw フロー
(心の)	精神創傷 jīngshén chuāngshāng ヂンセン ツアンサン	trauma トラウマ
～あと	傷痕, 傷疤, 疤痕 shānghén, shāngbā, bāhén サンヘン, サンバァ, バァヘン	scar スカー
きすう 奇数 kisuu	奇數, 單數 jīshù, dānshù ディスウ, ダンスウ	odd number アド ナンバ
きずく 築く kizuku	建築, 修建 jiànzhù, xiūjiàn ヂエンヅウ, シオウヂエン	build, construct ビルド, コンストラクト
きずつく 傷付く kizutsuku	受傷, 負傷 shòushāng, fùshāng ソウサン, フウサン	(be) wounded, (be) hurt (ビ) ウーンデド, (ビ) ハート
きずつける 傷付ける kizutsukeru	傷害, 敗壞 shānghài, bàihuài サンハイ, バイフアイ	wound, injure, hurt ウーンド, インヂャ, ハート
きずな 絆 kizuna	羈絆, 情絲, 牽絆 jībàn, qíngsī, qiānbàn ディバン, チンスー, チエンバン	bond バンド

日	台	英
きせい **帰省** kisei	探親, 回(家)郷 tànqīn, huí (jiā)xiāng タンチン, フエイ (ヂア)シアン	homecoming ホウムカミング
きせい **既製** kisei	現成, 原有 xiànchéng, yuányǒu シエンツォン, ユィエンイオウ	ready-made レディメイド
〜服	成衣 chéngyī ツォンイイ	ready-made clothes レディメイド クロウズ
ぎせい **犠牲** gisei	犠牲 xīshēng シィソン	sacrifice サクリファイス
〜者	犠牲者 xīshēngzhě シィソンヂォ	victim ヴィクティム
きせいちゅう **寄生虫** kiseichuu	寄生蟲 jìshēngchóng ヂィソンツォン	parasite パラサイト
きせき(てきな) **奇跡(的な)** kiseki (tekina)	奇蹟[奇跡]的 qíjī de チィディ ドォ	miracle; miracu- lous ミラクル, ミラキュラス
きせつ **季節** kisetsu	季節 jìjié ヂィヂエ	season スィーズン
きぜつ(する) **気絶(する)** kizetsu (suru)	昏厥, 氣絶 hūnjué, qìjué フンヂュイエ, チィヂュイエ	faint フェイント
きせる **着せる** kiseru	給…穿 gěi ... chuān ゲイ … ツアン	dress, put on ドレス, プト オン
きせん **汽船** kisen	輪船 lúnchuán ルンツアン	steamer スティーマ
ぎぜん(てきな) **偽善(的な)** gizen (tekina)	偽善 wèi[wěi]shàn ウエイ[ウエイ]サン	hypocrisy; hypocritical ヒパクリスィ, ヒポクリティ カル
きそ **基礎** kiso	基礎, 根基 jīchǔ, gēnjī ヂィツウ, ゲンヂィ	base, foundation ベイス, ファウンデイション

き

日	台	英
きそ(する) **起訴(する)** kiso (suru)	**起訴，公訴** qǐsù, gōngsù チィスウ，グオンスウ	prosecution; prosecute プラスィ**キュ**ーション，プ**ラ**スィキュート
きそう **競う** kisou	**比賽，競賽，競爭** bǐsài, jìngsài, jìngzhēng ビィサイ，デンサイ，ヂンヅォン	compete コンピート
きぞう(する) **寄贈(する)** kizou (suru)	**捐贈，贈送** juānzèng, zèngsòng デュイエンヅォン，ヅォンソン	donation; donate ドウ**ネイ**ション，**ド**ウネイト
ぎそう(する) **偽装(する)** gisou (suru)	**偽裝，掩飾，迷彩** wèi[wěi]zhuāng, yǎnshì, mícǎi ウエイ[ウエイ]ヅァン，イエン**スー**，ミィツァイ	camouflage **キャ**モフラージュ
ぎぞう(する) **偽造(する)** gizou (suru)	**偽造，假造** wèi[wěi]zào, jiǎzào ウエイ[ウエイ]ヅァオ，ヂアヅァオ	forgery; forge **フォー**ヂャリ，**フォー**ヂ
きそく **規則** kisoku	**規則，規章，章程** guīzé, guīzhāng, zhāngchéng グエイヅォ，グエイ**ヂャ**ン，**ヂャ**ンツォン	rule, regulations **ルー**ル，レギュ**レイ**ションズ
〜的な	**有規律的** yǒu guīlǜ de イオウ グエイリュィ ドォ	regular **レ**ギュラ
きた **北** kita	**北，北方** běi, běifāng ペイ，ペイファン	north **ノー**ス
ぎたー **ギター** gitaa	**[枝]吉他** [zhī] jítā [**ヅー**] ヂィタァ	guitar ギ**ター**
きたい **気体** kitai	**氣體** qìtǐ チィティ	gaseous body, gas, vapor **ギャ**スィアス バディ，**ギャ**ス，**ヴェ**イパ
きたい(する) **期待(する)** kitai (suru)	**期待，期望** qídài, qíwàng チィダイ，チィウアン	expectation, hope; expect, hope エクスペク**テイ**ション，**ホ**ウプ，エクスペクト，**ホ**ウプ
ぎだい **議題** gidai	**議題** yìtí イィティ	subject, agenda **サ**ブヂェクト，ア**ヂェ**ンダ

日	台	英
きたえる **鍛える** kitaeru	鍛煉，錘煉 duànliàn, chuíliàn ドゥアンリエン，ツエイリエン	train, temper, forge トレイン，テンパ，フォーヂ
きたく(する) **帰宅(する)** kitaku (suru)	回家 huíjiā フエイヂア	return home リターン ホウム
きたちょうせん **北朝鮮** kitachousen	北韓 Běi Hán ペイ ハン	North Korea ノース コリーア
きたない **汚い** kitanai	髒，骯髒，齷齪，污穢 zāng, āngzāng, wòchuò, wūhuì ヅァン，アンヅァン，ウオツォ，ウゥフエイ	dirty, soiled ダーティ，ソイルド
(金銭に)	吝嗇，小氣 lìnsè, xiǎoqì リンソォ，シアウチィ	stingy スティンヂ
(勝負に)	不正當，髒手，犯規 bú zhèngdàng, zāngshǒu, fànguī ブウ ヅォンダン，ヅァンソウ，ファングエイ	unfair アンフェア
きたはんきゅう **北半球** kitahankyuu	北半球 běibànqiú ペイバンチオウ	Northern Hemisphere ノーザン ヘミスフェア
きち **基地** kichi	基地，根據地 jīdì, gēnjùdì ヂィディ，ゲンヂュイディ	base ベイス
きちょう **機長** kichou	機長 jīzhǎng ヂィヅァン	captain キャプテン
ぎちょう **議長** gichou	主席，主持人 zhǔxí, zhǔchírén ヅウシィ，ヅウツーゼン	chairperson チェアパースン
きちょうな **貴重な** kichouna	寶貴，珍貴，貴重 bǎoguì, zhēnguì, guìzhòng バウグエイ，ヅェングエイ，グエイヅォン	precious, valuable プレシャス，ヴァリュアブル
きちょうひん **貴重品** kichouhin	貴重物品 guìzhòng wùpǐn グエイヅォン ウゥピン	valuables ヴァリュアブルズ
きちょうめんな **几帳面な** kichoumenna	一絲不苟，規規矩矩 yì sī bù gǒu, guīguījǔjǔ イィ スー ブウ ゴウ，グエイグエイヂュイ ヂュイ	exact, methodical イグザクト，メサディカル

171

日	台	英
きちんと kichinto	整整齊齊，端端正正，好好地 zhěngzhěngqíqí, duānduānzhèngzhèng, hǎohǎo de ヅォンヅォンチィチィ, ドゥアンドゥアンヅォンヅォン, ハウハウ ドォ	exactly, accurately イグ**ザ**クトリ, **ア**キュレトリ
きつい　（窮屈な） kitsui	緊 jǐn ヂン	tight **タ**イト
（服などが）	瘦小 shòuxiǎo ソウシアウ	tight **タ**イト
（強い・大変な）	強烈，厲害 qiángliè, lìhài チアンリエ, リィハイ	strong, hard スト**ロ**ング, **ハ**ード
きつえん(する) 喫煙(する) kitsuen (suru)	抽菸，吸菸 chōuyān, xīyān ツォウイエン, シィイエン	smoking; smoke ス**モ**ウキング, ス**モ**ウク
きづかう 気遣う kizukau	擔心，關心，體貼 dānxīn, guānxīn, tǐtiē ダンシン, グアンシン, ティティエ	(be) anxious, worry (ビ) **ア**ンクシャス, **ワ**ーリ
きっかけ 切っ掛け kikkake	契機，機會，開端 qìjī, jīhuì, kāiduān チィヂィ, ヂィフエイ, カイドゥアン	chance, opportunity **チャ**ンス, アパ**テュ**ーニティ
きづく 気付く kizuku	發現，發覺，注意到 fāxiàn, fājué, zhùyìdào ファシエン, ファヂュイエ, ヅウイィダウ	notice **ノ**ウティス
きっさてん 喫茶店 kissaten	咖啡廳[店／館] kāfēitīng[diàn/guǎn] カァフェイティン[ディエン／グアン]	coffee shop, tearoom **コ**ーフィ **シャ**プ, **ティ**ールーム
きっすいの 生粋の kissuino	道地，正宗，正港 dàodì, zhèngzōng, zhènggǎng ダウディ, ヅォンヅォン, ヅォンガン	genuine, native ヂェニュイン, **ネ**イティヴ
キッチン kicchin	廚房 chúfáng ツウファン	kitchen **キ**チン
きって 切手 kitte	[張]郵票 [zhāng] yóupiào [ヅァン] イオウピアウ	stamp ス**タ**ンプ

日	台	英
きっと **きっと** kitto	一定，必定，肯定 yídìng, bìdìng, kěndìng イィディン, ビィディン, ケンディン	surely, certainly シュアリ, **サ**ートンリ
きつね 狐 kitsune	〔隻〕狐狸 〔zhī〕húlí 〔ヅー〕 フウリィ	fox **ファ**クス
きっぷ **切符** kippu	〔張〕票 〔zhāng〕piào 〔ヅァン〕ピアウ	ticket **ティ**ケト
(乗物の)	車票 chēpiào ツォピアウ	ticket **ティ**ケト
きてい **規定** kitei	〔條〕規定，章程 〔tiáo〕guīdìng, zhāngchéng 〔ティアウ〕グエイディン, **ヅァン**ツォン	regulations レギュ**レ**イションズ
ぎていしょ **議定書** giteisho	〔份〕議定書 〔fèn〕yìdìngshū 〔フェン〕イィディン**ス**ウ	protocol プ**ロ**ウトコール
きどう **軌道** kidou	軌道，路軌 guǐdào, lùguǐ グエイダウ, ルウグエイ	orbit **オ**ービト
きとく **危篤** kitoku	病危，病篤，危篤 bìngwéi, bìngdǔ, wéidǔ ビンウエイ, ビンドウ, ウエイドウ	critical ク**リ**ティカル
きどる **気取る** kidoru	装模作様，擺架子，假装 zhuāng mó zuò yàng, bǎi jiàzi, jiǎzhuāng ヅァン モォ ヅオ イアン, バイ ヂアヅ, ヂアヅァン	(be) affected (ビ) ア**フェ**クテド
きにいる **気に入る** kiniiru	中意，看中，入眼 zhòngyì, kànzhòng, rùyǎn ヅォンイィ, カンヅォン, **ズ**ウイエン	(be) pleased with, like (ビ) プ**リ**ーズド ウィズ, **ラ**イク
きにする **気にする** kinisuru	介意，在乎，在意 jièyì, zàihū, zàiyì ヂエイィ, ヅァイフウ, ヅァイイィ	care about **ケ**ア ア**バ**ウト
きにゅう(する) **記入(する)** kinyuu (suru)	填表，填寫，記上 tiánbiǎo, tiánxiě, jìshàng ティエンビアウ, ティエンシエ, ヂィ**サ**ン	writing in; write in **ラ**イティング イン, **ラ**イト イン
きぬ **絹** kinu	絲綢，綢子 sīchóu, chóuzi スー**ツォ**ウ, **ツォ**ウヅ	silk ス**ィ**ルク

日	台	英
_{きねん} **記念** kinen	紀念 jìniàn ディニエン	commemoration コメモ**レ**イション
~碑	紀念碑 jìniànbēi ディニエンペイ	monument マニュメント
~日	紀念日, 節日 jìniànrì, jiérì ディニエンズー, ヂエズー	memorial day メモーリアル デイ
_{きのう} **昨日** kinou	昨天, 昨日 zuótiān, zuórì ヅオティエン, ヅオズー	yesterday イェスタデイ
_{きのう} **機能** kinou	功能, 作用, 機能 gōngnéng, zuòyòng, jīnéng グオンノン, ヅオユオン, ヂノン	function ファンクション
_{ぎのう} **技能** ginou	技能, 本領 jìnéng, běnlǐng ヂノン, ベンリン	skill ス**キ**ル
_{きのこ} **茸** kinoko	蘑菇 mógū モォグウ	mushroom マシュルーム
_{きのどくな} **気の毒な** kinodokuna	可憐, 可悲, 悲惨 kělián, kěbēi, bēicǎn コォリエン, コォペイ, ペイツァン	pitiable, poor ピティアブル, プア
_{きばつな} **奇抜な** kibatsuna	新穎, 新奇, 奇特 xīnyǐng, xīnqí, qítè シンイン, シンチィ, チィトォ	novel, original ナヴェル, オリヂナル
_{きばらし} **気晴らし** kibarashi	消遣, 散心 xiāoqiǎn, sànxīn シアウチエン, サンシン	pastime, diversion パスタイム, ディヴァージョン
_{きはん} **規範** kihan	規範, 標準 guīfàn, biāozhǔn グエイファン, ピアウヅン	norm ノーム
_{きばん} **基盤** kiban	基礎, 底子 jīchǔ, dǐzi ディツウ, ディヅ	base, foundation ベイス, ファウンデイション
_{きびしい} **厳しい** kibishii	嚴格, 嚴厲 yángé, yánlì イエンゴォ, イエンリィ	severe, strict スィヴィア, ストリクト
_{きひん} **気品** kihin	品格, 氣派, 氣度 pǐngé, qìpài, qìdù ピンゴォ, チィパイ, チィドゥウ	grace, dignity グレイス, ディグニティ

日	台	英
きびんな **機敏な** kibinna	機敏，敏捷 jīmǐn, mǐnjié ヂィミン，ミンヂエ	smart, quick スマート，クウィク
きふ(する) **寄付(する)** kifu (suru)	捐獻，捐贈，捐助 juānxiàn, juānzèng, juānzhù デュイエンシエン，デュイエンゾォン， デュイエンヅウ	donation; donate ドウネイション，ドウネイト
きぶん **気分** kibun	情緒，心情，氣氛 qíngxù, xīnqíng, qìfēn チンシュイ，シンチン，チィフェン	mood, feeling ムード，フィーリング
きぼ **規模** kibo	規模 guīmó グエイモォ	scale スケイル
きぼう(する) **希望(する)** kibou (suru)	希望，願望，期望 xīwàng, yuànwàng, qíwàng シィワン，ユイエンウアン，チィワン	hope, wish ホウプ，ウィシュ
きほん **基本** kihon	基本，基礎 jīběn, jīchǔ ヂィベン，ヂィツウ	basis, standard ベイスィス，スタンダド
〜的な	基本(的)，基礎(的) jīběn(de), jīchǔ(de) ヂィベン(ドォ)，ヂィツウ(ドォ)	basic, fundamental ベイスィク，ファンダメントル
きまえのよい **気前のよい** kimaenoyoi	大方，慷慨 dàfāng, kāngkǎi ダァファン，カンカイ	generous ヂェネラス
きまぐれな **気紛れな** kimagurena	善變的，心血來潮 shànbiàn de, xīnxiě láicháo サンビエン ドォ，シンシエ ライツァオ	capricious カプリシャス
きまつ **期末** kimatsu	期末 qímò チィモォ	end of the term エンド オヴ ザ タァム
きまま **気まま** kimama	隨便，任意 suíbiàn, rènyì スエイビエン，ゼンイィ	carefree ケアフリー
きまり **決まり** kimari	定規，規定 dìngguī, guīdìng ディングエイ，グエイディン	rule, regulation ルール，レギュレイション
〜文句	口頭禪，老調 kǒutóuchán, lǎodiào コウトウツァン，ラウディアウ	set phrase セト フレイズ

日	台	英
きまる **決まる** kimaru	定，決定，確定 dìng, juédìng, quèdìng ディン，チュイエディン，チュイエディン	(be) settled, (be) decided (ビ) **セ**トルド，(ビ) ディ**サ**イ デド
きみ **黄身** kimi	蛋黄，卵黄 dànhuáng, luǎnhuáng ダンフアン，ルアンフアン	yolk **ヨ**ウク
きみつ **機密** kimitsu	機密 jīmì ヂィミィ	secrecy, secret **スィ**ークレスィ，**スィ**ークレ ト
きみどり **黄緑** kimidori	黄綠色 huánglǜsè フアンリュイゾォ	yellowish green **イェ**ロウイシュ グリーン
きみょうな **奇妙な** kimyouna	奇怪，奇異，出奇 qíguài, qíyì, chūqí チィグアイ，チィイィ，**ツ**ウチィ	strange, odd スト**レ**インヂ，**ア**ド
ぎむ **義務** gimu	義務，本分 yìwù, běnfèn イィウウ，ベンフェン	duty, obligation **デュ**ーティ，アブリ**ゲ**イショ ン
きむずかしい **気難しい** kimuzukashii	難以對付，不好惹 nányǐ duìfù, bù hǎorě ナンイィ ドゥエイフウ，ブウ ハウ**ゾ**ォ	hard to please **ハ**ード トゥ プ**リ**ーズ
きめる **決める** kimeru	定，決定，確定 dìng, juédìng, quèdìng ディン，デュイエディン，チュイエディン	fix, decide **フィ**クス，ディ**サ**イド
きも **肝** kimo	肝臟 gānzàng ガンヅァン	liver **リ**ヴァ
（度胸）	膽子，膽量 dǎnzi, dǎnliàng ダンヅ，ダンリアン	courage **カ**ーリヂ
きもち **気持ち** kimochi	心情，情緒，奇檬子 xīnqíng, qíngxù, qíméngzǐ シンチン，チンシュイ，チィモンズー	feeling, sensation **フィ**ーリング，セン**セ**イション ン
きもの **着物** kimono	和服 héfú ホォフウ	*kimono* キ**モ**ウノウ
ぎもん **疑問** gimon	疑問，懷疑 yíwèn, huáiyí イィウン，フアイイィ	question, doubt ク**ウェ**スチョン，**ダ**ウト

日	台	英
きゃく **客** kyaku	客人，賓客 kèrén, bīnkè コォゼン，ビンコォ	caller, visitor, guest **コ**ーラ，**ヴィ**ズィタ，**ゲ**スト
（店の）	顧客，主顧，客戶 gùkè, zhǔgù, kèhù グウコォ，**ヅ**ウグウ，コォフウ	customer **カ**スタマ
きやく **規約** kiyaku	規約，規章，協約 guīyuē, guīzhāng, xiéyuē グエイ**ュ**ィエ，グエイ**ヂャ**ン，シエ**ュ**ィエ	agreement, contract ア**グ**リーメント，**カ**ントラク ト
ぎゃく **逆** gyaku	相反，反過來 xiāngfǎn, fǎnguòlái シアンファン，ファングオライ	reverse, contrary リ**ヴァ**ース，**カ**ントレリ
きゃくしつじょうむいん **客室乗務員** kyakushitsujoumuin	空服員 kōngfúyuán クオンフウ**ュ**ィエン	cabin attendant **キャ**ビン ア**テ**ンダント
（女性）	空姐 kōngjiě クオン**ヂ**エ	cabin attendant **キャ**ビン ア**テ**ンダント
きゃくしゃ **客車** kyakusha	〔輛〕客車，車廂 〔liàng〕kèchē, chēxiāng 〔リアン〕コォ**ツォ**，**ツォ**シアン	passenger car パ**セ**ンヂャ **カ**ー
ぎゃくしゅう（する） **逆襲（する）** gyakushuu (suru)	反擊，反攻，還擊 fǎnjí, fǎngōng, huánjí ファン**ヂ**ィ，ファングオン，フアン**ヂ**ィ	counterattack **カ**ウンタラタク
きゃくせん **客船** kyakusen	〔艘〕客船，客輪 〔sōu〕kèchuán, kèlún 〔ソウ〕コォツアン，コォルン	passenger boat パ**セ**ンヂャ **ボ**ウト
ぎゃくたい **虐待** gyakutai	虐待 nüèdài ニュィエダイ	abuse ア**ビュ**ース
ぎゃくてん（する） **逆転（する）** gyakuten (suru)	反轉，逆轉 fǎnzhuǎn, nìzhuǎn ファン**ヅァ**ン，ニィ**ヅァ**ン	reversal; (be) reversed リ**ヴァ**ーサル，(ビ) リ**ヴァ**ー スト
きゃくほん **脚本** kyakuhon	腳本，劇本 jiǎoběn, jùběn **ヂ**アウベン，**ヂュ**イベン	play, drama, scenario プ**レ**イ，ド**ラ**ーマ，サ**ネ**アリ オウ
きゃしゃな **華奢な** kyashana	纖細，苗條 xiānxì, miáotiáo シエン**シ**ィ，ミアウ**ティ**アウ	delicate **デ**リケト

日	台	英
きゃすと **キャスト** kyasuto	角色 jiǎo[jué]sè ヂアウ[ヂュイエ]ソォ	cast **キャ**スト
きゃっかん **客観** kyakkan	客觀 kèguān コォグァン	objectiveness オブ**チェ**クティヴネス
〜的な	客觀的 kèguān de コォグァンドォ	objective オブ**チェ**クティヴ
きゃっしゅ **キャッシュ** kyasshu	現金，現款 xiànjīn, xiànkuǎn シエンヂン，シエンクアン	cash **キャ**シュ
〜カード	提款卡 tíkuǎnkǎ ティクアンカァ	cash card **キャ**シュ **カ**ード
きゃっち(する) **キャッチ(する)** kyacchi (suru)	抓住，捕捉 zhuāzhù, bǔzhuō ヅアヅゥ，ブゥヅォ	catch; get, obtain **キャ**チ，**ゲ**ト，オブ**テ**イン
〜フレーズ	口號，標語，廣告[詞[辭] kǒuhào, biāoyǔ, guǎnggàocí コウハウ，ビアウユィ，グアンガウツー	catchphrase **キャ**チフレイズ
ぎゃっぷ **ギャップ** gyappu	差距，鴻溝，間隙 chājù, hónggōu, jiànxì ツァヂュィ，フォンゴゥ，ヂエンシィ	gap **ギャ**プ
きゃぷてん **キャプテン** kyaputen	隊長，主將 duìzhǎng, zhǔjiàng ドゥエイ**ヂャ**ン，ヅゥヂアン	captain **キャ**プテン
(船の)	船長 chuánzhǎng ツアン**ヂャ**ン	captain **キャ**プテン
(飛行機の)	機長 jīzhǎng ヂィ**ヂャ**ン	captain **キャ**プテン
きゃべつ **キャベツ** kyabetsu	高麗菜，甘藍菜，捲心菜 gāolícài, gānláncài, juǎnxīncài ガウリィツァイ，ガンランツァイ，ヂュイエンシンツァイ	cabbage **キャ**ビヂ
きゃらくたー **キャラクター** kyarakutaa	人物，角色，吉祥物 rénwù, jiǎo[jué]sè, jíxiángwù ゼンウゥ，ヂアウ[ヂュイエ]ソォ，ヂィシアンウゥ	character **キャ**ラクタ

日	台	英
ぎゃらりー **ギャラリー** （画廊） gyararii	**畫廊** huàláng フアラン	gallery **ギャ**ラリ
（見物人）	**觀眾** guānzhòng グアンヅオン	gallery **ギャ**ラリ
きゃりあ **キャリア** kyaria	**資格，經歷資深，職業** zīgé, jīnglì zīshēn, zhíyè ヅーゴォ, チンリィ ヅーセン, ヅーイエ	career カリア
ぎゃんぐ **ギャング** gyangu	**地痞，流氓** dìpǐ, liúmáng ディピィ, リオウマン	gang, gangster **ギャ**ング，**ギャ**ングスタ
きゃんせる(する) **キャンセル(する)** kyanseru (suru)	**解約，取消** jiěyuē, qǔxiāo デエュイエ, チュイシアウ	cancellation; cancel キャンセ**レ**イション，**キャ**ンセル
〜待ち	**候補** hòubǔ ホウブウ	standby ス**タ**ンドバイ
きゃんぷ **キャンプ** kyanpu	**露營，野營** lùyíng, yěyíng ルウイン, イエイン	camp **キャ**ンプ
ぎゃんぶる **ギャンブル** gyanburu	**賭博** dǔbó ドゥウボォ	gambling **ギャ**ンブリング
きゃんぺーん **キャンペーン** kyanpeen	**宣傳活動** xuānchuán huódòng シュエンツアン フオドゥオン	campaign キャン**ペ**イン
きゅう **急** kyuu	**緊急，急迫，危急** jǐnjí, jípò, wéijí チンディ, ディポォ, ウエイディ	emergency イ**マ**ーデェンスィ
きゅう **級** （等級） kyuu	**等級** děngjí ドンディ	class ク**ラ**ス
きゅうえん(する) **救援(する)** kyuuen (suru)	**救援** jiùyuán デオウュイエン	relief, rescue リ**リ**ーフ, **レ**スキュー
〜物資	**救援物資** jiùyuán wùzī デオウュイエン ウゥヅー	relief supplies リ**リ**ーフ サプ**ラ**イズ

日	台	英
きゅうか **休暇** kyuuka	**休假** xiūjià シオウヂア	vacation, holiday ヴェイ**ケ**イション，**ハ**リデイ
きゅうがく（する） **休学（する）** kyuugaku (suru)	**休學** xiūxué シオウシュィエ	absence from school; withdraw from school **ア**プセンス　フラム　ス**ク**ール，　ウィズド**ロ**ー　フラム　ス**ク**ール
きゅうかん **急患** kyuukan	**急診病患** jízhěn bìnghuàn ディ**ヂ**ェン ビンフアン	emergency case イ**マ**ーヂェンスィ **ケ**イス
きゅうぎ **球技** kyuugi	**球賽** qiúsài チオウサイ	ball game **ボ**ール ゲイム
きゅうきゅうしゃ **救急車** kyuukyuusha	〔台／輛〕**救護車** 〔tái/liàng〕jiùhùchē 〔タイ／リアン〕ヂオウフウ**ツ**ォ	ambulance **ア**ンビュランス
きゅうぎょう（する） **休業（する）** kyuugyou (suru)	**停業，歇業** tíngyè, xiēyè ティンイエ, シエイエ	closure; close ク**ロ**ウジャ，ク**ロ**ウズ
きゅうくつな **窮屈な** kyuukutsuna	**緊，窄小** jǐn, zhǎixiǎo ヂン, **ヂャ**イシアウ	narrow, tight **ナ**ロウ，**タ**イト
きゅうけい（する） **休憩（する）** kyuukei (suru)	**休息** xiūxí シオウシィ	rest, recess; take a rest **レ**スト，リ**セ**ス，**テ**イク ア **レ**スト
きゅうげきな **急激な** kyuugekina	**急劇，突兀** jíjù, túwù ディヂュィ, トゥウウゥ	sudden, abrupt **サ**ドン，アブ**ラ**プト
きゅうこうれっしゃ **急行列車** kyuukouressha	**快車** kuàichē クアイ**ツ**ォ	express イクス**プレ**ス
きゅうさい（する） **救済（する）** kyuusai (suru)	**救濟，賑濟** jiùjì, zhènjì ヂオウヂィ, **ヂャ**ェンヂィ	aid **エ**イド
きゅうし（する） **休止（する）** kyuushi (suru)	**休止，停止，停歇** xiūzhǐ, tíngzhǐ, tíngxiē シオウ**ヂ**ー, ティン**ヂ**ー, ティンシエ	pause **ポ**ーズ
きゅうしき **旧式** kyuushiki	**舊式** jiùshì ヂオウ**ス**ー	old style **オ**ウルド ス**タ**イル

日	台	英
きゅうじつ **休日** kyuujitsu	假日 jiàrì ヂアズー	holiday ハリデイ
きゅうしゅう(する) **吸収(する)** kyuushuu (suru)	吸收，吸取 xīshōu, xīqǔ シィソウ，シィチュイ	absorption; absorb アプソープション，アプソーブ
きゅうじょ(する) **救助(する)** kyuujo (suru)	救助，拯救，搶救 jiùzhù, zhěngjiù, qiǎngjiù ヂオウヂウ，ヅォンヂオウ，チアンヂオウ	rescue, help; save レスキュー，ヘルプ，セイヴ
きゅうじん **求人** kyuujin	招聘，招募，募集 zhāopìn, zhāomù, mùjí ヅァオピン，ヅァオムウ，ムウヂィ	job offer チャブ オーファ
きゅうしんてきな **急進的な** kyuushintekina	急進，激進 jíjìn, jījìn ヂィヂン，ヂィヂン	radical ラディカル
きゅうすい(する) **給水(する)** kyuusui (suru)	給水，供水 jǐshuǐ, gōngshuǐ ヂィスエイ，グオンスエイ	water supply ウォータ サプライ
きゅうせい **急性** kyuusei	急性 jíxìng ヂィシン	acute アキュート
きゅうせん(する) **休戦(する)** kyuusen (suru)	停戰 tíngzhàn ティンヅァン	armistice; call a truce アーミスティス，コール ア トルース
きゅうそく(する) **休息(する)** kyuusoku (suru)	休息，歇息 xiūxí, xiēxí シオウシィ，シエシィ	repose, rest リポウズ，レスト
きゅうそくな **急速な** kyuusokuna	迅速，急速 xùnsù, jísù シュインスウ，ヂィスウ	rapid, prompt ラピド，プランプト
きゅうとう(する) **急騰(する)** kyuutou (suru)	暴漲 bàozhǎng バウヅァン	sudden rise; jump サドン ライズ，チャンプ
ぎゅうにく **牛肉** gyuuniku	[塊／片]牛肉 [kuài/piàn] niúròu [クアイ／ピエン] ニオウヅオウ	beef ビーフ
ぎゅうにゅう **牛乳** gyuunyuu	牛奶，牛乳 niúnǎi, niúrǔ ニオウナイ，ニオウズウ	milk ミルク

日	台	英
きゅうびょう **急病** kyuubyou	急病，急症，暴病 jíbìng, jízhèng, bàobìng ディビン，ディヅォン，バウビン	sudden illness **サ**ドン **イ**ルネス
きゅうめい **救命** kyuumei	救命，救生 jiùmìng, jiùshēng ヂオウミン，ヂオウソン	lifesaving **ラ**イフセイヴィング
〜胴衣	救生衣 jiùshēngyī ヂオウソンイイ	life jacket **ラ**イフ **ヂャ**ケット
きゅうゆ(する) **給油(する)** kyuuyu (suru)	加油 jiāyóu ヂアイオウ	refueling; refuel リー**フュー**アリング，リー**フュー**アル
きゅうゆう **旧友** kyuuyuu	舊友，老朋友 jiùyǒu, lǎopéngyǒu ヂオウイオウ，ラウポンイオウ	old friend **オ**ウルド **フ**レンド
きゅうよう **急用** kyuuyou	〔件〕急事 〔jiàn〕jíshì 〔ヂエン〕ディス—	urgent business **ア**ーヂェント **ビ**ズネス
きゅうよう(する) **休養(する)** kyuuyou (suru)	休養 xiūyǎng シオウイアン	rest; take a rest **レ**スト，**テ**イク ア **レ**スト
きゅうり **胡瓜** kyuuri	〔根／條〕黃瓜 〔gēn/tiáo〕huángguā 〔ゲン／ティアウ〕フアングア	cucumber **キュー**カンバ
きゅうりょう **給料** kyuuryou	薪水，薪資，月薪 xīnshuǐ, xīnzī, yuèxīn シンスエイ，シンヅー，ユイエシン	pay, salary **ペ**イ，**サ**ラリ
きよい **清い** kiyoi	清澈，清潔，乾淨 qīngchè, qīngjié, gānjìng チンツォ，チンヂエ，ガンヂン	clean, pure ク**リ**ーン，**ピュ**ア
きょう **今日** kyou	今天，今日 jīntiān, jīnrì ヂンティエン，ヂンズー	today トゥ**デ**イ
ぎょう **行** gyou	行 háng ハン	line **ラ**イン
きょうい **驚異** kyoui	驚人，驚異，驚奇 jīngrén, jīngyì, jīngqí ヂンゼン，ヂンイイ，ヂンチイ	wonder **ワ**ンダ
きょういく(する) **教育(する)** kyouiku (suru)	教育，教學 jiàoyù, jiàoxué ヂアウユイ，ヂアウシュイエ	education; educate エデュ**ケ**イション，**エ**デュケイト

日	台	英
きょうか **教科** kyouka	科目，課程 kēmù, kèchéng コォムウ, コォツォン	subject サブヂェクト
きょうか(する) **強化(する)** kyouka (suru)	加強，強化 jiāqiáng, qiánghuà ヂアチアン, チアンフア	strengthening; strengthen ストレングスニング, ストレングスン
きょうかい **協会** kyoukai	協會 xiéhuì シエフエイ	association, society アソウスィエイション, ソサイエティ
きょうかい **教会** kyoukai	教會，教堂 jiàohuì, jiàotáng ヂアウフエイ, ヂアウタン	church チャーチ
きょうかい **境界** kyoukai	境界，邊界，疆界 jìngjiè, biānjiè, jiāngjiè ヂンヂエ, ビエンヂエ, ヂアンヂエ	boundary, border バウンダリ, ボーダ
ぎょうかい **業界** gyoukai	同業界 tóngyèjiè トゥォンイエヂエ	industry インダストリ
きょうがく **共学** kyougaku	男女同校 nánnǚ tóngxiào ナンニュイ トゥォンシアウ	coeducation コウエヂュケイション
きょうかしょ **教科書** kyoukasho	［本］教科書，課本 ［běn］jiàokēshū, kèběn ［ペン］ヂアウコォスウ, コォペン	textbook テクストブク
きょうかつする **恐喝する** kyoukatsusuru	恐嚇，恫嚇，威嚇 kǒnghè, dònghè, wēihè クオンホォ, ドゥオンホォ, ウエイホォ	threat, blackmail スレト, ブラクメイル
きょうかん(する) **共感(する)** kyoukan (suru)	共鳴，同情，同感 gòngmíng, tóngqíng, tónggǎn グオンミン, トゥオンチン, トゥオンガン	sympathy; sympathize スィンパスィ, スィンパサイズ
きょうき **凶器** kyouki	兇器 xiōngqì シュオンチィ	weapon ウェポン
きょうぎ **競技** kyougi	比賽，競賽，…賽 bǐsài, jìngsài, ...sài ビィサイ, ヂンサイ, … サイ	competition カンペティション
ぎょうぎ **行儀** gyougi	舉止，禮貌，禮節 jǔzhǐ, lǐmào, lǐjié ヂュィヅー, リィマウ, リィヂエ	behavior, manners ビヘイヴァ, マナズ

日	台	英
きょうきゅう(する) **供給(する)** kyoukyuu (suru)	供給, 供應 gōngjǐ, gōngyìng グオンディ, グオンイン	supply サプライ
きょうぐう **境遇** kyouguu	境遇, 處境, 遭遇 jìngyù, chǔjìng, zāoyù デンユィ, ツウデン, ヅァオユィ	circumstances サーカムスタンセズ
きょうくん **教訓** kyoukun	教訓 jiàoxùn デアウシュィン	lesson レスン
きょうこう **恐慌** kyoukou	恐慌, 驚慌 kǒnghuāng, jīnghuāng クオンフアン, デンフアン	panic パニク
きょうごうする **競合する** kyougousuru	競爭, 爭執 jìngzhēng, zhēngzhí デンヅォン, **ヅ**ォンヅー	compete with コンピート ウィズ
きょうこな **強固な** kyoukona	鞏固, 堅固, 堅強 gǒnggù, jiāngù, jiānqiáng グオングウ, デエングウ, デエンチアン	firm, solid **ファ**ーム, **サ**リド
ぎょうざ **餃子** gyouza	水餃, 蒸餃, 餃子 shuǐjiǎo, zhēngjiǎo, jiǎozi **ス**エイデアウ, **ヅ**ォンデアウ, デアウヅ	(Chinese) dumpling (チャイ**ニー**ズ) **ダ**ンプリング
(焼き餃子)	鍋貼 guōtiē グオティエ	lightly fried dumpling **ラ**イトリ フライド **ダ**ンプリング
きょうざい **教材** kyouzai	教材 jiàocái デアウツァイ	teaching material **ティ**ーチング マ**テ**アリアル
きょうさんしゅぎ **共産主義** kyousanshugi	共產主義 gòngchǎn zhǔyì グオン**ツ**ァン **ヅ**ウイイ	communism **カ**ミュニズム
きょうし **教師** kyoushi	教師, 老師, 教員, 師長 jiàoshī, lǎoshī, jiàoyuán, shīzhǎng デアウ**ス**ー, ラウ**ス**ー, デアウユィエン, **ス**ーヅァン	teacher, professor **ティ**ーチャ, プロ**フェ**サ
ぎょうじ **行事** gyouji	儀式, 活動 yíshì, huódòng イイ**ス**ー, フオドゥオン	event, function イ**ヴェ**ント, **ファ**ンクション
きょうしつ **教室** kyoushitsu	教室 jiàoshì デアウ**ス**ー	classroom ク**ラ**スルーム

日	台	英
ぎょうしゃ **業者** gyousha	（工商）業者 (gōngshāng)yèzhě （グォンサン）イエヅォ	trader トレイダ
きょうじゅ **教授** kyouju	教授 jiàoshòu ヂアウソウ	professor プロフェサ
きょうしゅう **郷愁** kyoushuu	郷愁，思郷，懐（念家）郷 xiāngchóu, sīxiāng, huái(niàn jiā)xiāng シアンツォウ，スーシアン，フアイ(ニエン ヂア)シアン	nostalgia ナスタルヂャ
きょうせい（する） **強制（する）** kyousei (suru)	強制，逼迫，強迫 qiángzhì, bīpò, qiángpò チアンヅー，ピィポォ，チアンポォ	compulsion; compel コンパルション，コンペル
ぎょうせい **行政** gyousei	行政 xíngzhèng シンヅォン	administration アドミニストレイション
〜機関	行政機關 xíngzhèng jīguān シンヅォン ヂイグアン	administrative organ アドミニストレイティヴ オーガン
ぎょうせき **業績** gyouseki	業績，成就，成績 yèjī, chéngjiù, chéngjī イエヂィ，ツォンヂオウ，ツォンヂィ	achievement, results アチーヴメント，リザルツ
きょうそう（する） **競走（する）** kyousou (suru)	賽跑 sàipǎo サイパウ	race; run a race レイス，ラン ア レイス
きょうそう（する） **競争（する）** kyousou (suru)	競爭，競賽，角逐 jìngzhēng, jìngsài, juézhú デンヅォン，デンサイ，ヂュィエヅウ	competition; compete カンペティション，コンピート
〜力	競爭力 jìngzhēnglì デンヅォンリィ	competitiveness コンペティティヴネス
きょうぞう **胸像** kyouzou	胸像，半身像 xiōngxiàng, bànshēnxiàng シュオンシアン，パンセンシアン	bust バスト
きょうそうきょく **協奏曲** kyousoukyoku	協奏曲 xiézòuqǔ シエヅォウチュィ	concerto コンチェアトウ

日	台	英
きょぎ **虚偽** kyogi	**虚偽** xūwèi[wěi] シュィウエイ[ウエイ]	falsehood フォールスフド
ぎょぎょう **漁業** gyogyou	**漁業，討海** yúyè, tǎohǎi ユィイエ，タウハイ	fishery フィシャリ
きょく **曲** kyoku	**樂曲，歌曲** yuèqǔ, gēqǔ ユィエチュィ，ゴォチュィ	tune, piece テューン，ピース
きょくげい **曲芸** kyokugei	**雜技，技藝** zájì, jìyì ヅァヂィ，ヂイィ	acrobat アクロバト
きょくげん **極限** kyokugen	**極限** jíxiàn ヂィシエン	limit リミト
きょくせん **曲線** kyokusen	**曲線** qūxiàn チュィシエン	curve カーヴ
きょくたんな **極端な** kyokutanna	**極端** jíduān ヂィドゥアン	extreme, excessive イクストリーム，イクセスィ ヴ
きょこう **虚構** kyokou	**虚構** xūgòu シュィゴウ	fiction フィクション
ぎょこう **漁港** gyokou	**漁港** yúgǎng ユィガン	fishing port フィシング ポート
きょじゃくな **虚弱な** kyojakuna	**虚弱，軟弱，纖弱** xūruò, ruǎnruò, xiānruò シュィズオ，ズアンズオ，シエンズオ	weak, delicate ウィーク，デリケト
きょじゅう(する) **居住(する)** kyojuu (suru)	**住，居住** zhù, jūzhù ヅゥ，ヂュィヅゥ	residence; reside レズィデンス，リザイド
～者	**居民，居住者** jūmín, jūzhùzhě ヂュィミン，ヂュィヅゥヅォ	resident,　inhabit- ant レズィデント，インハビタン ト
きょしょう **巨匠** kyoshou	**大師，巨匠，泰斗** dàshī, jùjiàng, tàidǒu ダァスー，ヂュィヂアン，タイドウ	great master グレイト マスタ

き

日	台	英
きょしょくしょう **拒食症** kyoshokushou	厭食症 yànshízhèng イエンスーヅォン	anorexia アノレクスィア
きょぜつ(する) **拒絶(する)** kyozetsu (suru)	拒絶 jùjué ヂュィヂュィエ	refusal; refuse リフューザル, リフューズ
ぎょせん **漁船** gyosen	漁船 yúchuán ユィツアン	fishing boat フィシング ボウト
ぎょそん **漁村** gyoson	漁村 yúcūn ユィツン	fishing village フィシング ヴィリヂ
きょだいな **巨大な** kyodaina	巨大，宏大 jùdà, hóngdà ヂュィダァ, フォンダァ	huge, gigantic ヒューヂ, ヂャイギャンティク
きょっかい(する) **曲解(する)** kyokkai (suru)	曲解，歪曲 qūjiě, wāiqū チュィヂエ, ウアイチュィ	distortion; distort ディストーション, ディストート
きょてん **拠点** kyoten	據點 jùdiǎn ヂュィディエン	base, stronghold ベイス, ストローングホウルド
きょねん **去年** kyonen	去年 qùnián チュィニエン	last year ラスト イヤ
きょひ(する) **拒否(する)** kyohi (suru)	拒絶，否決 jùjué, fǒujué ヂュィヂュィエ, フォウヂュィエ	denial; deny ディナイアル, ディナイ
ぎょみん **漁民** gyomin	漁民，漁夫，討海人 yúmín, yúfū, tǎohǎirén ユィミン, ユィフウ, タウハイゼン	fisherman フィシャマン
きょり **距離** kyori	距離，差距 jùlí, chājù ヂュィリィ, ツァヂュィ	distance ディスタンス
きらいな **嫌いな** kiraina	討厭，厭惡 tǎoyàn, yànwù タウイエン, イエンウウ	disliked ディスライクト
きらう **嫌う** kirau	討厭，不喜歡，嫌惡 tǎoyàn, bù xǐhuān, xiánwù タウイエン, ブウ シイフアン, シエンウウ	dislike ディスライク

日	台	英
きらくな **気楽な** kirakuna	輕鬆，舒適，安閒，樂天 qīngsōng, shūshì, ānxián, lètiān チンスオン，**ス**ウ**ス**ー，アンシエン，ロォティエン	optimistic, easy アプティ**ミ**スティク，**イ**ーズィ
きり **錐** kiri	錐子，鑽 zhuīzi, zuàn ヅエイズ，ヅアン	gimlet, drill **ギ**ムレト，**ド**リル
きり **霧** kiri	霧，霧氣 wù, wùqì ウゥ，ウゥチィ	fog, mist **フ**ォーグ，**ミ**スト
ぎり **義理** giri	人情，情分，情面 rénqíng, qíngfèn, qíngmiàn **ゼ**ンチン，チンフェン，チンミエン	duty, obligation **デ**ューティ，アブリ**ゲ**イションン
きりかえる **切り換える** kirikaeru	轉換，改換，切換 zhuǎnhuàn, gǎihuàn, qiēhuàn ヅァンフアン，ガイフアン，チエフアン	change **チェ**インヂ
きりさめ **霧雨** kirisame	(濛濛)細雨，毛毛雨 (méngméng) xìyǔ, máomáoyǔ (モンモン) シィユィ，マウマウユィ	drizzle **ド**リズル
きりすてる **切り捨てる** kirisuteru	割掉，切去，砍掉 gēdiào, qiēqù, kǎndiào ゴォディアウ，チエチュィ，カンディアウ	cut away **カ**ト ア**ウェ**イ
（端数を）	捨去 shěqù ソォチュィ	round down **ラ**ウンド **ダ**ウン
きりすときょう **キリスト教** kirisutokyou	基督教 Jīdūjiào ヂィドゥゥヂアウ	Christianity クリスチ**ア**ニティ
きりつ **規律** kiritsu	紀律，規章，規律 jìlǜ, guīzhāng, guīlǜ ヂィリュィ，グエイ**ヂ**ァン，グエイリュィ	order, discipline **オ**ーダ，**デ**ィスィプリン
（軍隊などの）	風紀 fēngjì フォンヂィ	discipline **デ**ィスィプリン
きりつめる **切り詰める** kiritsumeru	節減，節約，節省，縮減 jiéjiǎn, jiéyuē, jiéshěng, suōjiǎn ヂエヂエン，ヂエユィエ，ヂエ**ソ**ン，スオヂエン	reduce, cut down リ**デ**ュース，**カ**ト **ダ**ウン

日	台	英
きりぬき **切り抜き** （新聞の） kirinuki	**剪下的《報紙》，剪報** jiǎnxià de《bàozhǐ》, jiǎnbào デエンシア ドォ《バウヅー》, デエンバウ	clipping クリピング
（雑誌などの）	**剪貼** jiǎntiē デエンティエ	clipping クリピング
きりぬける **切り抜ける** kirinukeru	**殺出(重圍)，擺脱(難關)** shāchū (chóngwéi), bǎituō (nánguān) サァツウ (ツオンウエイ), バイトゥオ (ナングアン)	get through ゲト スルー
きりはなす **切り離す** kirihanasu	**割斷，斷開，分開** gēduàn, duànkāi, fēnkāi ゴォドゥアン, ドゥアンカイ, フェンカイ	cut off, separate カト オーフ, セパレイト
きりひらく **切り開く** kirihiraku	**鑿開，開墾** záokāi, kāikěn ヅァオカイ, カイケン	cut out カト アウト
きりふだ **切り札** kirifuda	**王牌** wángpái ウアンパイ	trump トランプ
きりみ **切り身** kirimi	**切片** qiēpiàn チエピエン	slice, fillet スライス, フィレト
きりゅう **気流** kiryuu	**氣流** qìliú チィリオウ	air current エア カーレント
きりょく **気力** kiryoku	**氣力，精力，元氣** qìlì, jīnglì, yuánqì チィリィ, デンリィ, ュイエンチィ	energy, vigor エナヂ, ヴィガ
きりん **麒麟** kirin	**長頸鹿** chángjǐnglù ツァンデンルウ	giraffe デラフ
きる **切る** kiru	**切，割，斬，砍，剁** qiē, gē, zhǎn, kǎn, duò チエ, ゴォ, ヅァン, カン, ドゥオ	cut カト
（薄く）	**切片，切成薄片** qiēpiàn, qiēchéng bópiàn チエピエン, チエツォン ボォピエン	slice スライス
（はさみで）	**剪** jiǎn デエン	cut カト

日	台	英
（スイッチを）	關 guān グアン	turn off ターン オーフ
きる **着る** kiru	穿 chuān ツアン	put on プト オン
きれ **切れ** （個・枚・片） kire	小片，切片 xiǎopiàn, qiēpiàn シアウピエン，チエピエン	piece, cut ピース，カト
（布）	零布 língbù リンプウ	cloth クロース
きれいな **綺麗な** kireina	好看，美麗，美，漂亮 hǎokàn, měilì, měi, piàoliàng ハウカン，メイリィ，メイ，ピアウリアン	pretty, beautiful プリティ，**ビュー**ティフル
（清潔な）	乾淨，清潔 gānjìng, qīngjié ガンヂン，チンヂエ	clean クリーン
きれいに **綺麗に** kireini	漂亮(地)，好極了 piàoliàng (de), hǎojí le ピアウリアン (ドォ)，ハウヂィ ロォ	beautifully **ビュー**ティフリ
（すっかり）	一乾二淨，乾乾淨淨 yì gān èr jìng, gāngānjìngjìng イィ ガン オル ヂン，ガンガンヂンヂン	completely コン**プ**リートリ
きれつ **亀裂** kiretsu	龜裂，裂縫 jūnliè, lièfèng ヂュィンリエ，リエフォン	crack ク**ラ**ク
きれる **切れる** （刃物が） kireru	快，鋒利，銳利 kuài, fēnglì, ruìlì クアイ，フォンリィ，**ズ**エイリィ	cut well カト ウェル
（常備品・燃料などが）	用光，用盡，罄盡 yòngguāng, yòngjìn, qìngjìn ユオングアン，ユオンヂン，チンヂン	(be) out of (ビ) **ア**ウト オヴ
（期限が）	過期，期限滿 guòqí, qíxiàn mǎn グオチィ，チィシエン マン	expire イクス**パ**イア
（頭が）	敏銳，能幹 mǐnruì, nénggàn ミン**ズ**エイ，ノンガン	brilliant, sharp, smart **ブ**リリアント，**シ**ャープ，ス**マ**ート

日	台	英
きろ **帰路** kiro	回程，歸途 huíchéng, guītú フエイツォン，グエイトゥウ	way home ウェイ ホウム
きろく(する) **記録(する)** kiroku (suru)	記錄，記載 jìlù, jìzǎi[zài] ヂィルウ，ヂィヅァイ[ヅァイ]	record; record レコド，リコード
きろぐらむ **キログラム** kiroguramu	公斤 gōngjīn グオンヂン	kilogram キログラム
きろめーとる **キロメートル** kiromeetoru	公里 gōnglǐ グオンリィ	kilometer キラミタ
ぎろん(する) **議論(する)** giron (suru)	爭論，議論，談論 zhēnglùn, yìlùn, tánlùn ヅォンルン，イィルン，タンルン	argument, discussion; argue, discuss アーギュメント，ディスカ ション，アーギュー，ディス カス
ぎわく **疑惑** giwaku	疑惑，疑心，懷疑 yíhuò, yíxīn, huáiyí イィフオ，イィシン，フアイイィ	doubt, suspicion ダウト，サスピション
きわだつ **際立つ** kiwadatsu	顯著，顯眼，突出 xiǎnzhù, xiǎnyǎn, túchū シエンヅウ，シエンイエン，トゥウツウ	stand out スタンド アウト
きわどい **際どい** kiwadoi	險些，差一點，間不容髮 xiǎnxiē, chà[chā] yìdiǎn, jiàn bù róng fǎ シエンシエ，ツァ[ツァ]イィディエン，ヂ エン ブウ ヅオン ファ	dangerous, risky デインヂャラス，リスキ
きん **金** kin	黃金，金子 huángjīn, jīnzi フアンヂン，ヂンヅ	gold ゴウルド
ぎん **銀** gin	銀子 yínzi インヅ	silver スィルヴァ
きんいつの **均一の** kin-itsuno	均一，均等 jūnyī, jūnděng ヂュインイイ，ヂュインドン	uniform ユーニフォーム
きんえん **禁煙** kin-en	禁止吸菸 jìnzhǐ xīyān ヂンヅー シイイエン	No Smoking ノウ スモウキング

日	台	英
ぎんが **銀河** ginga	銀河，天河 yínhé, tiānhé インホォ, ティエンホォ	Galaxy **ギャ**ラクスィ
きんかい **近海** kinkai	近海 jìnhǎi ヂンハイ	inshore waters イン**ショ**ア **ウォ**ータズ
きんがく **金額** kingaku	金額，款額，錢數 jīn'é, kuǎn'é, qiánshù ヂンオォ, クアンオォ, チエン**ス**ウ	amount of money ア**マ**ウント オヴ **マ**ニ
きんきゅう(の) **緊急(の)** kinkyuu (no)	緊急，危急，迫急 jǐnjí, wéijí, pòjí ヂンヂィ, ウエイヂィ, ポォヂィ	emergency イ**マ**ーヂェンスィ
〜事態	緊急事態 jǐnjí shìtài ヂンヂィ **ス**ータイ	emergency situation イ**マ**ーヂェンスィ スィ**チュ**エイション
きんこ **金庫** kinko	保險箱，金庫 bǎoxiǎnxiāng, jīnkù バウシエンシアン, ヂンクウ	safe, vault **セ**イフ, **ヴォ**ールト
きんこう **均衡** kinkou	均衡，平衡 jūnhéng, pínghéng ヂュィンホン, ピンホン	balance **バ**ランス
ぎんこう **銀行** ginkou	銀行 yínháng インハン	bank **バ**ンク
きんし **近視** kinshi	近視(眼) jìnshì(yǎn) ヂン**ス**ー(イエン)	near-sightedness ニア**サ**イテドネス
きんし(する) **禁止(する)** kinshi (suru)	禁止，不准 jìnzhǐ, bù zhǔn ヂン**ヅ**ー, プウ **ヅ**ン	prohibition; prohibit プロウ**ヒ**ビション, プロ**ヒ**ビト
きんしゅ(する) **禁酒(する)** kinshu (suru)	戒酒，忌酒，禁酒 jièjiǔ, jìjiǔ, jìnjiǔ ヂエヂオウ, ヂィヂオウ, ヂンヂオウ	abstinence; stop drinking ア**プ**スティネンス, ス**タ**プ **ド**リンキング
きんしゅく(する) **緊縮(する)** kinshuku (suru)	緊縮，縮減 jǐnsuō, suōjiǎn ヂン**ス**オ, スオヂエン	retrenchment; retrench リト**レ**ンチメント, リト**レ**ンチ
きんじょ **近所** kinjo	鄰居，近鄰，附近 línjū, jìnlín, fùjìn リンヂュイ, ヂンリン, フウヂン	neighborhood **ネ**イバフド

日	台	英
きんじる **禁じる** kinjiru	禁止，不准 jìnzhǐ, bù zhǔn デンヅー, プウ ヅン	forbid, prohibit フォビド, プロヒビト
きんせい **近世** kinsei	近世，近代 jìnshì, jìndài デンスー, デンダイ	early modern ages アーリ マダン エイヂズ
きんせい **金星** kinsei	金星，太白星 jīnxīng, tàibáixīng デンシン, タイバイシン	Venus ヴィーナス
きんせん **金銭** kinsen	錢，金錢，錢財 qián, jīnqián, qiáncái チエン, デンチエン, チエンツァイ	money マニ
きんぞく **金属** kinzoku	金屬，五金 jīnshǔ, wǔjīn デンスウ, ウゥデン	metal メトル
きんだい **近代** kindai	近代，現代 jìndài, xiàndài デンダイ, シエンダイ	modern ages マダン エイヂズ
きんちょう（する） **緊張（する）** kinchou (suru)	緊張 jǐnzhāng デンヅァン	tension; (be) tense テンション, (ビ) テンス
ぎんなん **銀杏** ginnan	［粒/顆］銀杏，白果 [lì/kē] yínxìng, báiguǒ ［リィ／コォ］インシン, バイグオ	ginkgo nut ギンコウ ナト
きんにく **筋肉** kinniku	肌肉 jīròu ディゾウ	muscle マスル
きんねん **近年** kinnen	近幾年 jìnjǐnián デンヂィニエン	in recent years イン リースント イヤズ
きんぱく（する） **緊迫（する）** kinpaku (suru)	緊迫，緊急，吃緊 jǐnpò, jǐnjí, chījǐn デンポォ, デンヂィ, ツーデン	tension; (be) tense テンション, (ビ) テンス
きんべんな **勤勉な** kinbenna	勤勞，勤奮，勤勉 qínláo, qínfèn, qínmiǎn チンラウ, チンフェン, チンミエン	industrious, diligent インダストリアス, ディリ ヂェント
ぎんみ（する） **吟味（する）** ginmi (suru)	斟酌，挑選，考察 zhēnzhuó, tiāoxuǎn, kǎochá ヅェンヅオ, ティアウシュイエン, カウツァ	scrutiny; examine スクルーティニ, イグザミン

日	台	英
きんむ(する) **勤務(する)** kinmu (suru)	上班工作，辦公 shàngbān gōngzuò, bàngōng サンバン グオンヅオ，バンゴン	service; serve, work サーヴィス，サーヴ，ワーク
（警察官・教員など）	勤務 qínwù チンウゥ	service; serve サーヴィス，サーヴ
きんゆう **金融** kin-yuu	金融，信貸 jīnróng, xìndài ヂンヅオン，シンダイ	finance フィナンス
きんようび **金曜日** kin-youbi	星期五，禮拜五，週五 xīngqíwǔ, lǐbàiwǔ, zhōuwǔ シンチィウゥ，リィバイウゥ，ヅォウウゥ	Friday フライデイ
きんよくてきな **禁欲的な** kin-yokutekina	禁欲[禁慾]的，節欲[節 慾]的 jìnyù de, jiéyù de ヂンユイドォ，ヂエユイドォ	stoic ストウイク
きんり **金利** kinri	利率，利息 lìlǜ, lìxí リィリュイ，リィシィ	interest rates インタレスト レイツ
きんりょく **筋力** kinryoku	肌肉力量，臂力 jīròu lìliàng, lǜlì ディヅォウ リィリアン，リュイリィ	muscular power マスキュラ パウア
きんりん **近隣** kinrin	近鄰，附近，鄰近 jìnlín, fùjìn, línjìn ヂンリン，フウヂン，リンヂン	neighborhood ネイバフド
きんろう(する) **勤労(する)** kinrou (suru)	勞動，勤勞，辛勞 láodòng, qínláo, xīnláo ラウドゥオン，チンラウ，シンラウ	labor, work レイバ，ワーク

く，ク

く **区** ku	區，區域，地區 qū, qūyù, dìqū チュイ，チュイユイ，ディチュイ	ward, district ウォード，ディストリクト
ぐ **具** gu	菜碼，麵碼 càimǎ, miànmǎ ツァイマァ，ミエンマァ	ingredients イングリーディエンツ
ぐあい **具合** guai	狀況，情形，樣子，情況 zhuàngkuàng, qíngxíng, yàngzi, qíngkuàng ヅァンクアン，チンシン，イアンヅ，チン クアン	condition, state コンディション，ステイト

日	台	英
くい 杭 kui	椿，椿子，橛子 zhuāng, zhuāngzi, juézi ヅアン，ヅアンヅ，ヂュィエヅ	stake, pile ステイク，パイル
くい 悔い kui	悔恨，後悔 huǐhèn, hòuhuǐ フエイヘン，ホウフエイ	regret, remorse リグレト，リモース
くいき 区域 kuiki	區域，範圍 qūyù, fànwéi チュイユイ，ファンウエイ	area, zone エアリア，ゾウン
くいず クイズ kuizu	猜謎，謎語 cāimí, míyǔ ツァイミィ，ミィユイ	quiz ク**ウィ**ズ
〜番組	智力競賽 zhìlì jìngsài ヅーリィ ヂンサイ	quiz show ク**ウィ**ズ ショウ
くいちがう 食い違う kuichigau	不一致，不符，分歧，齟齬 bù yízhì, bùfú, fēnqí, jǔyǔ プウ イィツー，プウフウウ，フェンチィ，ヂュィユイ	(be) different from (ビ) **ディ**ファレント フラム
くうかん 空間 kuukan	空間 kōngjiān クオンヂエン	space, room スペイス，**ルー**ム
くうき 空気 kuuki	空氣 kōngqì クオンチィ	air エア
（雰囲気）	氣氛 qìfēn チィフェン	atmosphere **ア**トモスフィア
くうきょ 空虚 kuukyo	空虛，空洞 kōngxū, kōngdòng クオンシュイ，クオンドゥオン	emptiness エンプティネス
くうぐん 空軍 kuugun	空軍 kōngjūn クオンヂュイン	air force エア **フォー**ス
くうこう 空港 kuukou	機場，飛機場，航空站 jīchǎng, fēijīchǎng, hángkōngzhàn ヂィ**ツァ**ン，フェイヂィ**ツァ**ン，ハンクオンヅ**ァ**ン	airport エアポート
くうしゅう（する） 空襲（する） kuushuu (suru)	空襲 kōngxí クオンシィ	(make an) air raid （メイク アン）エア レイド

日	台	英
ぐうすう **偶数** guusuu	偶數，雙數 ǒushù, shuāngshù オウスウ, スアンスウ	even number イーヴン ナンバ
くうせき **空席** kuuseki	空座位 kòng[kōng] zuòwèi クオン[クオン] ヅオウエイ	vacant seat ヴェイカント スィート
（ポスト）	空缺，缺位，空位 kòngquē, quēwèi, kòng[kōng]wèi クオンチュイエ, チュイエウエイ, クオン[クオン]ウエイ	vacant position ヴェイカント ポズィション
ぐうぜん **偶然** guuzen	偶然，偶爾 ǒurán, ǒu'ěr オウザン, オウオル	chance, accident チャンス, アクスィデント
～に	偶然（地） ǒurán (de) オウザン (ドォ)	by chance バイ チャンス
くうぜんの **空前の** kuuzenno	空前（絕後） kōngqián (juéhòu) クオンチエン (デュイエホウ)	unprecedented アンプレセデンテド
くうそう(する) **空想(する)** kuusou (suru)	空想，假想 kōngxiǎng, jiǎxiǎng クオンシアン, デアシアン	daydream デイドリーム
くうちゅう **空中** kuuchuu	半空，空中，天空 bànkōng, kōngzhōng, tiānkōng バンクオン, クオンヅオン, ティエンクオン	air, sky エア, スカイ
くーでたー **クーデター** kuudetaa	政變 zhèngbiàn ヅォンビエン	coup d'état クー デイター
くうはく **空白** kuuhaku	空白 kòngbái クオンバイ	blank ブランク
くうふく **空腹** kuufuku	空腹，空肚 kōngfù, kōngdù クオンフウ, クオンドゥウ	hunger ハンガ
～である	(肚子)餓 (dùzi) è (ドゥウヅ) オォ	(be) hungry (ビ) ハングリ
くうゆ(する) **空輸(する)** kuuyu (suru)	空運 kōngyùn クオンユィン	air transport エア トランスポート

日	台	英
くーらー **クーラー** kuuraa	**冷氣(機)** lěngqì(jī) ロンチィ(ヂィ)	air conditioner **エ**ア コン**ディ**ショナ
くーるな **クールな** kuuruna	**冷靜** lěngjìng ロンヂン	cool **ク**ール
（スマートでクールな）	**酷** kù クウ	cool **ク**ール
くかく **区画** kukaku	**區劃，劃分** qūhuà, huàfēn チュイフア，フアフェン	division ディ**ヴィ**ジョン
くがつ **九月** kugatsu	**九月(份)** jiǔyuè(fèn) ヂオウユィエ(フェン)	September セプ**テ**ンバ
くかん **区間** kukan	**區間，段** qūjiān, duàn チュイヂエン，ドゥアン	section **セ**クション
くき **茎** kuki	**莖** jīng ヂン	stalk, stem ス**ト**ーク，ス**テ**ム
（麦など）	**稈** gǎn ガン	stalk ス**ト**ーク
（セロリなど）	**梗** gěng ゴン	stalk, stem ス**ト**ーク，ス**テ**ム
くぎ **釘** kugi	**[顆／枝]釘，釘子** [kē/zhī] dīng, dīngzi [コォ／**ヅ**ー] ディン，ディンヅ	nail **ネ**イル
くきょう **苦境** kukyou	**窘境，困境** jiǒngjìng, kùnjìng デュオンヂン，クンヂン	difficult situation **ディ**フィカルト　スィチュ**エ**イション
くぎり **区切り** kugiri	**段落，界限** duànluò, jièxiàn ドゥアンルオ，ヂエシエン	end, pause **エ**ンド，**ポ**ーズ
くぎる **区切る** kugiru	**劃分，分段** huàfēn, fēnduàn フアフェン，フェンドゥアン	divide ディ**ヴァ**イド
くぐる　（穴やすきまを） **潜る** kuguru	**鑽** zuān ヅアン	pass under **パ**ス **ア**ンダ

日	台	英
（水を）	潜 qiǎn[qián] チエン[チエン]	dive ダイヴ
くさ 草 kusa	草，雜草 cǎo, zácǎo ツァオ，ヅァツァオ	grass, herb グラス，**ア**ーブ
くさい 臭い kusai	臭，有臭味 chòu, yǒu chòuwèi ツォウ，イオウ **ツォ**ウウエイ	smelly, stinking スメリ，ス**ティ**ンキング
くさり 鎖 kusari	鏈子，鎖鏈 liànzi, suǒliàn リエンヅ，スオリエン	chain **チェ**イン
くさる 腐る kusaru	腐敗，腐爛，腐朽 fǔbài, fǔlàn, fǔxiǔ フゥバイ，フゥウラン，フゥシオウ	rot, go bad ラト，**ゴ**ウ バド
くし 串 kushi	（竹／鐵）籤 ⟨zhú/tiě⟩qiān ⟨ヅゥ／ティエ⟩チエン	spit, skewer ス**ピ**ト，ス**キュ**ーア
くし 櫛 kushi	梳子 shūzi **ス**ウヅ	comb コウム
くじ 籤 kuji	（抽）籤 ⟨chōu⟩qiān ⟨ツォウ⟩チエン	lot, lottery ラト，**ラ**タリ
（宝くじ・ロト）	彩券 cǎiquàn ツァイチュイエン	lot, lottery ラト，**ラ**タリ
くじく 挫く kujiku	扭，挫，擰 niǔ, cuò, níng ニオウ，ツォ，ニン	sprain, wrench ス**プ**レイン，**レ**ンチ
くじける 挫ける kujikeru	灰心（喪氣），氣餒，沮喪， 頹唐 huīxīn ⟨sàngqì⟩, qìněi, jǔsàng, tuítáng フエイシン（サンチィ），チィネイ，ヂュィ サン，トゥエイタン	be discouraged ビ ディス**カ**ーリヂド
くじゃく 孔雀 kujaku	［隻］孔雀 ［zhī］kǒngquè ［ヅー］クオンチュイエ	peacock **ピ**ーカク
くしゃみ くしゃみ kushami	噴嚏 pēntì ペンティ	sneeze ス**ニ**ーズ

日	台	英
～をする	打噴嚏 dǎ pēntì ダァ ペンティ	sneeze スニーズ
くじょう **苦情** kujou	牢騷, 抱怨 láosāo, bàoyuàn ラウサオ, バウユィエン	complaint コンプレイント
くしょうする **苦笑する** kushousuru	苦笑 kǔxiào クウシアウ	force a smile **フォ**ース ア スマイル
くじら **鯨** kujira	海翁, 鯨魚 hǎiwēng, jīngyú ハイウン, ヂンユィ	whale (ホ)**ウェ**イル
くしん(する) **苦心(する)** kushin (suru)	操心, 費心 cāoxīn, fèixīn ツァオシン, フェイシン	efforts; take pains **エ**ファツ, **テ**イク ペインズ
くず **屑** kuzu	碎屑 suìxiè スエイシエ	waste, rubbish **ウェ**イスト, **ラ**ビシュ
(パンくずなど)	《麵包》渣 〈miànbāo〉zhā 《ミエンバウ》**ヂ**ァ	crumb ク**ラ**ム
(ゴミくず)	垃圾 lèsè ロォソォ	piece of junk **ピ**ース オヴ **ジャ**ンク
～入れ	垃圾箱, 垃圾「筒[桶] lèsèxiāng, lèsètǒng ロォソォシアン, ロォソォトゥオン	trash can ト**ラ**シュ **キャ**ン
くすぐったい **くすぐったい** kusuguttai	癢, 發癢 yǎng, fāyǎng イアン, ファイアン	ticklish **ティ**クリシュ
くすぐる **くすぐる** kusuguru	使發癢 shǐ fāyǎng **ス**ー ファイアン	tickle **ティ**クル
(脇の下を)	搔癢 sāoyǎng サオイアン	tickle **ティ**クル
くずす **崩す** kuzusu	使崩潰 shǐ bēngkuì **ス**ー ボンクエイ	pull down, break **プ**ル **ダ**ウン, ブ**レ**イク
(建物などを)	拆毀 chāihuǐ ツァイフエイ	pull down **プ**ル **ダ**ウン

日	台	英
（金を）	換成零錢 huànchéng língqián ファンツォン リンチエン	change チェインヂ
くすり 薬 kusuri	［服／片］薬 [fù/piàn] yào ［フゥウ／ピエン］イアウ	medicine, drug メディスィン, ドラグ
～屋	薬店, 薬房 yàodiàn, yàofáng イアウディエン, イアウファン	pharmacy, drugstore ファーマスィ, ドラグストー
くすりゆび 薬指 kusuriyubi	無名指 wúmíngzhǐ ウゥミンヅー	ring finger リング フィンガ
くずれる 崩れる kuzureru	垮, 倒塌, 崩潰, 坍塌 kuǎ, dǎotā, bēngkuì, tāntā クア, ダウタア, ボンクエイ, タンタァ	crumble, collapse クランブル, コラプス
（形が）	失去原形, 走樣 shīqù yuánxíng, zǒuyàng スーチュイ ユイエンシン, ヅォウイアン	get out of shape ゲト アウト オヴ シェイプ
くせ 癖 kuse	習慣, 毛病 xíguàn, máobìng シィグアン, マウビン	habit ハビト
くだ 管 kuda	管, 管子 guǎn, guǎnzi グアン, グアンヅ	pipe, tube パイプ, テューブ
ぐたいてきな 具体的な gutaitekina	具體(的) jùtǐ(de) デュティ(ドォ)	concrete カンクリート
くだく 砕く kudaku	打碎, 弄碎 dǎsuì, nòngsuì ダァスエイ, ヌオンスエイ	break, smash ブレイク, スマシュ
くだける 砕ける kudakeru	碎, 碰碎 suì, pèngsuì スエイ, ポンスエイ	break, (be) broken ブレイク, (ビ) ブロウクン
くたびれる くたびれる kutabireru	疲乏, 疲勞, 累 pífá, píláo, lèi ピィファ, ピィラウ, レイ	(be) fatigued (ビ) ファティーグド
くだもの 果物 kudamono	水果, 鮮果 shuǐguǒ, xiānguǒ スエイグオ, シエングオ	fruit フルート

日	台	英
くだらない **下らない** kudaranai	無聊，沒趣，微不足道 wúliáo, méiqù, wéi bù zú dào ウゥリアウ，メイチュイ，ウエイ ブウ ヅウ ダウ	trifling, trivial トライフリング，トリヴィアル
くだり **下り** kudari	下降 xiàjiàng シアヂアン	descent ディセント
（坂など）	下坡 xiàpō シアポォ	downhill ダウンヒル
（北から南へ）	南下，下行 nánxià, xiàxíng ナンシア，シアシン	going south ゴウイング サウス
（下り列車）	南下列車 nánxià lièchē ナンシア リエツォ	down train ダウン トレイン
くだる **下る** kudaru	下（去），下降 xià(qù), xiàjiàng シア(チュイ)，シアヂアン	go down, descend ゴウ ダウン，ディセンド
くち **口** kuchi	嘴，口 zuǐ, kǒu ヅェイ，コウ	mouth マウス
ぐち **愚痴** guchi	怨言，抱怨，牢騷 yuànyán, bàoyuàn, láosāo ユィエンイエン，バウユィエン，ラウサオ	idle complaint アイドル コンプレイント
くちげんか **口喧嘩** kuchigenka	吵嘴，吵架 chǎozuǐ, chǎojià ツァオヅェイ，ツァオヂア	quarrel クウォーレル
くちびる **唇** kuchibiru	嘴唇 zuǐchún ヅェイツン	lip リプ
くちぶえ **口笛** kuchibue	口哨 kǒushào コウサオ	whistle (ホ)ウィスル
くちべに **口紅** kuchibeni	口紅 kǒuhóng コウフオン	rouge, lipstick ルージュ，リプスティク
くちょう **口調** kuchou	語調，腔調 yǔdiào, qiāngdiào ユィディアウ，チアンディアウ	tone トウン

日	台	英
くつ **靴** kutsu	**鞋** xié シエ	shoes シューズ
くつう **苦痛** kutsuu	**痛苦** tòngkǔ トゥオンクウ	pain, pang ペイン, パング
くつがえす **覆す** kutsugaesu	**翻轉, 推翻, 弄翻** fānzhuǎn, tuīfān, nòngfān ファンヅアン, トゥエイファン, ヌオンファン	upset アプセト
くっきー **クッキー** kukkii	**餅乾** bǐnggān ビンガン	cookie, biscuit クキ, ビスキト
くつした **靴下** kutsushita	**襪子** wàzi ウアヅ	socks, stockings サクス, スタキングズ
くっしょん **クッション** kusshon	**靠墊, 椅墊, 墊子** kàodiàn, yǐdiàn, diànzi カウディエン, イィディエン, ディエンヅ	cushion クション
(緩衝物)	**緩衝器, 避震器, 膠墊** huǎnchōngqì, bìzhènqì, jiāodiàn ファンヅオンチィ, ビィヅェンチィ, ヂアウディエン	shock absorber ショク アブソーバ
くっせつ(する) **屈折(する)** kussetsu (suru)	**折射, 屈折** zhéshè, qūzhé ヅォソォ, チュイヅォ	refraction; (be) refracted リーフラクション, (ビ) リーフラクテド
くっつく **くっつく** kuttsuku	**黏住, 黏上, 附著** niánzhù, niánshàng, fùzhuó ニエンヅウ, ニエンサン, フゥヅオ	stick to スティクトゥ
(接近すること)	**緊挨著** jǐn'āizhe ヂンアイヅォ	get close to ゲト クロウス トゥ
くっつける **くっつける** kuttsukeru	**貼上, 黏上** tiēshàng, niánshàng ティエサン, ニエンサン	join, stick ヂョイン, スティク
くつろぐ **寛ぐ** kutsurogu	**輕鬆, 放鬆** qīngsōng, fàngsōng チンソン, ファンソン	make *oneself* at home メイク アト ホウム
くとうてん **句読点** kutouten	**句點逗點** jùdiǎn dòudiǎn デュイディエン ドウディエン	punctuation marks パンクチュエイション マークス

日	台	英
くどく **口説く** （説得する） kudoku	說服，苦口勸說 shuōfú, kǔkǒu quànshuō スオフウウ，クウコウ チュイェンスオ	persuade パスウェイド
（女性を）	追求 zhuīqiú ヅエイチオウ	chat up チャト アプ
くに **国** kuni	國家 guójiā グオヂア	country カントリ
くのう **苦悩** kunou	苦惱，苦悶 kǔnǎo, kǔmèn クウナウ，クウメン	suffering サファリング
くばる **配る** （配達） kubaru	分送，分給…，分配 fēnsòng, fēngěi..., fēnpèi フェンソン，フェンゲイ …，フェンペイ	deliver ディリヴァ
（配布）	分，分發 fēn, fēnfā フェン，フェンファ	distribute ディストリビュート
くび **首** kubi	脖子，頸 bózi, jǐng ボォヅ，ヂン	neck ネク
（免職）	撤職，解雇，開除 chèzhí, jiěgù, kāichú ツォヅー，ヂエグウ，カイツウ	dismissal ディスミサル
くふう（する） **工夫（する）** kufuu (suru)	想辦法，動腦筋，設法 xiǎng bànfǎ, dòng nǎojīn, shèfǎ シアン バンファ，ドゥオン ナウヂン，ソォ ファ	device, idea; devise ディヴァイス，アイディー ア，ディヴァイズ
くぶん **区分** kubun	區分，劃分，分類 qūfēn, huàfēn, fēnlèi チュィフェン，フアフェン，フェンレイ	division ディヴィジョン
くべつ（する） **区別（する）** kubetsu (suru)	分辨，區別 fēnbiàn, qūbié フェンビエン，チュィビエ	distinction; distin-guish ディスティンクション，ディ スティングウィッシュ
くぼみ **窪み** kubomi	坑，坑窪，窪，低窪 kēng, kēngwā, wā, dīwā コン，コンウア，ウア，ディウア	hollow, dent ハロウ，デント
くま **熊** kuma	熊 xióng シュオン	bear ベア

日	台	英
くみ **組** kumi	班 bān パン	class クラス
（グループ）	組, 班, 夥, 幫 zǔ, bān, huǒ, bāng ヅウ, パン, フォ, パン	group, team グループ, ティーム
（一対）	一套, 一副[付], 一對 yí tào, yí fù, yí duì イィ タウ, イィ フウ, イィ ドゥエイ	pair ペア
くみあい **組合** kumiai	工[農／商]會, 合作社 gōng[nóng/shāng]huì, hézuòshè グオン[ヌオン／サン]フエイ, ホォヅオソォ	association, union アソウスィエイション, ユーニョン
くみあわせ **組み合わせ** kumiawase	配合, 編組, 組合 pèihé, biānzǔ, zǔhé ペイホォ, ピエンヅウ, ヅウホォ	combination カンビネイション
くみたて **組み立て** kumitate	組裝, 裝配 zǔzhuāng, zhuāngpèi ヅウヅァン, ヅァンペイ	structure ストラクチャ
くみたてる **組み立てる** kumitateru	組裝, 裝配 zǔzhuāng, zhuāngpèi ヅウヅァン, ヅァンペイ	assemble アセンブル
くむ **汲む** kumu	舀水, 打水, 汲水 yǎo shuǐ, dǎ shuǐ, jí shuǐ イアウ スエイ, ダァ スエイ, ディ スエイ	draw ドロー
くむ **組む** （人と） kumu	合作, 合夥 hézuò, héhuǒ ホォヅオ, ホォフォ	unite with ユーナイト ウィズ
（物と物を）	組成, 編成 zǔchéng, biānchéng ヅウツォン, ピエンツォン	unite with ユーナイト ウィズ
くも **雲** kumo	雲, 雲彩 yún, yúncǎi ユイン, ユインツァイ	cloud クラウド
くも **蜘蛛** kumo	[隻]蜘蛛 [zhī] zhīzhū [ヅー] ヅーヅウ	spider スパイダ
くもり **曇り** kumori	多雲, 陰天 duōyún, yīntiān ドゥオユイン, インティエン	cloudy weather クラウディ ウェザ

日	台	英
くもる **曇る** kumoru	（天）陰 (tiān)yīn (ティエン)イン	(become) cloudy (ビカム) クラウディ
くやしい **悔しい** kuyashii	可恨，遺憾，氣憤，窩心 kěhèn, yíhàn, qìfèn, wōxīn コォヘン，イイハン，チイフェン，ウオシン	mortifying, vexing モーティファイング，**ヴェ**ク スィング
くやむ **悔む** kuyamu	悔恨，懊悔，後悔，反悔 huǐhèn, àohuǐ, hòuhuǐ, fǎnhuǐ フエイヘン，アウフエイ，ホウフエイ，ファ ンフエイ	repent, regret リペント，リグレト
くら **倉・蔵** kura	倉庫，堆棧 cāngkù, duīzhàn ツァンクウ，ドゥエイヅァン	warehouse, store- house **ウェ**アハウス，ス**トー**ハウス
くらい **暗い** kurai	暗，黑暗，陰暗 àn, hēi'àn, yīn'àn アン，ヘイアン，インアン	dark, gloomy **ダー**ク，グルーミ
ぐらいだー **グライダー** guraidaa	滑翔機 huáxiángjī フアシアンヂィ	glider グライダ
くらいまっくす **クライマックス** kuraimakkusu	最高潮，最高峰，頂點 zuìgāocháo, zuìgāofēng, dǐngdiǎn ヅエイガウ**ツァ**オ，ヅエイガウフォン，ディ ンディエン	climax クライマクス
くらくしょん **クラクション** kurakushon	（汽車）喇叭 (qìchē) lǎbā (チ**ツォ**) ラァバァ	horn **ホー**ン
くらげ **水母** kurage	海蜇，水母 hǎizhé, shuǐmǔ ハイ**ツォ**，ス**エ**イムウ	jellyfish **チェ**リフィシュ
くらし **暮らし** kurashi	生活，（度）日子 shēnghuó, (dù) rìzi ソンフオ，(ドゥウ) ズーヅ	life, living **ラ**イフ，**リ**ヴィング
くらしっく **クラシック** kurashikku	古典，經典 gǔdiǎn, jīngdiǎn グウディエン，ヂンディエン	classic ク**ラ**スィク
～音楽	古典音樂 gǔdiǎn yīnyuè グウディエン インユイエ	classical music ク**ラ**スィカル **ミュー**ズィク
くらす **暮らす** kurasu	過日子，生活 guò rizi, shēnghuó グオ ズーヅ，ソンフオ	live, make a living **リ**ヴ，**メ**イク ア **リ**ヴィング

日	台	英
ぐらす **グラス** gurasu	玻璃杯 bōlíbēi ボォリィベイ	glass グラス
くらすめーと **クラスメート** kurasumeeto	同班同學 tóngbān tóngxué トゥオンバン トゥオンシュイエ	classmate クラスメイト
ぐらつく **ぐらつく** guratsuku	活動，搖晃，動搖 huódòng, yáohuàng, dòngyáo フオドゥオン，イアウフアン，ドゥオンイアウ	shake シェイク
くらぶ **クラブ** kurabu	俱樂部 jùlèbù デュィロォブウ	club クラブ
ぐらふ **グラフ** gurafu	圖表 túbiǎo トゥウビアウ	graph グラフ
くらべる **比べる** kuraberu	比(一比)，比較，相比， 對照 bǐ (yì bǐ), bǐjiào, xiāngbǐ, duìzhào ビィ(イィ ビィ)，ビィヂアウ，シアンビィ，ドゥエイ**ヂ**ァオ	compare コンペア
ぐらむ **グラム** guramu	公克 gōngkè グオンコォ	gram グラム
くらやみ **暗闇** kurayami	黑暗，漆黑 hēi'àn, qīhēi ヘイアン，チィヘイ	darkness, dark **ダ**ークネス，**ダ**ーク
くらりねっと **クラリネット** kurarinetto	單簧管，黑管 dānhuángguǎn, hēiguǎn ダンフアングアン，ヘイグアン	clarinet クラリ**ネ**ット
ぐらんぷり **グランプリ** guranpuri	大獎(賽) dàjiǎng(sài) ダァヂアン(サイ)	grand prix グ**ラ**ンド プリー
くり **栗** kuri	[顆／粒]栗子 [kē／lì] lìzi [コォ／リィ] リィヅ	chestnut **チェ**スナト
くりーにんぐ **クリーニング** kuriiningu	洗衣 xǐyī シイィイ	cleaning クリーニング

日	台	英
～店	洗衣店 xǐyīdiàn シイィィディエン	laundry ローンドリ
くりーむ **クリーム**　（食用の） kuriimu	奶油 nǎiyóu ナイイオウ	cream クリーム
（コーヒー用）	奶精 nǎijīng ナイヂン	coffee creamer コーフィ クリーマ
（化粧品など）	面霜，雪花膏，美容霜 miànshuāng, xuěhuāgāo, měiróngshuāng ミエン**ス**アン，シュィエフアガウ，メイ**ズ**オ ン**ス**アン	cream クリーム
くりーんな **クリーンな** kuriinna	清潔，乾淨 qīngjié, gānjìng チンヂエ，ガンヂン	clean クリーン
ぐりーんぴーす **グリーンピース** guriinpiisu	綠豌豆 lǜwǎn[wān]dòu リュィウアン[ウアン]ドウ	green peas グリーン ピーズ
くりかえし **繰り返し** kurikaeshi	反復，重覆，屢次 fǎnfù, chóngfù, lǚcì ファンフウ，**ツ**オンフウ，リュィツー	repetition, refrain レペ**ティ**ション，リフ**レイ**ン
くりかえす **繰り返す** kurikaesu	反復，重覆，重演 fǎnfù, chóngfù, chóngyǎn ファンフウ，**ツ**オンフウ，**ツ**オンイエン	repeat リ**ピー**ト
くりこす **繰り越す** kurikosu	轉入，滾入 zhuǎnrù, gǔnrù ヅァンズウ，グンズウ	carry forward **キャ**リ フォーワド
くりすたる **クリスタル** kurisutaru	水晶，晶體 shuǐjīng, jīngtǐ **ス**エイヂン，ヂンティ	crystal クリスタル
くりすちゃん **クリスチャン** kurisuchan	基督教徒 Jīdūjiàotú ヂィドゥウヂアウトゥウ	Christian クリスチャン
くりすます **クリスマス** kurisumasu	耶誕節，聖誕節 Yēdànjié, Shèngdànjié イエダンヂエ，**ソ**ンダンヂエ	Christmas クリスマス
～イブ	耶誕夜，聖誕夜 Yēdànyè, Shèngdànyè イエダンイエ，**ソ**ンダンイエ	Christmas Eve クリスマス **イー**ヴ

日	台	英
くりっくする **クリックする** kurikkusuru	按一下，點擊 àn yíxià, diǎnjí アン イィシア, ディエンディ	click クリク
くりっぷ **クリップ** kurippu	夾子，紙夾 jiázi, zhǐjiá ヂアヅ, ヅーヂア	clip クリプ
くる **来る** kuru	來，到，到來，來到 lái, dào, dàolái, láidào ライ, ダウ, ダウライ, ライダウ	come, arrive カム, アライヴ
くるう **狂う** kuruu	發瘋，發狂，抓狂 fāfēng, fākuáng, zhuākuáng ファフォン, ファクアン, ヅアクアン	go mad ゴウ マド
（調子が）	失常，出毛病 shīcháng, chū máobìng スーツァン, ツウ マウビン	go wrong ゴウ ローング
ぐるーぷ **グループ** guruupu	小組，群體，夥伴［伙伴］ xiǎozǔ, qúntǐ, huǒbàn シアウヅウ, チュインティ, フオバン	group グループ
くるしい **苦しい** kurushii	痛苦，難受 tòngkǔ, nánshòu トゥオンクウ, ナンソウ	painful, hard ペインフル, ハード
くるしみ **苦しみ** kurushimi	痛苦，困苦 tòngkǔ, kùnkǔ トゥオンクウ, クンクウ	pain, suffering ペイン, サファリング
くるしむ **苦しむ** kurushimu	（感到）痛苦，苦惱 (gǎndào) tòngkǔ, kǔnǎo (ガンダウ) トゥオンクウ, クウナウ	suffer from サファ フラム
くるしめる **苦しめる** kurushimeru	折磨，折騰 zhémó, zhēteng ヅォモォ, ヅォトン	torment トーメント
くるぶし **踝** kurubushi	腳踝，足踝 jiǎohuái, zúhuái ヂアウフアイ, ヅウフアイ	ankle アンクル
くるま **車**　　（自動車）	［台／輛］汽車，車 [tái/liàng] qìchē, chē [タイ／リアン] チィツォ, ツォ	car カー
～椅子	輪椅 lúnyǐ ルンイィ	wheelchair (ホ)ウィールチェア
くるみ **胡桃** kurumi	［顆］核桃，胡桃 [kē] hétáo, hútáo [コォ] ホォタウ, フウタウ	walnut ウォールナト

日	台	英
くるむ **くるむ** kurumu	包，裹 bāo, guǒ バウ，グオ	wrap up ラプアプ
くれ **暮れ** kure	年底，年終，歳末 niándǐ, niánzhōng, suìmò ニエンディ，ニエンヅオン，スエイモォ	year-end イヤエンド
ぐれーど **グレード** gureedo	檔，品級，等級 dǎng, pǐnjí, děngjí ダン，ピンヂィ，ドンヂィ	grade グレイド
ぐれーぷふるーつ **グレープフルーツ** gureepufuruutsu	葡萄柚 pútáoyòu プウタウイオウ	grapefruit グレイプフルート
くれーむ **クレーム** kureemu	索賠，不滿 suǒpéi, bùmǎn スオペイ，ブウマン	claim, complaint クレイム，コンプレイント
くれーん **クレーン** kureen	起重機，吊車 qǐzhòngjī, diàochē チィヅオンヂィ，ディアウツォ	crane クレイン
くれじっと **クレジット** kurejitto	信用貸款，信貸 xìnyòng dàikuǎn, xìndài シンユオン ダイクアン，シンダイ	credit クレディト
〜カード	信用卡 xìnyòngkǎ シンユオンカァ	credit card クレディト カード
くれよん **クレヨン** kureyon	蠟筆 làbǐ ラァビィ	crayon クレイアン
くれる **呉れる** kureru	給 gěi ゲイ	give, present ギヴ，プリゼント
くれる **暮れる** kureru	天黑 tiānhēi ティエンヘイ	get dark ゲト ダーク
くれんざー **クレンザー** kurenzaa	去污粉，洗潔劑 qùwūfěn, xǐjiéjì チュイウゥフェン，シィヂエヂィ	cleanser クレンザ
くろ **黒** kuro	黑，黑色 hēi, hēisè ヘイ，ヘイソォ	black ブラク
くろい **黒い** kuroi	黑，黑色 hēi, hēisè ヘイ，ヘイソォ	black ブラク

日	台	英
けい **刑** kei	**刑罰** xíngfá シンファ	penalty, sentence ペナルティ, **セ**ンテンス
げい **芸** gei	**技藝, 技術, 技能** jìyì, jìshù, jìnéng ディイィ, ディスゥ, ディノン	art **ア**ート
けいい **敬意** keii	**敬意** jìngyì ヂンイィ	respect リスペクト
けいえい(する) **経営(する)** keiei (suru)	**經營, 營運, 運營** jīngyíng, yíngyùn, yùnyíng ヂンイン, インュィン, ュィンイン	management; manage **マ**ニヂメント, **マ**ニヂ
〜者	**經理** jīnglǐ ヂンリィ	manager **マ**ニヂャ
けいおんがく **軽音楽** keiongaku	**輕音樂** qīngyīnyuè チンインュィエ	light music **ラ**イト **ミ**ューズィク
けいか(する) **経過(する)** keika (suru)	**經過** jīngguò ヂングオ	progress; pass (by) プ**ラ**グレス, **パ**ス (バイ)
けいかい(する) **警戒(する)** keikai (suru)	**警惕, 警戒, 戒備** jǐngtì, jǐngjiè, jièbèi ヂンティ, ヂンヂエ, ヂエベイ	caution; guard (against) **コ**ーション, **ガ**ード (アゲンスト)
けいかいな **軽快な** keikaina	**輕捷, 輕(鬆)快(活)** qīngjié, qīng(sōng) kuài(huó) チンヂエ, チン(スオン) クアイ(フオ)	light **ラ**イト
けいかく(する) **計画(する)** keikaku (suru)	**計劃[計畫], 規劃, 籌劃, 策劃** jìhuà, guīhuà, chóuhuà, cèhuà ヂィフア, グエイフア, **ツ**ォウフア, ツォフア	plan, project プ**ラ**ン, プ**ロ**ヂェクト
けいかん **警官** keikan	**警察** jǐngchá ヂンツァ	police officer ポリース **オ**ーフィサ
けいき **景気** keiki	**景氣, 市面, 行情, 情況** jǐngqì, shìmiàn, hángqíng, qíngkuàng ヂンチィ, **ス**ーミエン, ハンチン, チンクアン	business **ビ**ズネス

け

日	台	英
けいけん（する） **経験（する）** keiken (suru)	經驗，體驗 jīngyàn, tǐyàn ヂンイエン, ティイエン	experience; have an experience イクスピアリアンス, ハヴァン イクスピアリアンス
けいげん（する） **軽減（する）** keigen (suru)	減輕 jiǎnqīng ヂエンチン	reduction; reduce リダクション, リデュース
けいこ（する） **稽古（する）** keiko (suru)	練習，學習 liànxí, xuéxí リエンシィ, シュィエシィ	practice, exercise プラクティス, エクササイズ
けいご **敬語** keigo	敬語 jìngyǔ ヂンユィ	honorific アナリフィク
けいこう **傾向** keikou	傾向，趨勢 qīngxiàng, qūshì チンシアン, チュィスー	tendency テンデンスィ
けいこうとう **蛍光灯** keikoutou	日光燈，螢光燈 rìguāngdēng, yíngguāngdēng ズーグアンドン, イングアンドン	fluorescent lamp フルーオレスント ランプ
けいこく（する） **警告（する）** keikoku (suru)	警告 jǐnggào ヂンガウ	warning; warn ウォーニング, ウォーン
けいさい（する） **掲載（する）** keisai (suru)	刊登，刊載，登載 kāndēng, kānzǎi[zài], dēngzǎi[zài] カンドン, カンヅァイ[ヅァイ], ドンヅァイ[ヅァイ]	publishing; publish パブリシング, パブリシュ
けいざい **経済** keizai	經濟 jīngjì ヂンヂィ	economy, finance イカノミ, フィナンス
〜学	經濟學 jīngjìxué ヂンヂィシュィエ	economics イーコナミクス
〜学者	經濟學家 jīngjìxuéjiā ヂンヂィシュィエヂア	economist イカノミスト
〜的な	經濟（的） jīngjì(de) ヂンヂィ(ドォ)	economical イーコナミカル
けいさつ **警察** keisatsu	警察 jǐngchá ヂンツァ	police ポリース

日	台	英
～官	警察 jǐngchá デンツァ	police officer ポリース オーフィサ
～署	警察局，警局 jǐngchájú, jǐngjú デンツァヂュイ, デンヂュイ	police station ポリース ステイション
けいさん(する) 計算(する) keisan (suru)	計算，估計 jìsuàn, gūjì ヂィスアン, グウヂィ	calculation; calculate, count キャルキュレイション, キャルキュレイト, カウント
～機	電腦，計算機 diànnǎo, jìsuànjī ディエンナウ, ヂィスアンヂィ	calculator キャルキュレイタ
けいじ 刑事 keiji	刑事警察，刑警 xíngshì jǐngchá, xíngjǐng シンスー デンツァ, シンヂン	detective ディテクティヴ
けいじ(する) 掲示(する) keiji (suru)	揭示，佈告[布告]，牌示 jiēshì, bùgào, páishì ヂエスー, ブウガウ, パイスー	notice; bulletin, post ノウティス, ブレティン, ポウスト
～板	佈告[布告]欄，佈告[布告]牌，看板 bùgàolán, bùgàopái, kànbǎn ブウガウラン, ブウガウパイ, カンバン	bulletin board ブレティン ボード
(ネットの)	看板 kànbǎn カンバン	Internet bulletin board インタネット ブレティン ボード
けいしき 形式 keishiki	形式，様式 xíngshì, yàngshì シンスー, イアンスー	form, formality フォーム, フォーマリティ
～的な	形式的 xíngshì de シンスー ドォ	formal フォーマル
げいじゅつ 芸術 geijutsu	藝術 yìshù イィスウ	art アート
～家	藝術家 yìshùjiā イィスウヂア	artist アーティスト
けいしょう 敬称 keishou	敬稱，尊稱 jìngchēng, zūnchēng デンツォン, ヅゥンツォン	title (of honor) タイトル (オヴ アナ)

日	台	英
けいしょう **警鐘** keishou	警鐘 jǐngzhōng ヂンヅォン	warning ウォーニング
けいしょう(する) **継承(する)** keishou (suru)	繼承 jìchéng ディツォン	succession; succeed to サクセション, サクスィードトゥ
けいしょく **軽食** keishoku	便餐 biàncān ピエンツァン	light meal ライト ミール
けいせい(する) **形成(する)** keisei (suru)	形成 xíngchéng シンツォン	formation; form フォーメイション, フォーム
けいぞく(する) **継続(する)** keizoku (suru)	持續, 繼續, 繼承, 接續 chíxù, jìxù, jìchéng, jiēxù ツーシュイ, ディシュイ, ディツォン, ヂエシュイ	continuation; continue コンティニュエイション, コンティニュー
けいそつな **軽率な** keisotsuna	輕率, 草率, 疏忽 qīngshuài, cǎoshuài, shūhū チンスアイ, ツァオスアイ, スウフウ	careless, rash ケアレス, ラシュ
けいたい **形態** keitai	形態, 形狀, 樣子 xíngtài, xíngzhuàng, yàngzi シンタイ, シンヅァン, イアンヅ	form, shape フォーム, シェイプ
けいたい(する) **携帯(する)** keitai (suru)	攜帶 xīdài シィダイ	carrying; carry キャリイング, キャリ
〜電話	行動電話, 手機, 大哥大 xíngdòng diànhuà, shǒujī, dàgēdà シンドゥオン ディエンフア, ソウヂィ, ダァゴォダァ	cellphone セルフォウン
けいと **毛糸** keito	毛線, 絨線 máoxiàn, róngxiàn マウシエン, ズオンシエン	woolen yarn ウルン ヤーン
けいど **経度** keido	經度 jīngdù ヂンドゥウ	longitude ランデテュード
けいとう **系統** keitou	系統, 體系, 體制 xìtǒng, tǐxì, tǐzhì シィトゥオン, ティシィ, ティヅー	system スィステム
〜的	(有)系統(的) (yǒu) xìtǒng (de) (イオウ) シィトゥオン (ドォ)	systematic スィステマティク

日	台	英
げいにん **芸人** geinin	**藝人** yìrén イィゼン	entertainer エンタ**テ**イナ
げいのう **芸能** geinou	**演藝, 文藝, 藝文** yǎnyì, wényì, yìwén イエンイィ, ウンイィ, イィウン	entertainment エンタ**テ**インメント
〜人	**藝人** yìrén イィゼン	entertainer エンタ**テ**イナ
けいば **競馬** keiba	**跑馬, 賽馬** pǎomǎ, sàimǎ パウマァ, サイマァ	horse racing **ホ**ース レイスィング
〜場	**賽馬場, 跑馬場** sàimǎchǎng, pǎomǎchǎng サイマァ**ツ**ァン, パウマァ**ツ**ァン	racetrack レイストラク
けいはくな **軽薄な** keihakuna	**輕佻, 輕浮, 浮華** qīngtiāo, qīngfú, fúhuá チンティアウ, チンフゥウ, フゥウファ	frivolous フリ**ヴォ**ラス
けいばつ **刑罰** keibatsu	**刑罰** xíngfá シンファ	punishment, penalty パ**ニ**シュメント, **ペ**ナルティ
けいひ **経費** keihi	**費用, 經費, 開銷, 開支** fèiyòng, jīngfèi, kāixiāo, kāizhī フェイユオン, ヂンフェイ, カイシアウ, カイヅー	expenses イクス**ペ**ンセズ
けいび(する) **警備(する)** keibi(suru)	**警備, 警戒, 戒備** jǐngbèi, jǐngjiè, jièbèi ヂンベイ, ヂンヂエ, ヂエベイ	defense, guard ディ**フェ**ンス, **ガ**ード
けいひん **景品** keihin	**贈品, 獎品** zèngpǐn, jiǎngpǐn ヅォンピン, ヂアンピン	premium プ**リ**ーミアム
けいべつ **軽蔑** keibetsu	**輕視, 輕蔑, 藐視** qīngshì, qīngmiè, miǎoshì チン**ス**ー, チンミエ, ミアウ**ス**ー	contempt, scorn コン**テ**ンプト, ス**コ**ーン
〜する	**輕蔑, 輕視, 藐視** qīngmiè, qīngshì, miǎoshì チンミエ, チン**ス**ー, ミアウ**ス**ー	despise, scorn ディス**パ**イズ, ス**コ**ーン
けいほう **警報** keihou	**警報** jǐngbào ヂンバウ	warning, alarm **ウォ**ーニング, ア**ラ**ーム

日	台	英
けいむしょ **刑務所** keimusho	監獄，監牢 jiānyù, jiānláo ヂエンユィ，ヂエンラウ	prison プリズン
けいもう(する) **啓蒙(する)** keimou (suru)	啟蒙 qǐméng チィモン	enlightenment; en- lighten インライトンメント，インラ イトン
けいやく(する) **契約(する)** keiyaku (suru)	契約，合約 qìyuē, héyuē チィユィエ，ホォユィエ	contract; contract カントラクト，コントラクト
～書	合約書，合同書，契約書 héyuēshū, hétóngshū, qìyuēshū ホォユィエスウ，ホォトゥオンスウ，チィ ユィエスウ	contract カントラクト
けいゆ(する) **経由(する)** keiyu (suru)	經由，經過，通過 jīngyóu, jīngguò, tōngguò ヂンイオウ，ヂングオ，トゥオングオ	by way of, via バイ ウェイ オヴ，**ヴァ**イア
けいり **経理** keiri	會計 kuàijì クアイヂィ	accounting ア**カ**ウンティング
けいりゃく **計略** keiryaku	計謀，計策 jìmóu, jìcè ヂィモウ，ヂィツォ	stratagem スト**ラ**タヂャム
けいりゅう **渓流** keiryuu	溪流 xīliú シィリオウ	mountain stream **マ**ウンテン スト**リ**ーム
けいりょう **計量** keiryou	計量，測量，量度 jìliàng, cèliáng, liángdù ヂィリアン，ツォリアン，リアンドゥウ	measurement **メ**ジャメント
けいれき **経歴** keireki	經歷，履歷 jīnglì, lǚlì ヂンリィ，リュィリィ	career カ**リ**ア
けいれん **痙攣** keiren	抽筋，痙攣，抽搐 chōujīn, jìngluán, chōuchù ツォウヂン，ヂンルアン，ツォウツウ	spasm, cramp ス**パ**ズム，ク**ラ**ンプ
けいろ **経路** keiro	去路，路徑，路線，途徑 qùlù, lùjìng, lùxiàn, tújìng チュィルウ，ルウヂン，ルウシエン，トゥウ ヂン	course, route **コ**ース，**ル**ート
けーき **ケーキ** keeki	蛋糕，雞蛋糕，西點 dàngāo, jīdàngāo, xīdiǎn ダンガウ，ヂィダンガウ，シィディエン	cake **ケ**イク

日	台	英
けーす **ケース**　(入れ物) keesu	盒，箱，櫃 hé, xiāng, guì ホォ, シアン, グエイ	case ケイス
（場合）	場合，例子，事例 chǎnghé, lìzi, shìlì ツァンホォ, リィヅ, スーリィ	case ケイス
（訴訟の）	案件 ànjiàn アンヂエン	case ケイス
けーぶる **ケーブル** keeburu	電纜，索道 diànlǎn, suǒdào ディエンラン, スオダウ	cable ケイブル
光〜	光纖電纜 guāngxiān diànlǎn グアンシエン ディエンラン	optical cable ア**プ**ティカル **ケ**イブル
〜カー	纜車 lǎnchē ランツォ	cable car ケイブル カー
げーむ **ゲーム** geemu	遊戲，比賽 yóuxì, bǐsài イオウシィ, ビィサイ	game ゲイム
けおりもの **毛織物** keorimono	毛料，毛織品 máoliào, máozhīpǐn マウリアウ, マウヅーピン	woolen goods ウルン グヅ
けが **怪我** kega	創傷，瘡痍[創夷] chuāngshāng, chuāngyí ツアンサン, ツアンイィ	wound, injury ウーンド, インヂャリ
〜する	受傷 shòushāng ソウサン	get hurt ゲト ハート
げか **外科** geka	外科 wàikē ウアイコォ	surgery サーヂャリ
けがす **汚す**　(名誉などを) kegasu	敗壞，沾辱，褻瀆 bàihuài, zhānrǔ[rǔ], xièdú パイファイ, ヅァンズウ[ズウ], シエドゥウ	stain, disgrace ステイン, ディスグレイス
けがれ **汚れ** kegare	污穢，污點 wūhuì, wūdiǎn ウゥフエイ, ウゥディエン	impurity インピュアリティ
けがわ **毛皮** kegawa	皮貨，皮毛 píhuò, pímáo ピィフオ, ピィマウ	fur ファー

日	台	英
げき **劇** geki	**戯，劇，戯劇** xì, jù, xìjù シィ，ヂュイ，シィヂュイ	play プレイ
〜作家	**戯劇家，劇作家** xìjùjiā, jùzuòjiā シィヂュィヂア，ヂュィヅオデア	dramatist, playwright ドラマティスト，プレイライト
げきじょう **劇場** gekijou	**劇場，戯院** jùchǎng, xìyuàn ヂュィツァン，シィユィエン	theater スィアタ
げきだん **劇団** gekidan	**劇團** jùtuán ヂュィトゥアン	theatrical company スィアトリカル カンパニ
げきれい(する) **激励(する)** gekirei (suru)	**鼓勵，鼓舞，激勵** gǔlì, gǔwǔ, jīlì グウリィ，グウウゥ，ヂィリィ	encouragement; encourage インカーリヂメント，イン カーリヂ
けさ **今朝** kesa	**今天早晨，今早** jīntiān zǎochén, jīnzǎo ヂンティエン ヅァオツェン，ヂンヅァオ	this morning ズィス モーニング
げざい **下剤** gezai	**瀉藥** xièyào シエイアウ	purgative, laxative パーガティヴ，ラクサティヴ
げし **夏至** geshi	**夏至** xiàzhì シアヅー	summer solstice サマ サルスティス
けしいん **消印** keshiin	**郵戳** yóuchuō イオウツオ	postmark ポウストマーク
けしき **景色** keshiki	**風光，風景，景緻** fēngguāng, fēngjǐng, jǐngzhì フォンアン，フォンヂン，ヂンヅー	scenery, view スィーナリ，ヴュー
けしごむ **消しゴム** keshigomu	**橡皮** xiàngpí シアンピィ	eraser イレイサ
けじめ **けじめ** kejime	**分寸，界限，區別** fēncùn, jièxiàn, qūbié フェンツン，ヂエシエン，チュィビエ	distinction ディスティンクション
〜をつける	**辨別是非，區別彼此** biànbié shìfēi, qūbié bǐcǐ ビエンビエ スーフェイ，チュィビエ ビィツー	distinguish between ディスティングウィシュ ビ トウィーン

日	台	英
げしゃ(する) **下車(する)** gesha (suru)	**下車** xià chē シア ツォ	get off ゲト オーフ
げしゅく(する) **下宿(する)** geshuku (suru)	**寄宿** jìsù ディスウ	lodgings; room at ラヂングズ, ルーム アト
げじゅん **下旬** gejun	**下旬** xiàxún シアシュイン	the last ten days of a month ザ ラスト テン デイズ オヴ ア マンス
けしょう(する) **化粧(する)** keshou (suru)	**打扮, 化妆, 梳妆** dǎbàn, huàzhuāng, shūzhuāng ダパパン, ファヅアン, スウヅアン	makeup; make up メイカプ, メイク アプ
～室	**化妆室** huàzhuāngshì ファヅアンスー	dressing room ドレスィング ルーム
～品	**化妆品** huàzhuāngpǐn ファヅアンピン	toilet articles トイレト アーティクルズ
けす **消す** kesu	**消除, 弄灭, 熄灭** xiāochú, nòngmiè, xímiè シアウツウ, ヌオンミエ, シィミエ	put out, extinguish プト アウト, イクスティン グウィシュ
(火を)	**灭火** mièhuǒ ミエフオ	put out, extinguish プト アウト, イクスティン グウィシュ
(黒板などを)	**擦掉** cādiào ツァディアウ	clean, wipe クリーン, ワイプ
(電気などを)	**关掉** guāndiào グアンディアウ	turn off, put off ターン オーフ, プト オーフ
けずる **削る** kezuru	**删(掉), 削(掉)** shān(diào), xiāo(diào) サン(ディアウ), シアウ(ディアウ)	shave シェイヴ
(削減)	**削减《预算》** xuèjiǎn 〈yùsuàn〉 シュイエヂエン《ユイスアン》	curtail カーテイル
(削除)	**除掉, 删去, 去掉** chúdiào, shānqù, qùdiào ツウディアウ, サンチュイ, チュイディアウ	delete ディリート

日	台	英
けた **桁** （数字の） keta	數位，位數 shùwèi, wèishù スウウエイ，ウエイスウ	figure フィギャ
けだかい **気高い** kedakai	高貴，高尚 gāoguì, gāoshàng ガウグエイ，ガウサン	noble, dignified ノウブル，ディグニファイド
けちな **けちな** kechina	小氣，吝嗇 xiǎoqì, lìnsè シアウチィ，リンソォ	stingy スティンヂ
けちゃっぷ **ケチャップ** kechappu	番茄醬 fānqiéjiàng ファンチエヂアン	catsup ケチャプ
けつあつ **血圧** ketsuatsu	血壓 xiěyā シエイア	blood pressure ブラド プレシャ
けつい(する) **決意(する)** ketsui (suru)	決心，決意，下定決心 juéxīn, juéyì, xiàdìng juéxīn ヂュイエシン，ヂュイエイィ，シアディン ヂュイエシン	resolution; make up *one's* mind レゾルーション，メイク ア プ マインド
けつえき **血液** ketsueki	血，血液 xiě, xiěyè シエ，シエイエ	blood ブラド
けつえん **血縁** ketsuen	血緣，血統 xiěyuán, xiětǒng シエイユエン，シエトゥオン	blood relatives ブラド レラティヴズ
けっか **結果** kekka	結果，結局 jiéguǒ, jiéjú ヂエグオ，ヂエヂュィ	result, consequence リザルト，カンスィクウェン ス
けっかく **結核** kekkaku	結核 jiéhé ヂエホォ	tuberculosis テュバーキュロウスィス
けっかん **血管** kekkan	血管 xiěguǎn シエグアン	blood vessel ブラド ヴェスル
けっかん **欠陥** kekkan	缺點，缺陷 quēdiǎn, quēxiàn チュイエディエン，チュイエシエン	defect, fault ディフェクト，フォールト
けっきょく **結局** kekkyoku	畢竟，到底，究竟，結果， 歸根到底 bìjìng, dàodǐ, jiùjìng, jiéguǒ, guīgēn dàodǐ ビィヂン，ダウディ，ヂオウヂン，ヂエグオ， グエイゲン ダウディ	after all アフタ オール

日	台	英
けっきん **欠勤** kekkin	缺勤，請假 quēqín, qǐngjià チュイエチン，チンヂア	absence **ア**プセンス
けっこう **結構** kekkou	還，相當 hái, xiāngdāng ハイ，シアンダン	quite, rather ク**ワ**イト，**ラ**ザ
（許諾）	可以，行，好，OK kěyǐ, xíng, hǎo, OK コオイイ，シン，ハウ，OK	all right, will do **オ**ール **ラ**イト，**ウィ**ル **ドゥ**ー
～な	很好，非常好，蠻好 hěn hǎo, fēicháng hǎo, mán hǎo ヘン ハウ，フェイツァン ハウ，マン ハウ	excellent, nice **エ**クセレント，**ナ**イス
けつごう(する) **結合(する)** ketsugou (suru)	結合 jiéhé ヂエホォ	union; unite **ユ**ーニョン，ユー**ナ**イト
げっこう **月光** gekkou	月光 yuèguāng ュイエグァン	moonlight **ム**ーンライト
けっこん(する) **結婚(する)** kekkon (suru)	結婚，成婚 jiéhūn, chénghūn ヂエフン，ツォンフン	marriage; marry **マ**リヂ，**マ**リ
～式	結婚典禮，婚禮 jiéhūn diǎnlǐ, hūnlǐ ヂエフン ディエンリィ，フンリィ	wedding ceremony **ウェ**ディング **セ**レモウニ
けっさい(する) **決済(する)** kessai (suru)	結算，清帳 jiésuàn, qīngzhàng ヂエスアン，チンヅァン	settlement; settle **セ**トルメント，**セ**トル
けっさく **傑作** kessaku	傑作，精品，出色 jiézuò, jīngpǐn, chūsè ヂエゾオ，ヂンピン，ツウソォ	masterpiece **マ**スタピース
けっさん **決算** kessan	結算，決算，結帳 jiésuàn, juésuàn, jiézhàng ヂエスアン，ヂュイエスアン，ヂエヅァン	settlement of accounts **セ**トルメント オヴ ア**カ**ウンツ
けっして **決して** kesshite	決(不)，一定(不)，萬萬，千萬 jué(bù), yídìng(bù), wànwàn, qiānwàn ヂュイエ(ブウ)，イィディン(ブウ)，ウアンウアン，チエンウアン	never, by no means **ネ**ヴァ，バイ **ノ**ウ **ミ**ーンズ

日	台	英
げっしゃ **月謝** gessha	(毎月的)學費 (měiyuè de) xuéfèi (メイュィエ ド ォ) シュィエフェイ	monthly fee マンスリ フィー
げっしゅう **月収** gesshuu	月收, 月薪 yuèshōu, yuèxīn ユィエ**ソ**ウ, ユィエシン	monthly income マンスリ **イ**ンカム
けっしょう **決勝** kesshou	決賽 juésài デュィエサイ	final(s) **ファ**イナル(ズ)
けっしょう **結晶** kesshou	結晶 jiéjīng デエ**ヂ**ン	crystal ク**リ**スタル
げっしょく **月食** gesshoku	月食[月蝕] yuèshí ユィエ**ス**ー	eclipse of the moon イク**リ**プス オヴ ザ **ム**ーン
けっしん(する) **決心(する)** kesshin (suru)	決心, 決意 juéxīn, juéyì デュィエシン, デュィエイィ	determination; de- cide ディターミ**ネ**イション, ディ **サ**イド
けっせき(する) **欠席(する)** kesseki (suru)	缺席 quēxí チュィエシィ	absence; (be) ab- sent **ア**プセンス, (ビ) **ア**プセント
(授業を)	曠課 kuàngkè クアンコォ	absence; (be) ab- sent **ア**プセンス, (ビ) **ア**プセント
けつだん(する) **決断(する)** ketsudan (suru)	決斷, 決心, 果斷 juéduàn, juéxīn, guǒduàn デュィエドゥアン, デュィエシン, グオドゥ アン	decision; decide ディス**ィ**ジョン, ディ**サ**イド
けってい(する) **決定(する)** kettei (suru)	決定, 決斷 juédìng, juéduàn デュィエディン, デュィエドゥアン	decision; decide ディス**ィ**ジョン, ディ**サ**イド
けってん **欠点** ketten	毛病, 缺點, 短處 máobìng, quēdiǎn, duǎnchù マウビン, チュィエディエン, ドゥアン**ツ**ゥ	fault, weak point **フォ**ールト, **ウ**ィーク **ポ**イ ント
けっとう **血統** kettou	血統 xiětǒng シエトゥオン	blood, lineage ブ**ラ**ド, **リ**ニイヂ
けっぱく **潔白** keppaku	清白 qīngbái チンパイ	innocence **イ**ノセンス

日	台	英
げっぷ **げっぷ** geppu	噯氣，打(飽)嗝，呃逆 àiqì, dǎ (bǎo)gé, ènì アイチィ, ダァ (バウ)ゴォ, オォニィ	burp バープ
けっぺきな **潔癖な** keppekina	潔癖，廉潔 jiépǐ, liánjié デエピィ, リエンデエ	cleanly, fastidious クレンリ, ファス**ティ**ディア ス
けつぼう(する) **欠乏(する)** ketsubou (suru)	缺乏，缺少 quēfá, quēshǎo チュイエファ, チュイエサオ	lack, shortage; run low ラク, **ショー**ティヂ, **ラン** ロウ
けつまつ **結末** ketsumatsu	結局，結尾，收場 jiéjú, jiéwěi, shōuchǎng デエデュイ, デエウエイ, **ソウ**ツァン	end, result エンド, リ**ザ**ルト
げつまつ **月末** getsumatsu	月底，月末 yuèdǐ, yuèmò ユィエディ, ユィエモォ	end of the month エンド オヴ ザ **マ**ンス
げつようび **月曜日** getsuyoubi	星期一，禮拜一，週一 xīngqíyī, lǐbàiyī, zhōuyī シンチィイィ, リィバイイィ, **ヅォ**ウイイ	Monday **マ**ンデイ
けつれつ(する) **決裂(する)** ketsuretsu (suru)	決裂，破裂 juéliè, pòliè デュィエリエ, ポォリエ	rupture **ラ**プチャ
けつろん **結論** ketsuron	結論 jiélùn デエルン	conclusion コンク**ルー**ジョン
けなす **貶す** kenasu	貶低，貶斥 biǎndī, biǎnchì ビエンディ, ビエン**ツ**ー	speak ill of ス**ピー**ク **イ**ル オヴ
げねつざい **解熱剤** genetsuzai	退燒藥，解熱劑 tuìshāoyào, jiěrèjì トゥエイ**サ**オイアウ, デエ**ヅ**ォディ	antipyretic アンティパイ**レ**ティク
けはい **気配** kehai	動靜，跡象 dòngjìng, jīxiàng ドゥオンヂン, ヂィシアン	sign, indication **サ**イン, インディ**ケ**イション
けびょう **仮病** kebyou	假病，裝病 jiǎbìng, zhuāngbìng デアビン, **ヅ**ュアンビン	feigned illness **フェ**インド **イ**ルネス
げひんな **下品な** gehinna	下流，粗魯，不雅，庸俗 xiàliú, cūlǔ, bù yǎ, yōngsú シアリオウ, ツゥルウ, プウ イア, ユオン スウ	vulgar, coarse **ヴァ**ルガ, **コ**ース

け

日	台	英
けむし **毛虫** kemushi	毛蟲，毛毛蟲 máochóng, máomáochóng マウチョン, マウマウ**チョ**ン	caterpillar **キャ**タピラ
けむり **煙** kemuri	[團／片]煙，煙霧 [tuán/piàn] yān, yānwù [トゥアン/ピエン] イエン, イエンウゥ	smoke ス**モ**ウク
けもの **獣** kemono	走獸，獸類 zǒushòu, shòulèi ヅォウ**ソ**ウ, **ソ**ウレイ	beast **ビ**ースト
げらく(する) **下落(する)** geraku (suru)	跌價，下跌 diéjià, xiàdié ディエ**ヂ**ア, シア**ディ**エ	fall **フォ**ール
げり(する) **下痢(する)** geri (suru)	拉肚子，瀉肚 lā dùzi, xièdù ラァ **ド**ウヅ, シエ**ド**ゥ	(have) diarrhea (ハヴ) ダイア**リ**ーア
げりら **ゲリラ** gerira	游擊隊 yóujíduì イオウ**ヂ**ィドゥエイ	guerrilla **ゲ**リラ
ける **蹴る** keru	踢，踹 tī, chuài **テ**ィ, **ツ**アイ	kick **キ**ク
(拒絶) 	拒絕 jùjué ヂュイ**ヂ**ュイエ	reject リ**ヂェ**クト
げれつな **下劣な** geretsuna	卑鄙，下流，下賤 bēibǐ, xiàliú, xiàjiàn ペイ**ピ**ィ, シア**リ**オウ, シア**ヂ**エン	mean, base **ミ**ーン, **ベ**イス
げれんで **ゲレンデ** gerende	滑雪場 huáxuěchǎng フアシュイ**エ**ツァン	slope ス**ロ**ウプ
けわしい **険しい** kewashii	陡峭，險惡，險峻 dǒuqiào, xiǎn'è, xiǎnjùn ドウ**チ**アウ, シエン**オ**ォ, シエン**ヂ**ュイン	steep ス**ティ**ープ
けん **件** ken	[件]事，事情，事件 [jiàn] shì, shìqíng, shìjiàn [**ヂ**エン] **ス**ー, **ス**ーチン, **ス**ーヂエン	matter, affair, case **マ**タ, ア**フェ**ア, **ケ**イス
けん **県** ken	縣，縣份 xiàn, xiànfèn シエン, シエンフェン	prefecture プ**リ**ーフェクチャ
けん **券** ken	[張]票，券 [zhāng] piào, quàn [**ヅ**ァン] ピ**ア**ウ, チュイエン	ticket, coupon **テ**ィケト, **ク**ーパン

227

日	台	英
げん **弦** （楽器の） gen	[根]弦 (gēn) xián 〔ゲン〕シエン	string ストリング
けんあくな **険悪な** ken-akuna	險惡，可怕 xiǎn'è, kěpà シエンオォ, コォパァ	adrupt アブラプト
げんあん **原案** gen-an	原案 yuán'àn ユイエンアン	first draft ファースト ドラフト
けんい **権威** ken-i	泰斗，大家，權威，威權 tàidǒu, dàjiā, quánwēi, wēiquán タイドウ, ダァヂア, チュイエンウエイ, ウエイチュイエン	authority オサリティ
げんいん **原因** gen-in	原因，起因 yuányīn, qǐyīn ユイエンイン, チイイン	cause コーズ
けんえき **検疫** ken-eki	檢疫 jiǎnyì ヂエンイィ	quarantine クウォーランティーン
げんえき **現役** gen-eki	現役 xiànyì シエンイィ	active service アクティヴ サーヴィス
けんえつ **検閲** ken-etsu	檢查，審查，審閱 jiǎnchá, shěnchá, shěnyuè ヂエンツァ, センツァ, センユィエ	inspection インスペクション
けんお(する) **嫌悪(する)** ken-o (suru)	嫌惡，厭惡，討厭 xiánwù, yànwù, tǎoyàn シエンウゥ, イエンウゥ, タウイエン	abhorrence, hatred; hate アブホーレンス, ヘイトレド, ヘイト
けんか **喧嘩** （口論） kenka	吵架，口角，吵嘴 chǎojià, kǒujué, chǎozuǐ ツァオヂア, コウヂュィエ, ツァオヅエイ	quarrel, dispute クウォーレル, ディスピュート
げんか **原価** genka	原價，成本 yuánjià, chéngběn ユイエンヂア, ツォンベン	cost コースト
けんかい **見解** kenkai	見解，看法 jiànjiě, kànfǎ ヂエンヂエ, カンファ	opinion, view オピニョン, ヴュー
げんかい **限界** genkai	極限，界限，限度 jíxiàn, jièxiàn, xiàndù ディシエン, ヂエシエン, シエンドゥウ	limit, bounds リミト, バウンヅ

け

日	台	英
けんがく（する） **見学（する）** kengaku (suru)	參觀 cānguān ツァングアン	inspect, visit インスペクト, **ヴィ**ズィト
げんかくな **厳格な** genkakuna	嚴格，嚴肅 yángé, yánsù イエンゴォ, イエンスウ	strict, rigorous ストリクト, **リ**ガラス
げんかしょうきゃく **減価償却** genkashoukyaku	折舊 zhéjiù ヅォデオウ	depreciation ディプリーシ**エ**イション
げんがっき **弦楽器** gengakki	絃樂器 xiányuèqì シエンユィエチィ	strings スト**リ**ングズ
げんかん **玄関** genkan	門口，正面，玄關 ménkǒu, zhèngmiàn, xuánguān メンコウ, ヅォンミエン, シュィエングアン	entrance **エ**ントランス
げんき **元気** genki	精神，元氣，朝氣 jīngshén, yuánqì, zhāoqì ヂンセン, ユィエンチィ, **ヅ**ァオチィ	spirits, energy スピリツ, **エ**ナヂ
けんきゅう（する） **研究（する）** kenkyuu (suru)	研究，鑽研 yánjiù, zuānyán イエンヂオウ, ヅアンイエン	study, research ス**タ**ディ, リ**サ**ーチ
～者	研究家 yánjiùjiā イエンヂオウヂア	student, scholar ス**テュ**ーデント, ス**カ**ラ
～所	研究中心，研究院 yánjiù zhōngxīn, yánjiùyuàn イエンヂオウ **ヅ**ォンシン, イエンヂオウユィエン	laboratory **ラ**ボラトーリ
（大学院にあたる）	研究所 yánjiùsuǒ イエンヂオウスオ	graduate school グラ**ヂュ**エト スクール
けんきょな **謙虚な** kenkyona	謙虛 qiānxū チエンシュィ	modest **マ**デスト
けんきん **献金** kenkin	捐款 juānkuǎn デュイエンクアン	donation ドウ**ネ**イション
げんきん **現金** genkin	現金，現款 xiànjīn, xiànkuǎn シエンヂン, シエンクアン	cash **キャ**シュ

日	台	英
げんきん(する) **厳禁(する)** genkin (suru)	嚴禁 yánjìn イエンヂン	strict prohibition; forbid strictly ストリクト プロウヒビション, フォビド ストリクトリ
げんけい **原型** genkei	原型，模型 yuánxíng, móxíng ユィエンシン, モォシン	prototype プロウトタイプ
けんけつ **献血** kenketsu	捐血 juānxiě デュイエンシエ	blood donation ブラド ドウネイション
けんげん **権限** kengen	權限，職權範圍 quánxiàn, zhíquán fànwéi チュイエンシエン, ヅーチュイエン ファンウエイ	competence カンピテンス
げんご **言語** gengo	語言，言語 yǔyán, yányǔ ユイエン, イエンユイ	language ラングウィヂ
けんこう **健康** kenkou	健康，健全 jiànkāng, jiànquán デエンカン, デエンチュイエン	health ヘルス
げんこう **原稿** genkou	原稿，草稿，稿子 yuángǎo, cǎogǎo, gǎozi ユィエンガウ, ツァオガウ, ガウヅ	manuscript, copy マニュスクリプト, カピ
げんこうはん **現行犯** genkouhan	現行犯 xiànxíngfàn シエンシンファン	red-handed レドハンデド
げんこく **原告** genkoku	原告 yuángào ユィエンガウ	plaintiff プレインティフ
げんこつ **拳骨** genkotsu	拳頭 quántóu チュイエントウ	fist フィスト
けんさ(する) **検査(する)** kensa (suru)	查驗，檢驗 cháyàn, jiǎnyàn ツァイエン, デエンイエン	inspection; inspect インスペクション, インスペクト
げんざい **現在** genzai	現在，如今，目前 xiànzài, rújīn, mùqián シエンヅァイ, ズヅヂン, ムウチエン	present プレズント
けんさく(する) **検索(する)** kensaku (suru)	查(看)，檢索，查閱 chá(kàn), jiǎnsuǒ, cháyuè ツァ(カン), デエンスオ, ツァユイエ	reference; refer to レファレンス, リファー トゥ

日	台	英
原作 げんさく gensaku	原著，原作，原文 yuánzhù, yuánzuò, yuánwén ユィエンヅウ，ユィエンヅオ，ユィエンウン	original オリヂナル
原産地 げんさんち gensanchi	原産地 yuánchǎndì ユィエンツァンディ	original home of オリヂナル **ホウム** オヴ
検事 けんじ kenji	檢察官 jiǎncháguān ヂエンツァグアン	public prosecutor **パ**ブリク **プラ**スィキュータ
原子 げんし genshi	原子 yuánzǐ ユィエンヅー	atom **ア**トム
現実 げんじつ genjitsu	現實，實在，實際 xiànshí, shízài, shíjì シエン**ス**ー，**ス**ーヅァイ，**ス**ーヂィ	reality, actuality リ**ア**リティ，アクチュ**ア**リティ
堅実な けんじつな kenjitsuna	踏實，穩固，可靠 tāshí, wěngù, kěkào タァ**ス**ー，ウングウ，コォカウ	steady ス**テ**ディ
原始的な げんしてきな genshitekina	原始(的) yuánshǐ (de) ユィエン**ス**ー（ドォ）	primitive プ**リ**ミティヴ
元首 げんしゅ genshu	元首 yuánshǒu ユィエン**ソ**ウ	sovereign **サ**ヴレン
研修 けんしゅう kenshuu	研修，進修，鑽研 yánxiū, jìnxiū, zuānyán イエンシオウ，ヂンシオウ，ヅアンイエン	study ス**タ**ディ
〜生	進修生 jìnxiūshēng ヂンシオウ**ソ**ン	trainee トレイ**ニ**ー
厳重な げんじゅうな genjuuna	嚴重，嚴厲，嚴格 yánzhòng, yánlì, yángé イエン**ヅ**オン，イエンリィ，イエンゴォ	strict, severe スト**リ**クト，スィ**ヴィ**ア
厳粛な げんしゅくな genshukuna	嚴肅，嚴峻 yánsù, yánjùn イエンスウ，イエンヂュイン	grave, solemn グ**レ**イヴ，**サ**レム
懸賞 けんしょう kenshou	懸賞 xuánshǎng シュイエン**サ**ン	prize プ**ラ**イズ
謙譲 けんじょう kenjou	謙讓，謙遜 qiānràng, qiānxùn チエンザン，チエンシュイン	modesty **マ**デスティ

日	台	英
げんしょう **現象** genshou	現象 xiànxiàng シエンシアン	phenomenon フィナメノン
げんしょう(する) **減少(する)** genshou (suru)	減少 jiǎnshǎo デエンサオ	decrease ディクリース
げんじょう **現状** genjou	現狀 xiànzhuàng シエンヅアン	present condition プレズント カンディション
げんしょく **原色** genshoku	原色，正色 yuánsè, zhèngsè ユィエンソォ, ヅォンソォ	primary color プライメリ カラ
げんしりょく **原子力** genshiryoku	原子能，核能 yuánzǐnéng, hénéng ユィエンヅーノン, ホォノン	nuclear power ニュークリア パウア
けんしん **検診** kenshin	健康檢查 jiànkāng jiǎnchá デエンカン デエンツァ	medical examination メディカル イグザミネイション
けんしん **献身** kenshin	獻身，捨身 xiànshēn, shěshēn シエンセン, ソォセン	self-devotion セルフディヴォウション
〜的に	獻身(地)，捨身(地) xiànshēn (de), shěshēn (de) シエンセン (ドォ), ソォセン (ドォ)	devotedly ディヴォウテドリ
げんぜい(する) **減税(する)** genzei (suru)	減税 jiǎnshuì デエンスエイ	tax reduction; reduce taxes タクス リダクション, リデュース タクセズ
けんせつ(する) **建設(する)** kensetsu (suru)	建立，建設 jiànlì, jiànshè デエンリィ, デエンソォ	construction; construct コンストラクション, コンストラクト
けんぜんな **健全な** kenzenna	健康，健全 jiànkāng, jiànquán デエンカン, デエンチュイエン	sound, wholesome サウンド, ホウルサム
げんそ **元素** genso	元素 yuánsù ユィエンスウ	element エレメント
げんそう **幻想** gensou	幻想 huànxiǎng フアンシアン	illusion, vision イルージョン, ヴィジョン

日	台	英
げんぞう(する) **現像(する)** genzou (suru)	沖洗，顯影，顯像 chōngxǐ, xiǎnyǐng, xiǎnxiàng ツォンシィ，シエンイン，シエンシアン	development; develop ディヴェロプメント，ディ**ヴェ**ロプ
げんそく **原則** gensoku	原則 yuánzé ユイエンゾォ	principle プリンスィプル
げんそく(する) **減速(する)** gensoku (suru)	減低速度，減速 jiǎndī sùdù, jiǎnsù デェンディ スウドゥウ，デェンスウ	slowdown; slow down スロウダウン，スロウ **ダ**ウン
けんそん **謙遜** kenson	自謙，謙虛，謙遜 zìqiān, qiānxū, qiānxùn ヅーチェン，チェンシュイ，チェンシュイン	modesty, humility **マ**デスティ，ヒューミリティ
けんたい **倦怠** kentai	厭倦，倦怠 yànjuàn, juàndài イエンデュイエン，デュイエンダイ	weariness, ennui **ウィ**アリネス，アーン**ウィ**ー
げんだい **現代** gendai	現代，當代 xiàndài, dāngdài シエンダイ，ダンダイ	present age, mod- ern プレズント **エイ**ヂ，**マ**ダン
げんち **現地** genchi	當地，現場 dāngdì, xiànchǎng ダンディ，シエン**ツァ**ン	spot スパト
〜時間	當地時間 dāngdì shíjiān ダンディ **ス**ーヂエン	local time ロウカル **タ**イム
けんちく **建築** kenchiku	建築 jiànzhù デェン**ヅ**ウ	building ビルディング
〜家	建築家 jiànzhùjiā デェン**ヅ**ウヂア	architect **ア**ーキテクト
けんちょな **顕著な** kenchona	顯著，明顯 xiǎnzhù, míngxiǎn シエン**ヅ**ウ，ミンシエン	remarkable リ**マ**ーカブル
げんてい(する) **限定(する)** gentei (suru)	限制，限定 xiànzhì, xiàndìng シエン**ヅ**ー，シエンディン	limitation; limit to リミテイション，**リ**ミト トゥ
げんてん **原点** genten	起源，出發點，原點 qǐyuán, chūfādiǎn, yuándiǎn チィユイエン，**ツ**ウファディエン，ユイエンディエン	starting point ス**タ**ーティング **ポ**イント

233

日	台	英
げんてん **減点** genten	扣分 kòufēn コウフェン	demerit mark ディーメリト マーク
げんど **限度** gendo	界限, 限度 jièxiàn, xiàndù デエシエン, シエンドゥウ	limit リミト
けんとう **見当** kentou	目標, 目的, 有數 mùbiāo, mùdì, yǒushù ムウビアウ, ムウディ, イオウスウ	aim エイム
（推測）	估計, 推測 gūjì, tuīcè グウヂィ, トゥエイツォ	guess ゲス
けんとう（する） **検討(する)** kentou (suru)	研究, 研討, 探討 yánjiù, yántǎo, tàntǎo イエンヂオウ, イエンタウ, タンタウ	examination; examine イグザミネイション, イグザミン
げんどうりょく **原動力** gendouryoku	動力, 原動力 dònglì, yuándònglì ドゥオンリィ, ユィエンドゥオンリィ	motive power モウティヴ パウア
げんば **現場** genba	現場, 工地 xiànchǎng, gōngdì シエンツァン, グオンディ	spot, scene スパト, スィーン
げんばく **原爆** genbaku	原子彈, 核子彈 yuánzǐdàn, hézǐdàn ユィエンヅーダン, ホォヅーダン	atomic bomb アタミク バム
けんばん **鍵盤** kenban	鍵盤 jiànpán ヂエンパン	keyboard キーボード
けんびきょう **顕微鏡** kenbikyou	顯微鏡 xiǎnwéijìng シエンウエイヂン	microscope マイクロスコウプ
けんぶつ（する） **見物(する)** kenbutsu (suru)	觀覽, 參觀, 遊覽 guānlǎn, cānguān, yóulǎn グアンラン, ツァングアン, イオウラン	sightseeing; see the sights of サイトスィーイング, スィー ザ サイツ オヴ
げんぶん **原文** genbun	原文 yuánwén ユィエンウン	original text オリヂナル テクスト
けんぽう **憲法** kenpou	憲法 xiànfǎ シエンファ	constitution カンスティテューション

け

日	台	英
げんまい **玄米** genmai	糙米 cāomǐ ツァオミィ	brown rice プラウン ライス
げんみつな **厳密な** genmitsuna	嚴密，周密 yánmì, zhōumì イエンミィ, ヅォウミィ	strict, close ストリクト, クロウス
けんめいな **賢明な** kenmeina	賢明，高明，明智 xiánmíng, gāomíng, míngzhì シエンミン, ガウミン, ミンヅー	wise, prudent ワイズ, プルーデント
けんめいに **懸命に** kenmeini	拼命[拚命]，盡力 pīnmìng, jìnlì ピンミン, ヂンリィ	eagerly, hard イーガリ, ハード
けんもん **検問** kenmon	查問，盤問，檢查 cháwèn, pánwèn, jiǎnchá ツァウン, パンウン, ヂエンツァ	inspection インスペクション
けんやく（する） **倹約（する）** ken-yaku(suru)	節約，儉省，節省 jiéyuē, jiǎnshěng, jiéshěng ヂエユエ, ヂエンソン, ヂエソン	thrift; economize, save スリフト, イカノマイズ, セ イヴ
げんゆ **原油** gen-yu	原油 yuányóu ユィエンイオウ	crude oil クルード オイル
けんり **権利** kenri	權利 quánlì チュィエンリィ	right ライト
げんり **原理** genri	原理 yuánlǐ ユィエンリィ	principle, theory プリンスィプル, スィオリ
げんりょう **原料** genryou	原料 yuánliào ユィエンリアウ	raw materials ロー マティアリアルズ
けんりょく **権力** kenryoku	權力 quánlì チュィエンリィ	power, authority パウア, オサリティ
げんろん **言論** genron	言論 yánlùn イエンルン	speech and writing スピーチ アンド ライティン グ

日	台	英

こ, コ

こ
子
ko
孩子, 小孩, 兒女
háizi, xiǎohái, érnǚ
ハイヅ, シアウハイ, オルニュィ
child, infant
チャイルド, **イ**ンファント

こ
個
ko
個
ge
ゴォ
piece
ピース

ご
後
go
以後, 之後
yǐhòu, zhīhòu
イィホウ, ヅーホウ
after, since
アフタ, **ス**インス

ご
碁
go
〔盤〕圍棋
〔pán〕wéiqí
〔パン〕ウエイチィ
go
ゴ

こい
鯉
koi
〔條/尾〕鯉魚
〔tiáo/wěi〕lǐyú
〔ティアウ/ウエイ〕リィユィ
carp
カープ

こい
濃い (密度・味など)
koi
濃, 濃厚
nóng, nónghòu
ヌオン, ヌオンホウ
dark, deep
ダーク, **ディ**ープ

(色が)
深
shēn
セン
dark
ダーク

(お粥など)
稠
chóu
ツォウ
thick
スィク

(髪が)
密
mì
ミィ
thick
スィク

こい(する)
恋(する)
koi (suru)
(談)戀愛
(tán) liàn'ài
(タン) リエンアイ
love; fall in love with
ラヴ, **フォ**ール イン **ラ**ヴ ウィズ

ごい
語彙
goi
詞彙, 語彙
cíhuì, yǔhuì
ツーフエイ, ユィフエイ
vocabulary
ヴォウ**キャ**ビュレリ

こいしい
恋しい
koishii
想念, 懷念, 眷戀, 思慕
xiǎngniàn, huáiniàn, juànliàn, sīmù
シアンニエン, フアイニエン, ヂュイエンリエン, スームウ
miss
ミス

日	台	英
こいぬ **子犬** koinu	［隻］小狗 ［zhī］xiǎogǒu ［ヅー］シアウゴウ	puppy パピ
こいびと **恋人** koibito	愛人，情人，情侶 àirén, qíngrén, qínglǚ アイゼン，チンゼン，チンリュィ	sweetheart, lover スウィートハート，ラヴァ
こいん **コイン** koin	硬幣，錢幣 yìngbì, qiánbì インビィ，チエンビィ	coin コイン
〜ロッカー	投幣式「寄存櫃［寄物箱］ tóubìshì jìcúnguì［jìwùxiāng］ トウビィスー ディツングエイ［ディウゥシアン］	coin-operated locker コインアペレイテド ラカ
ごう **号** gou	期，號 qí, hào チィ，ハウ	number, issue ナンバ，イシュー
こうあん(する) **考案(する)** kouan (suru)	設計，想出 shèjì, xiǎngchū ソォディ，シアンツゥ	device; devise ディヴァイス，ディヴァイズ
こうい **好意** koui	好心，好意，厚意，美意， 善意，盛情 hǎoxīn, hǎoyì, hòuyì, měiyì, shànyì, shèngqíng ハウシン，ハウイィ，ホウイィ，メイイィ， サンイィ，ソンチン	goodwill グドウィル
こうい **行為** koui	行為，活動 xíngwéi, huódòng シンウエイ，フオドゥオン	act, action, deed アクト，アクション，ディード
ごうい **合意** goui	同意，協議 tóngyì, xiéyì トゥオンイィ，シエイィ	agreement, consent アグリーメント，コンセント
こういしつ **更衣室** kouishitsu	更衣室 gēngyīshì ゴンイィスー	dressing room ドレスィング ルーム
こういしょう **後遺症** kouishou	後遺症 hòuyízhèng ホウイィヅォン	sequela セクウィーラ
ごうう **豪雨** gouu	暴雨 bàoyǔ バウュィ	heavy rain ヘヴィ レイン
こううん **幸運** kouun	好運，幸運，僥幸 hǎoyùn, xìngyùn, jiǎoxìng ハウユィン，シンユィン，ヂアウシン	fortune, luck フォーチュン，ラク

日	台	英
こうえい **光栄** kouei	榮幸，光榮 róngxìng, guāngróng ズオンシン, グアンズオン	honor, glory **ア**ナ, グ**ロ**ーリ
こうえん **公園** kouen	公園 gōngyuán グオンユイエン	park **パ**ーク
こうえん(する) **講演(する)** kouen (suru)	演講，講演 yǎnjiǎng, jiǎngyǎn イエンヂアン, ヂアンイエン	lecture; lecture on **レ**クチャ, **レ**クチャ オン
こうおん **高音** kouon	高音(調) gāoyīn(diào) ガウイン(ディアウ)	high tone **ハ**イ **ト**ウン
こうか **効果** kouka	成效，效果，功效 chéngxiào, xiàoguǒ, gōngxiào ツォンシアウ, シアウグオ, グオンシアウ	effect, efficacy イ**フェ**クト, **エ**フィカスィ
こうか **校歌** kouka	〔首〕校歌 〔shǒu〕xiàogē 〔ソウ〕シアウゴォ	school song ス**ク**ール **ソ**ング
こうか **硬貨** kouka	硬幣 yìngbì インビィ	coin **コ**イン
こうかい(する) **公開(する)** koukai (suru)	公開，(對外)開放 gōngkāi, (duìwài) kāifàng グオンカイ,(ドゥエイウアイ) カイファン	disclosure; disclose ディスク**ロ**ウジャ, ディスク**ロ**ウズ
こうかい(する) **後悔(する)** koukai (suru)	後悔，懊悔，反悔 hòuhuǐ, àohuǐ, fǎnhuǐ ホウフエイ, アウフエイ, ファンフエイ	regret リグ**レ**ト
こうかい(する) **航海(する)** koukai (suru)	航海 hánghǎi ハンハイ	navigation; navigate ナヴィ**ゲ**イション, **ナ**ヴィゲイト
こうがい **公害** kougai	公害 gōnghài グオンハイ	pollution ポ**リュ**ーション
こうがい **郊外** kougai	郊外，郊區 jiāowài, jiāoqū ヂアウワイ, ヂアウチュイ	suburb **サ**バーブ
ごうかく(する) **合格(する)** goukaku (suru)	合格，考上，及格 hégé, kǎoshàng, jígé ホオゴォ, カウ**サ**ン, ディゴォ	passing; pass **パ**スィング, **パ**ス

日	台	英
こうかな **高価な** koukana	貴, 高價, 昂貴 guì, gāojià, ángguì グェイ, ガウヂア, アングェイ	expensive イクスペンスィヴ
ごうかな **豪華な** goukana	豪華, 奢華, 奢侈 háohuá, shēhuá, shēchǐ ハウフア, **ソ**ォフア, **ソ**ォツー	gorgeous, deluxe ゴーヂァス, デルクス
こうかん(する) **交換(する)** koukan (suru)	換, 交換, 互換 huàn, jiāohuàn, hùhuàn フアン, ヂアウフアン, フウフアン	exchange イクス**チェ**インヂ
こうがんざい **抗癌剤** kouganzai	抗癌藥, 抗癌劑 kàng'áiyào, kàng'áijì カンアイイアウ, カンアイヂイ	anticancer agent アンティ**キャ**ンサ **エ**イヂェ ント
こうき **後期** kouki	後期, 後半期, 下半期 hòuqí, hòubànqí, xiàbànqí ホウチイ, ホウパンチイ, シアパンチイ	latter term **ラ**タ **タ**ーム
こうぎ **講義** kougi	(講)課, 講解 (jiǎng)kè, jiǎngjiě (ヂアン)コォ, ヂアンヂエ	lecture レクチャ
こうぎ(する) **抗議(する)** kougi (suru)	抗議 kàngyì カンイィ	protest; protest against プロ**テ**スト, プロ**テ**スト ア ゲンスト
こうきあつ **高気圧** koukiatsu	高氣壓 gāoqìyā ガウチイア	high atmospheric pressure **ハ**イ アトモス**フェ**リク プレ シャ
こうきしん **好奇心** koukishin	好奇心 hàoqíxīn ハウチイシン	curiosity キュアリ**ア**スィティ
こうきな **高貴な** koukina	高貴, 貴重, 尊貴 gāoguì, guìzhòng, zūnguì ガウグェイ, グェイ**ヅ**オン, ヅングェイ	noble **ノ**ウブル
こうきゅうな **高級な** koukyuuna	高級, 上等 gāojí, shàngděng ガウヂィ, **サ**ンドン	high-class ハイク**ラ**ス
こうきょ **皇居** koukyo	皇宮 huánggōng フアンゴオン	Imperial Palace インピアリアル パレス
こうきょう **好況** koukyou	繁榮, 景氣(好) fánróng, jǐngqì (hǎo) ファン**ズ**オン, ヂンチィ (ハウ)	prosperity プラス**ペ**リティ

日	台	英
こうきょう(の) **公共(の)** koukyou (no)	**公共，公用** gōnggòng, gōngyòng グオングオン，グオンユオン	public, common パブリク，**カ**モン
～料金	**瓦斯水電費** wǎsī shuǐdiàn fèi ウアスー **ス**エイディエン フェイ	public utility charges パブリク　ユー**ティ**リティ **チャ**ーヂズ
こうぎょう **工業** kougyou	**工業** gōngyè グオンイエ	industry **イ**ンダストリ
こうぎょう **鉱業** kougyou	**礦業** kuàngyè クアンイエ	mining **マ**イニング
こうきょうきょく **交響曲** koukyoukyoku	**〔首〕交響曲** 〔shǒu〕jiāoxiǎngqǔ 〔**ソ**ウ〕ヂアウシアンチュィ	symphony **ス**インフォニ
ごうきん **合金** goukin	**合金(鋼)** héjīn(gāng) ホォヂン(ガン)	alloy **ア**ロイ
こうぐ **工具** kougu	**工具** gōngjù グオンヂュィ	tool, implement **トゥ**ール，**イ**ンプレメント
こうくう **航空** koukuu	**航空** hángkōng ハンクオン	aviation エイヴィ**エ**イション
～会社	**航空公司** hángkōng gōngsī ハンクオン グオンスー	airline **エ**アライン
～機	**〔台〕飛機** 〔tái〕fēijī 〔**タ**イ〕フェイヂィ	aircraft **エ**アクラフト
～券	**飛機票，機票** fēijīpiào, jīpiào フェイヂィピアウ，ヂィピアウ	airline ticket **エ**アライン **ティ**ケト
～便	**航空郵件** hángkōng yóujiàn ハンクオン イオウヂエン	airmail **エ**アメイル
こうけい **光景** koukei	**光景，情景，景象，様子** guāngjǐng, qíngjǐng, jǐngxiàng, yàngzi グアンヂン，チンヂン，ヂンシアン，イア ンヅ	spectacle, scene ス**ペ**クタクル，**ス**イーン

日	台	英
こうげい **工芸** kougei	工藝 gōngyì グオンイィ	craft クラフト
ごうけい(する) **合計(する)** goukei (suru)	合計，總計，共計 héjì, zǒngjì, gòngjì ホォディ，ヅオンジィ，グオンディ	sum, total; sum up **サ**ム，**ト**ウトル，**サ**ム **ア**プ
こうけいき **好景気** koukeiki	好景氣，繁榮 hǎojǐngqì, fánróng ハウデンチィ，ファンズオン	prosperity, boom プラス**ペ**リティ，**ブ**ーム
こうけいしゃ **後継者** koukeisha	繼承者，接班人，接棒人 jìchéngzhě, jiēbānrén, jiēbàngrén ディ**ツォ**ンヅォ，チエバン**ゼ**ン，チエバン**ゼ**ン	successor サク**セ**サ
こうげき(する) **攻撃(する)** kougeki (suru)	攻撃，攻打 gōngjí, gōngdǎ グオンディ，グオンダァ	attack, assault ア**タ**ク，ア**ソ**ールト
こうけつあつ **高血圧** kouketsuatsu	高血壓 gāoxiěyā ガウシエイア	high blood pressure **ハ**イ ブラド プ**レ**シャ
こうけん(する) **貢献(する)** kouken (suru)	貢獻 gòngxiàn グオンシエン	contribution; con- tribute コントリ**ビュ**ーション，コン ト**リ**ビュート
こうげん **高原** kougen	高原 gāoyuán ガウ**イ**エン	plateau プラト**ウ**
こうご **口語** kougo	口語，白話 kǒuyǔ, báihuà コウユィ，バイフア	colloquial language コ**ロ**ウクウィアル **ラ**ング ウィヂ
こうこう **高校** koukou	高中，高級中學 gāozhōng, gāojí zhōngxué ガウ**ヅ**オン，ガウディ **ヅ**オンシュィエ	high school **ハ**イ ス**ク**ール
〜生	高中生 gāozhōngshēng ガウ**ヅ**オン**ソ**ン	high school student **ハ**イ ス**ク**ール ス**テュ**ーデン ト
こうごう **皇后** kougou	皇后 huánghòu フアンホウ	empress **エ**ンプレス
こうこがく **考古学** koukogaku	考古學 kǎogǔxué カウグゥシュィエ	archaeology アーキ**ア**ロヂ

日	台	英
こうこく(する) **広告(する)** koukoku(suru)	**廣告，宣傳** guǎnggào, xuānchuán グアンガウ，シュィエンツアン	advertisement; advertise アドヴァ**タ**イズメント，**ア**ドヴァタイズ
こうごに **交互に** kougoni	**交替，輪流** jiāotì, lúnliú ヂアウティ，ルンリオウ	alternately **オ**ールタネトリ
こうさ(する) **交叉[交差](する)** kousa(suru)	**交叉** jiāochā ヂアウ**ツ**ァ	crossing; cross ク**ロ**ースィング，ク**ロ**ース
〜点	**十字路口，交叉口** shízì lùkǒu, jiāochākǒu **ス**ーヅー ルウコウ，ヂアウ**ツ**ァコウ	crossing, crossroads ク**ロ**ースィング，ク**ロ**ースロウヅ
こうざ **口座** kouza	**帳戶，戶頭，口座** zhànghù, hùtóu, kǒuzuò ヅアンフウ，フウトウ，コウヅオ	bank account **バ**ンク ア**カ**ウント
〜番号	**帳號，戶頭號碼** zhànghào, hùtóu hàomǎ ヅアンハウ，フウトウ ハウマァ	number of one's account **ナ**ンバ オヴ ア**カ**ウント
こうざ **講座** kouza	**講座** jiǎngzuò ヂアンヅオ	chair, lecture **チェ**ア，**レ**クチャ
こうさい(する) **交際(する)** kousai(suru)	**交際，交往** jiāojì, jiāowǎng ヂアウヂィ，ヂアウウアン	friendship; associate with フ**レ**ンドシプ，ア**ソ**ウシエイト ウィズ
こうさく **工作** kousaku	**手工藝勞作** shǒugōngyì láozuò **ソ**ウグオンイィ ラウヅオ	handicraft **ハ**ンディクラフト
〜機械	**機床，母機** jīchuáng, mǔjī ヂィ**ツ**アン，ムウヂィ	machine tool マ**シ**ーン **トゥ**ール
こうさん(する) **降参(する)** kousan(suru)	**投降，降服，認輸** tóuxiáng, xiángfú, rènshū トウシアン，シアンフウ，**ゼ**ン**シュ**ウ	surrender サ**レ**ンダ
こうざん **鉱山** kouzan	**礦山** kuàngshān クアン**サ**ン	mine **マ**イン
こうし **講師** koushi	**講師** jiǎngshī ヂアン**ス**ー	lecturer, instructor **レ**クチャラ，インスト**ラ**クタ

日	台	英
こうじ **工事** kouji	**工程，施工，工事** gōngchéng, shīgōng, gōngshì グオンツォン，スーグオン，グオンスー	work, construction ワーク，コンストラクション
こうしき(の) **公式(の)** koushiki (no)	**正式** zhèngshì ヅォンスー	formality; official, formal フォーマリティ，オフィシャ ル，フォーマル
こうじつ **口実** koujitsu	**藉口，托詞[托辭/託詞 /託辭]** jièkǒu, tuōcí ヂエコウ，トゥオツー	pretext, excuse プリーテクスト，イクス キュース
こうしゃ **校舎** kousha	**校舍** xiàoshè シアウシォ	schoolhouse スクールハウス
こうしゅう **公衆** koushuu	**公眾，群眾** gōngzhòng, qúnzhòng グオンツォン，チュインヅオン	public パブリク
～電話	**公用電話** gōngyòng diànhuà グオンユオン ディエンフア	pay phone ペイ フォウン
こうしゅう **講習** koushuu	**講習** jiǎngxí ヂアンシィ	course コース
こうじゅつ(する) **口述(する)** koujutsu (suru)	**口述** kǒushù コウスウ	dictation; dictate ディクテイション，ディクテ イト
こうじょ(する) **控除(する)** koujo (suru)	**扣除** kòuchú コウツウ	deduction; deduct ディダクション，ディダクト
こうしょう(する) **交渉(する)** koushou (suru)	**談判，交涉** tánpàn, jiāoshè タンパン，ヂアウシォ	negotiations; ne- gotiate ニゴウシエイションズ，ニゴ ウシエイト
こうじょう **工場** koujou	**工廠，工場** gōngchǎng, gōngchǎng グオンツァン，グオンツァン	factory, plant ファクトリ，プラント
こうしょうな **高尚な** koushouna	**高尚，高雅，高深** gāoshàng, gāoyǎ, gāoshēn ガウサン，ガウイア，ガウセン	noble, refined ノウブル，リファインド

日	台	英
ごうじょうな **強情な** goujouna	固執，偏強，頑固，剛愎 gùzhí, juéjiàng, wánggù, gāngbì グウヅー, ヂュイエヂアン, ウアングウ, ガンビィ	obstinate **ア**ブスティネト
こうしょきょうふしょう **高所恐怖症** koushokyoufushou	懼高症 jùgāozhèng ヂュイガウ**ヅ**ォン	acrophobia アクロ**フォ**ウビア
こうしん(する) **行進(する)** koushin (suru)	行進，遊行 xíngjìn, yóuxíng シンヂン, イオウシン	march, parade **マ**ーチ, パレイド
こうしんりょう **香辛料** koushinryou	香辣調味料 xiānglà tiáowèiliào シアンラァ ティアウウエイリアウ	spice ス**パ**イス
こうすい **香水** kousui	〔滴／瓶〕香水 〔dī/píng〕xiāngshuǐ 〔ディ／ピン〕シアン**ス**エイ	perfume **パ**ーフューム
こうずい **洪水** kouzui	洪水，漲大水 hóngshuǐ, zhǎng dàshuǐ フオン**ス**エイ, **ヅ**ァン ダァ**ス**エイ	flood フ**ラ**ド
こうせい **構成** kousei	結構，構成，組成 jiégòu, gòuchéng, zǔchéng ヂエゴウ, ゴウ**ツ**ォン, ヅウ**ツ**ォン	composition カンポ**ズ**ィション
～する	構成，組成 gòuchéng, zǔchéng ゴウ**ツ**ォン, ヅウ**ツ**ォン	compose コン**ポ**ウズ
ごうせい(する) **合成(する)** gousei (suru)	合成 héchéng ホォ**ツ**ォン	synthesis; synthesize **ス**ィンセスィス, **ス**ィンセサイズ
～樹脂	合成樹脂 héchéng shùzhī ホォ**ツ**ォン **ス**ウヅー	synthetic resin スィン**セ**ティク **レ**ズィン
こうせいな **公正な** kouseina	公正，公平 gōngzhèng, gōngpíng グオン**ヅ**ォン, グオンピン	just, fair **ヂ**ャスト, **フ**ェア
こうせいぶっしつ **抗生物質** kouseibusshitsu	抗生素，抗菌素 kàngshēngsù, kàngjùnsù カン**ソ**ンスウ, カンヂュインスウ	antibiotic アンティバイ**ア**ティク
こうせん **光線** kousen	光線，亮光 guāngxiàn, liàngguāng グアンシエン, リアングアン	ray, beam **レ**イ, **ビ**ーム

日	台	英
こうぜんと **公然と** kouzento	公然，公開 gōngrán, gōngkāi グオンザン，グオンカイ	openly, publicly オウプンリ，パブリクリ
こうそ **控訴** kouso	上訴 shàngsù サンスウ	appeal アピール
こうそう **構想** kousou	構思，構想 gòusī, gòuxiǎng ゴウスー，ゴウシアン	plan, conception プラン，コンセプション
こうぞう **構造** kouzou	結構，構造 jiégòu, gòuzào デエゴウ，ゴウヅァオ	structure ストラクチャ
こうそうびる **高層ビル** kousoubiru	高樓大廈，摩天大樓 gāolóu dàxià, mótiān dàlóu ガウロウ ダァシア，モォティエン ダァロウ	high rise, skyscraper ハイ ライズ，スカイスクレイパ
こうそく **高速** kousoku	高速 gāosù ガウスウ	high speed ハイ スピード
～道路	〔道／條〕高速公路 〔dào/tiáo〕gāosù gōnglù 〔ダウ／ティアウ〕ガウスウ グオンルウ	expressway，highway イクスプレスウェイ，ハイウェイ
こうたい(する) **交替[交代](する)** koutai (suru)	交替，交接，輪流 jiāotì, jiāojiē, lúnliú デアウティ，デアウヂエ，ルンリウ	shift; take turns シフト，テイク ターンズ
こうたいし **皇太子** koutaishi	皇太子 huángtàizǐ フアンタイヅー	Crown Prince クラウン プリンス
こうだいな **広大な** koudaina	廣大，宏大 guǎngdà, hóngdà グアンダァ，フォンダァ	vast, immense ヴァスト，イメンス
こうたく **光沢** koutaku	光澤 guāngzé グアンヅォ	luster, gloss ラスタ，グロス
こうちゃ **紅茶** koucha	紅茶 hóngchá フォンヅァ	tea ティー
こうちょう **校長** kouchou	校長 xiàozhǎng シアウヅァン	principal プリンスィパル

日	台	英
こうちょうな **好調な** kouchouna	順利，順當 shùnlì, shùndàng スンリィ，スンダン	in good condition イン グド コンディション
こうつう **交通** koutsuu	交通 jiāotōng ヂアウトゥオン	traffic トラフィク
〜規制	交通管制 jiāotōng guǎnzhì ヂアウトゥオン グアンヅー	traffic regulations トラフィク レギュレイションズ
〜事故	車禍，交通事故 chēhuò, jiāotōng shìgù ツォフォ，ヂアウトゥオン スーグウ	traffic accident トラフィク アクスィデント
〜標識	路標，交通號誌 lùbiāo, jiāotōng hàozhì ルウビアウ，ヂアウトゥオン ハウヅー	traffic sign トラフィク サイン
こうてい **皇帝** koutei	皇帝，天子 huángdì, tiānzǐ フアンディ，ティエンヅー	emperor エンペラ
こうてい(する) **肯定(する)** koutei (suru)	肯定，承認 kěndìng, chéngrèn ケンディン，ツォンゼン	affirmation; affirm アファーメイション，アファーム
こうてき(な) **公的(な)** kouteki (na)	公家的，公共的，公的 gōngjiā de, gōnggòng de, gōng de グオンヂア ドォ，グオングオンドォ，グオンドォ	official, public オフィシャル，パブリク
こうてつ **鋼鉄** koutetsu	［塊］鋼鐵 ［kuài］gāngtiě ［クアイ］ガンティエ	steel スティール
こうてんする **好転する** koutensuru	好轉 hǎozhuǎn ハウヅアン	turn for the better ターン フォ ザ ベタ
こうど **高度** koudo	高度 gāodù ガウドゥウ	altitude アルティテュード
こうとう **高等** koutou	高等 gāoděng ガウドン	high ハイ
〜学校	高中，高級中學 gāozhōng, gāojí zhōngxué ガウヅォン，ガウヂィ ヅォンシュィエ	high school ハイ スクール

日	台	英
〜裁判所	高等法院 gāoděng fǎyuàn ガウドン ファユィエン	high court ハイ コート
こうとう **口頭** koutou	口頭 kǒutóu コウトウ	oral, verbal **オ**ーラル, **ヴァ**ーバル
こうとう（する） **高騰（する）** koutou (suru)	上漲，昂貴 shàngzhǎng, ángguì サンヂャン, アングエイ	sudden rise; jump **サ**ドン **ラ**イズ, **チャ**ンプ
こうどう **講堂** koudou	禮堂 lǐtáng リィタン	hall, auditorium **ホ**ール, オーディ**ト**ーリアム
こうどう（する） **行動（する）** koudou (suru)	行動，行為 xíngdòng, xíngwéi シンドゥオン, シンウエイ	action, conduct; act **ア**クション, **カ**ンダクト, **ア**クト
ごうとう **強盗** goutou	強盗，匪賊 qiángdào, fěizéi チアンダウ, フェイヅェイ	robber, burglar **ラ**バ, **バ**ーグラ
ごうどう **合同** goudou	聯合 liánhé リエンホォ	union, combination **ユ**ーニョン, カンビ**ネ**イション
こうどく **購読** koudoku	訂閱，購閱 dìngyuè, gòuyuè ディンユィエ, ゴウユィエ	subscription サブスク**リ**プション
〜料	訂費 dìngfèi ディンフェイ	subscription サブスク**リ**プション
こうないえん **口内炎** kounaien	口内炎，鵝口瘡 kǒunèiyán, ékǒuchuāng コウネイイエン, オォコウ**ツ**アン	stomatitis ストウマ**タ**イティス
こうにゅう（する） **購入（する）** kounyuu (suru)	購入，購進 gòurù, gòujìn ゴウ**ヅ**ウ, ゴウヂン	purchase; buy **パ**ーチェス, **バ**イ
こうにん **後任** kounin	後任，繼任，接任 hòurèn, jìrèn, jiērèn ホウ**ゼ**ン, ヂィ**ゼ**ン, ヂエ**ゼ**ン	successor サク**セ**サ
こうにん（の） **公認（の）** kounin (no)	公認 gōngrèn グオン**ゼ**ン	official approval; official, approved オ**フィ**シャル ア**プ**ルーヴァル, オ**フィ**シャル, ア**プ**ルーヴド

日	台	英
こうはい **後輩** kouhai	晚輩，後輩，後進 wǎnbèi, hòubèi, hòujìn ウアンペイ，ホウペイ，ホウヂン	junior ヂューニア
こうばい **勾配** koubai	坡度，傾斜面 pōdù, qīngxiémiàn ポォドゥウ，チンシエミエン	slope, incline スロウプ，インクライン
こうばしい **香ばしい** koubashii	香，芬芳 xiāng, fēnfāng シアン，フェンファン	fragrant フレイグラント
こうはん **後半** kouhan	後半，後一半 hòubàn, hòu yíbàn ホウバン，ホウ イィバン	latter half ラタ ハフ
こうばん **交番** kouban	派出所 pàichūsuǒ パイヅウスオ	police box ポリース ボクス
こうひょう **好評** kouhyou	好評，稱讚 hǎopíng, chēngzàn ハウピン，ツォンヅァン	popularity パピュラリティ
こうふくな **幸福な** koufukuna	幸福，有福氣 xìngfú, yǒu fúqì シンフゥウ，イオウ フゥウチィ	happy ハピ
こうぶつ **好物** koubutsu	愛吃的東西 ài chī de dōngxī アイ ツー ドォ ドゥオンシィ	favorite food フェイヴァリト フード
こうぶつ **鉱物** koubutsu	礦物 kuàngwù クアンウゥ	mineral ミネラル
こうふん(する) **興奮(する)** koufun (suru)	興奮，激動 xīngfèn, jīdòng シンフェン，ヂィドゥオン	excitement; excite イクサイトメント，イクサイト
こうぶんしょ **公文書** koubunsho	［份］公文，文書 ［fèn］gōngwén, wénshū ［フェン］グオンウン，ウンスゥウ	official document オフィシャル ダキュメント
こうへいな **公平な** kouheina	公平，公道 gōngpíng, gōngdào グオンピン，グオンダウ	fair, impartial フェア，インパーシャル
ごうべんじぎょう **合弁事業** goubenjigyou	合資經營，合營 hézī jīngyíng, héyíng ホォヅー ヂンイン，ホォイン	joint venture ヂョイント ヴェンチャ
こうほ **候補** kouho	候補，候選 hòubǔ, hòuxuǎn ホウブゥ，ホウシュイエン	candidate キャンディデイト

日	台	英
～者	候選人,候補者 hòuxuǎnrén, hòubǔzhě ホウシュィエンゼン, ホウブウヅォ	candidate キャンディデイト
こうぼ **酵母** koubo	酵母 xiàomǔ シアウムウ	yeast, leaven イースト, レヴン
こうほう **広報** kouhou	報導,宣傳 bàodǎo, xuānchuán パウダウ, シュィエンツアン	public information パブリック インフォメイション
～活動	宣傳活動 xuānchuán huódòng シュィエンツアン フオドゥオン	public relations パブリック リレイションズ
ごうほう(てきな) **合法(的な)** gouhou (tekina)	合法(的) héfǎ (de) ホォファ (ドォ)	lawfulness; legal ローフルネス, リーガル
ごうまんな **傲慢な** goumanna	傲慢,驕傲 àomàn, jiāo'ào アウマン, ヂアウアウ	haughty ホーティ
こうみゃく **鉱脈** koumyaku	礦脈,礦苗 kuàngmài, kuàngmiáo クアンマイ, クアンミアウ	vein (of ore) ヴェイン (オヴ オー)
こうみょうな **巧妙な** koumyouna	巧妙 qiǎomiào チアウミアウ	skillful, dexterous スキルフル, デクストラス
こうむ **公務** koumu	公務,公事 gōngwù, gōngshì グオンウゥ, グオンスー	official duties オフィシャル デューティズ
～員	公務員 gōngwùyuán グオンウゥユィエン	public official パブリック オフィシャル
こうむる **被る** koumuru	遭受,蒙受 zāoshòu, méngshòu ヅァオソウ, モンソウ	suffer, receive サファ, リスィーヴ
こうもく **項目** koumoku	項目,條目 xiàngmù, tiáomù シアンムウ, ティアウムウ	item, clause アイテム, クローズ
こうもん **肛門** koumon	肛門 gāngmén ガンメン	anus エイナス
こうや **荒野** kouya	曠野,荒野 kuàngyě, huāngyě クアンイエ, フアンイエ	wilds ワイルヅ

日	台	英
こうよう **紅葉** kouyou	〔片〕紅葉，霜葉 〔piàn〕hóngyè, shuāngyè 〔ピエン〕フオンイエ，スアンイエ	red leaves レド リーヴズ
こうようじゅ **広葉樹** kouyouju	〔棵〕闊葉樹 〔kē〕kuòyèshù 〔コォ〕クオイエスウ	broadleaf tree ブロードリーフ トリー
こうらく **行楽** kouraku	遊覽，遊玩，出遊 yóulǎn, yóuwán, chūyóu イオウラン，イオウワン，ツウイオウ	excursion イクスカージョン
〜客	遊客 yóukè イオウコォ	tourist トゥアリスト
ごうり(てきな) **合理(的な)** gouri (tekina)	合理 hélǐ ホォリィ	rationality; rational ラショナリティ，ラショナル
〜化	合理化 hélǐhuà ホォリィフア	rationalization ラショナリゼイション
こうりつ **効率** kouritsu	效率 xiàolù シアウリュィ	efficiency イフィシェンスィ
〜的な	效率好的 xiàolù hǎo de シアウリュィ ハウ ドォ	efficient イフィシェント
こうりゅう(する) **交流(する)** kouryuu (suru)	交流 jiāoliú ヂアウリオウ	exchange イクスチェインヂ
ごうりゅう(する) **合流(する)** gouryuu (suru)	匯合，會合 huìhé, huìhé フエイホォ，フエイホォ	confluence; confluent カンフルーエンス，カンフルーエント
こうりょ(する) **考慮(する)** kouryo (suru)	考慮，斟酌 kǎolù, zhēnzhuó カウリュィ，ヅェンヅオ	consideration; consider コンスィダレイション，コンスィダ
こうりょく **効力** kouryoku	效力，效能 xiàolì, xiàonéng シアウリィ，シアウノン	effect, efficacy イフェクト，エフィカスィ
こうれい **高齢** kourei	高齢，年邁，年高，年老 gāolíng, niánmài, niángāo, niánlǎo ガウリン，ニエンマイ，ニエンガウ，ニエンラウ	advanced age アドヴァンスト エイヂ

日	台	英
～化社会	高齢社會 gāolíng shèhuì ガウリン ソォフエイ	aging society エイヂング ソサイエティ
～者	老年人 lǎoniánrén ラウニエンゼン	the elderly ズィ エルダリ
こうろう 功労 kourou	功勞，功績 gōngláo, gōngjī グオンラウ, グオンヂィ	merits メリツ
こえ 声 koe	聲音 shēngyīn ソンイン	voice ヴォイス
こえる 超[越]える koeru	超過，越過 chāoguò, yuèguò ツァオグオ, ユィエグオ	exceed, pass イクスィード, パス
こーち コーチ koochi	教練 jiàoliàn ヂアウリエン	coach コウチ
こーと コート　　（上着） kooto	[件]大衣，外套 [jiàn] dàyī, wàitào [ヂエン] ダァイィ, ウアイタウ	coat コウト
（球技の）	球場 qiúchǎng チオウツァン	court コート
こーひー コーヒー koohii	[杯]咖啡 [bēi] kāfēi [ペイ] カァフェイ	coffee コーフィ
～店	[家]咖啡館[廳/店] [jiā] kāfēiguǎn[tīng/diàn] [ヂア]　カァフェイグアン[ティン/ディエン]	coffee shop コーフィ シャプ
こーら コーラ koora	可樂 kělè コォロォ	cola コウラ
こーらす コーラス koorasu	合唱 héchàng ホォツァン	chorus コーラス
～グループ	合唱團 héchàngtuán ホォツァントゥアン	chorus コーラス

日	台	英
こおり **氷** koori	［塊／片］冰，冰塊 〔kuài/piàn〕bīng, bīngkuài 〔クアイ／ピエン〕ピン，ピンクアイ	ice **ア**イス
こおる **凍る** kooru	結冰，凍，凍結 jiébīng, dòng, dòngjié デエビン，ドゥオン，ドゥオンヂエ	freeze フリーズ
ごーる **ゴール** gooru	終點，決勝點 zhōngdiǎn, juéshèngdiǎn ヅオンディエン，デュイエ**ソ**ンディエン	goal **ゴ**ウル
（サッカーなどの）	球門 qiúmén チオウメン	goal **ゴ**ウル
～インする （結婚）	步上紅毯，達標 bùshàng hóngtǎn, dábiāo プウ**サ**ン フオンタン，ダアビアウ	get married ゲト **マ**リド
～キーパー	守門員 shǒuményuán **ソ**ウメンユイエン	goalkeeper **ゴ**ウルキーパ
こおろぎ **蟋蟀** koorogi	［隻］蟋蟀 〔zhī〕xīshuài 〔**ヅ**ー〕シィ**ス**アイ	cricket ク**リ**ケト
こがい **戸外** kogai	戶外，室外 hùwài, shìwài フウ**ワ**イ，**ス**ーウアイ	outdoors アウト**ド**ーズ
ごかい（する） **誤解（する）** gokai (suru)	誤會，誤解 wùhuì, wùjiě ウゥフエイ，ウゥヂエ	misunderstanding; misunderstand ミスアンダス**タ**ンディング， ミスアンダス**タ**ンド
こがいしゃ **子会社** kogaisha	子公司 zǐgōngsī ヅーグオンスー	subsidiary サブ**スィ**ディエリ
こかいん **コカイン** kokain	古「柯［卡］鹼，可卡因 gǔkē［kǎ］jiǎn, kěkǎyīn グウ**コ**ォ［カァ］ヂエン，コォカァイン	cocaine コウ**ケ**イン
ごがく **語学** gogaku	外語，外語學習 wàiyǔ, wàiyǔ xuéxí ウアイ**ユ**イ，ウアイ**ユ**イ シュイエシィ	language study **ラ**ングウィヂ ス**タ**ディ
こかげ **木陰** kokage	樹蔭，樹（底）下 shùyīn, shù（dǐ）xià **ス**ウイン，**ス**ウ（ディ）シア	shade of a tree **シェ**イド オヴ ア ト**リ**ー

日	台	英
こがす **焦がす** kogasu	燒焦，烤焦 shāojiāo, kǎojiāo サオヂアウ, カウヂアウ	burn, scorch バーン, スコーチ
こがたの **小型の** kogatano	小型 xiǎoxíng シアウシン	small, compact スモール, コンパクト
ごがつ **五月** gogatsu	五月(份) wǔyuè(fèn) ウゥユィエ(フェン)	May メイ
ごかん **五感** gokan	五感，五官 wǔgǎn, wǔguān ウゥガン, ウゥグアン	five senses ファイヴ センセズ
ごかんせい **互換性** gokansei	相容性，兼容性，互換性 xiāngróngxìng, jiānróngxìng, hùhuànxìng シアンズオンシン, ヂエンズオンシン, フゥ フアンシン	compatibility コンパティビリティ
〜のある	可「相容[互換]的 kě xiāngróng [hùhuàn] de コォ シアンズオン [フゥフアン] ドォ	compatible コンパティブル
こぎって **小切手** kogitte	〔張〕支票 〔zhāng〕zhīpiào 〔ヅァン〕ヅーピアウ	check チェク
ごきぶり **ゴキブリ** gokiburi	〔隻〕蟑螂 〔zhī〕zhāngláng 〔ヅー〕ヅァンラン	cockroach カクロウチ
こきゃく **顧客** kokyaku	顧客，主顧 gùkè, zhǔgù グゥコォ, ヅゥグゥ	customer, client カスタマ, クライエント
こきゅう(する) **呼吸(する)** kokyuu (suru)	呼吸 hūxī フゥシィ	respiration; breathe レスピレイション, ブリーズ
こきょう **故郷** kokyou	故郷，老家，家郷 gùxiāng, lǎojiā, jiāxiāng グゥシアン, ラウヂア, ヂアシアン	home ホウム
こぐ **漕ぐ** kogu	划 huá フア	row ロウ
ごく **語句** goku	詞句，詞語 cíjù, cíyǔ ツーヂュィ, ツーユィ	words and phrases ワーヅ アンド フレイゼズ

日	台	英
こくえい **国営** kokuei	國營 guóyíng グオイン	state-operated ステイトアペレイテド
こくおう **国王** kokuou	國王 guówáng グオウアン	king, monarch キング, マナク
こくがい **国外** kokugai	國外，海外 guówài, hǎiwài グオウアイ, ハイウアイ	abroad アブロード
こくぎ **国技** kokugi	國術 guóshù グオスウ	national sport ナショナル スポート
こくさい **国際** kokusai	國際 guójì グオディ	international インタナショナル
～結婚	國際婚姻 guójì hūnyīn グオディ フンイン	international marriage インタナショナル マリヂ
～線	國際航線 guójì hángxiàn グオディ ハンシエン	international airline インタナショナル エアライン
～電話	國際電話 guójì diànhuà グオディ ディエンフア	overseas telephone call オウヴァスイーズ テレフォウン コール
～法	國際法 guójìfǎ グオディファ	international law インタナショナル ロー
こくさん **国産** kokusan	國產 guóchǎn グオツァン	domestic ドメスティク
こくせき **国籍** kokuseki	國籍 guójí グオディ	nationality ナショナリティ
こくそ(する) **告訴(する)** kokuso (suru)	控告，起訴，打官司 kònggào, qǐsù, dǎ guānsī クオンガウ, チスウ, ダア グアンスー	accusation, complaint; charge アキュゼイション, コンプレイント, チャーデ
こくち(する) **告知(する)** kokuchi (suru)	通知，通告，通報 tōngzhī, tōnggào, tōngbào トウオンヅー, トウオンガウ, トウオンバウ	notice; notify ノウティス, ノウティファイ

日	台	英
こくど **国土** kokudo	**國土** guótǔ グオトゥウ	national land **ナ**ショナル ランド
こくどう **国道** kokudou	**公路，國道** gōnglù, guódào グオンルウ, グオダウ	national road **ナ**ショナル ロウド
こくない **国内** kokunai	**國內** guónèi グオネイ	domestic ドメスティク
～線	**國內航線** guónèi hángxiàn グオネイ ハンシエン	domestic airline service ドメスティク　**エ**アライン **サ**ーヴィス
こくはく(する) **告白(する)** kokuhaku (suru)	**坦白，自白** tǎnbái, zìbái タンバイ, ヅーバイ	confession; confess コン**フェ**ション, コン**フェ**ス
こくはつ(する) **告発(する)** kokuhatsu (suru)	**告發，檢舉** gàofā, jiǎnjǔ ガウファ, デエンデュィ	accusation; accuse アキュ**ゼ**イション, ア**キュー** ズ
こくばん **黒板** kokuban	**〔塊〕黑板** 〔kuài〕hēibǎn 〔クアイ〕ヘイバン	blackboard ブラクボード
こくふくする **克服する** kokufukusuru	**克服** kèfú コォフウ	conquer, overcome **カ**ンカ, オウ**ヴァ**カム
こくべつしき **告別式** kokubetsushiki	**告別儀式，告別禮** gàobié yíshì, gàobiélǐ ガウビエ イィスー, ガウビエリィ	farewell service フェア**ウェ**ル **サ**ーヴィス
こくほう **国宝** kokuhou	**國寶** guóbǎo グオバウ	national treasure **ナ**ショナル トレジャ
こくぼう **国防** kokubou	**國防** guófáng グオファン	national defense **ナ**ショナル ディ**フェ**ンス
こぐまざ **小熊座** kogumaza	**小熊座** xiǎoxióngzuò シアウシュオンヅオ	Little Bear **リ**トル **ベ**ア
こくみん **国民** kokumin	**國民，國人** guómín, guórén グオミン, グオ**ゼ**ン	nation, people **ネ**イション, **ピ**ープル

日	台	英
こくもつ **穀物** kokumotsu	五穀，糧食，穀物 wǔgǔ, liángshí, gǔwù ウゥグゥ，リアンスー，グゥウゥ	grain, cereals グレイン，**スィ**アリアルズ
こくゆうの **国有の** kokuyuuno	國有的 guóyǒu de グオイオウ ドォ	national **ナ**ショナル
こくりつ **国立** kokuritsu	國立 guólì グオリィ	national, state **ナ**ショナル，**ステ**イト
こくれん **国連** kokuren	聯合國 Liánhéguó リエンホォグオ	UN **ユー**エン
こけい **固形** kokei	固體，固形 gùtǐ, gùxíng グゥティ，グゥシン	solid **サ**リド
こげる **焦げる** kogeru	焦，烤焦，燒焦 jiāo, kǎojiāo, shāojiāo ヂアウ，カウヂアウ，**サ**オヂアウ	burn **バ**ーン
ここ **ここ** koko	這裡 zhèlǐ ヅォリィ	here, this place **ヒ**ア，**ズィ**ス プレイス
こご **古語** kogo	古語 gǔyǔ グゥユィ	archaic word アー**ケ**イイク **ワ**ード
ごご **午後** gogo	下午，午後 xiàwǔ, wǔhòu シアウゥ，ウゥホウ	afternoon アフタ**ヌ**ーン
ここあ **ココア** kokoa	可可 kěkě コォコォ	cocoa **コ**ウコウ
こごえる **凍える** kogoeru	凍僵 dòngjiāng ドゥオンヂアン	freeze フ**リ**ーズ
ここちよい **心地よい** kokochiyoi	舒服，舒適，舒暢 shūfú, shūshì, shūchàng スウフゥ，**ス**ウスー，スウ**ツァ**ン	comfortable **カ**ンフォタブル
こごと **小言** kogoto	申斥，責備，牢騷，怨言 shēnchì, zébèi, láosāo, yuànyán **セ**ンツー，ヅォペイ，ラウサオ，ユイエンイ エン	scolding ス**コ**ウルディング

日	台	英
ここなっつ **ココナッツ** kokonattsu	椰子 yézi イエズ	coconut コウコナト
こころ **心** kokoro	心, 心肝, 心裡, 心情 xīn, xīngān, xīnlǐ, xīnqíng シン, シンガン, シンリィ, シンチン	mind, heart マインド, ハート
(感情)	感情, 情緒, 情感 gǎnqíng, qíngxù, qínggǎn ガンチン, チンシュイ, チンガン	feeling フィーリング
こころえる **心得る** kokoroeru	懂得, 瞭解, 領會 dǒngdé, liǎojiě, lǐnghuì ドゥオンドォ, リアウヂエ, リンフエイ	understand アンダスタンド
(承知する)	答應, 同意 dāyìng, tóngyì ダアイン, トゥオンイイ	agree アグリー
こころがける **心がける** kokorogakeru	留心, 注意, 記在心裡 liúxīn, zhùyì, jìzài xīnlǐ リオウシン, ヂュイィ, ディヅァイ シンリィ	bear in mind ベア イン マインド
こころがまえ **心構え** kokorogamae	心理[思想]準備 xīnlǐ[sīxiǎng] zhǔnbèi シンリィ[スーシアン] ヅンベイ	preparation プレパレイション
こころざし **志** kokorozashi	志, 志向, 志願 zhì, zhìxiàng, zhìyuàn ヂー, ヂーシアン, ヂーユィエン	will, intention ウィル, インテンション
こころざす **志す** kokorozasu	志願, 立志 zhìyuàn, lìzhì ヂーユィエン, リィヂー	intend, aim インテンド, エイム
こころぼそい **心細い** kokorobosoi	心中不安, 放心不下 xīnzhōng bù'ān, fàngxīnbúxià シンヂォン ブウアン, ファンシンブウシア	forlorn フォローン
こころみる **試みる** kokoromiru	嘗試, 試試 chángshì, shìshì ツァンスー, スースー	try, attempt トライ, アテンプト
こころよい **快い** kokoroyoi	愉快, 舒適 yúkuài, shūshì ユィクアイ, スウスー	pleasant, agreeable プレザント, アグリーアブル
こころよく **快く** kokoroyoku	慨然, 高興地, 爽快地 kǎirán, gāoxìng de, shuǎngkuài de カイザン, ガウシン ドォ, スアンクアイ ドォ	with pleasure ウィズ プレジャ

257

日	台	英
こさめ **小雨** kosame	小雨，細雨，毛雨 xiǎoyǔ, xìyǔ, máoyǔ シアウユィ, シィユィ, マウユィ	light rain ライト レイン
ごさん **誤算** gosan	失策，算錯，估計錯誤 shīcè, suàncuò, gūjì cuò(wù) スーツォ, スアンツオ, グウヂィ ツオ(ウゥ)	miscalculation ミスキャルキュレイション
こし **腰** koshi	腰 yāo イアウ	waist, hips ウェイスト, ヒプス
～回り	腰身 yāoshēn イアウセン	hips ヒプス
こじ **孤児** koji	孤兒 gū'ér グウオル	orphan オーファン
こしかける **腰掛ける** koshikakeru	坐(下) zuò(xià) ヅオ(シア)	sit (down) スィト (ダウン)
こじき **乞食** kojiki	乞丐 qǐgài チィガイ	beggar ベガ
こしつ **個室** koshitsu	單間，雅座，單人房 dānjiān, yǎzuò, dānrénfáng ダンヂエン, イアヅオ, ダンゼンファン	private room プライヴェト ルーム
こしつ(する) **固執(する)** koshitsu (suru)	固執，執泥，拘泥 gùzhí, zhíní, jūní グウヅー, ヅーニィ, デュィニィ	persistence; persist パスィステンス, パスィスト
ごじつ **後日** gojitsu	日後，改天 rìhòu, gǎitiān ズーホウ, ガイティエン	later, some day レイタ, サム デイ
ごしっぷ **ゴシップ** goshippu	閒話，閒談，花絮 xiánhuà, xiántán, huāxù シエンファ, シエンタン, ファシュイ	gossip ガスィプ
こしょう **故障** koshou	故障，毛病 gùzhàng, máobìng グウヅァン, マウビン	breakdown, trouble ブレイクダウン, トラブル
～する	故障，出毛病 gùzhàng, chū máobìng グウヅァン, ツウ マウビン	break down ブレイク ダウン
ごしょく **誤植** goshoku	錯字，排錯(字)，誤排 cuòzì, páicuò(zì), wùpái ツオヅー, パイツオ(ヅー), ウゥパイ	misprint ミスプリント

こ

日	台	英
こしらえる **拵える** koshiraeru	做，製造 zuò, zhìzào ヅォ，**ヅー**ヴァオ	make メイク
こじん **個人** kojin	個人 gèrén ゴォ**ゼ**ン	individual インディ**ヴィ**デュアル
〜的な	私人(的)，個人(的) sīrén(de), gèrén(de) スー**ゼ**ン(ドォ)，ゴォ**ゼ**ン(ドォ)	individual, personal インディ**ヴィ**デュアル，**パ**ーソナル
こす **越[超]す** kosu	超過，越過 chāoguò, yuèguò **ツァ**オグオ，ユィ**エ**グオ	exceed, pass イク**スィ**ード，**パ**ス
こすと **コスト** kosuto	成本，價值 chéngběn, jiàzhí **ツォ**ンベン，デア**ツー**	cost **コ**ースト
こする **擦る** kosuru	擦，搓，蹭 cā, cuō, cèng **ツァ**，ツオ，ツォン	rub **ラ**ブ
(目を)	揉 róu **ゾ**ウ	rub **ラ**ブ
こせい **個性** kosei	個性 gèxìng ゴォ**シ**ン	personality パーソ**ナ**リティ
〜的な	獨特的，有個性的 dútè de, yǒu gèxìng de **ドゥ**ウトォ ドォ，イオウ ゴォ**シ**ンドォ	unique ユー**ニ**ーク
こせき **戸籍** koseki	戶口 hùkǒu **フ**ウコウ	family register **ファ**ミリ **レ**ヂスタ
こぜに **小銭** kozeni	零錢，小錢 língqián, xiǎoqián リン**チ**エン，シア**ウチ**エン	change **チェ**インヂ
〜入れ	錢包，荷包 qiánbāo, hébāo **チ**エンバウ，**ホ**ォバウ	coin purse **コ**イン **パ**ース
ごぜん **午前** gozen	上午，午前 shàngwǔ, wǔqián **サ**ンウゥ，**ウ**ゥチエン	morning **モ**ーニング

日	台	英
<small>こたい</small> **固体** kotai	固體 gùtǐ グウティ	solid サリド
<small>こだい</small> **古代** kodai	古代 gǔdài グウダイ	ancient エインシェント
<small>こたえ</small> **答え** kotae	回答，答覆 huídá, dáfù フエイダァ, ダアフウ	answer, reply アンサ, リプライ
（解答）	答案, 解答 dá'àn, jiědá ダアアン, デエダア	solution ソルーション
<small>こたえる</small> **応える** kotaeru	反應，響應 fǎnyìng, xiǎngyìng ファンイン, シアンイン	respond リスパンド
（報いる）	報答 bàodá パウダァ	meet ミート
<small>こたえる</small> **答える** kotaeru	回答，答覆 huídá, dáfù フエイダァ, ダアフウ	answer, reply アンサ, リプライ
<small>こだわる</small> **こだわる** kodawaru	拘泥，講究 jūnì, jiǎngjiù デュイニィ, デアンデオウ	(be) particular about (ビ) パティキュラ アバウト
<small>ごちそう</small> **御馳走** gochisou	豐盛的菜餚，餚饌[肴饌] fēngshèng de càiyáo, yáozhuàn フォンソン ドォ ツァイイアウ, イアウヅアン	feast フィースト
～する	請客，款待 qǐngkè, kuǎndài チンコォ, クアンダイ	treat *one* to a feast トリート トゥ ア フィースト
<small>こちょうする</small> **誇張する** kochousuru	誇張，誇大 kuāzhāng, kuādà クアヅァン, クアダァ	exaggerate イグザチャレイト
<small>こちら</small> **こちら** kochira	這邊，這裡 zhèbiān, zhèlǐ ヅォビエン, ヅォリィ	this way, here ズィス ウェイ, ヒア
<small>こつ</small> **こつ** kotsu	秘訣，竅門，要領 mìjué, qiàomén, yàolǐng ミイデュイエ, チアウメン, イアウリン	knack ナク

日	台	英
こっか **国家** kokka	國家 guójiā グオヂア	state ステイト
〜元首	國家元首 guójiā yuánshǒu グオヂア ユイエン**ソ**ウ	sovereign **サ**ヴレン
こっか **国歌** kokka	國歌 guógē グオ**ゴ**ォ	national anthem **ナ**ショナル **ア**ンセム
こっかい **国会** kokkai	立法院，國會，議會 lìfǎyuàn, guóhuì, yìhuì リィファユイエン，グオフエイ，イィフエイ	Diet **ダ**イエト
こづかい **小遣い** kozukai	零用錢，零錢 língyòngqián, língqián リンユオンチエン，リンチエン	pocket money **パ**ケト **マ**ニ
こっかく **骨格** kokkaku	骨骼[骨格] gǔgé グウ**ゴ**ォ	frame, build フレイム，ビルド
こっき **国旗** kokki	國旗 guóqí グオ**チ**ィ	national flag **ナ**ショナル フラグ
こっきょう **国境** kokkyou	國境，國界，邊境 guójìng, guójiè, biānjìng グオ**ヂ**ン，グオ**ヂ**エ，ビエン**ヂ**ン	frontier フラン**ティ**ア
こっく **コック** kokku	廚師 chúshī ツウ**ス**ー	cook **ク**ク
こっこう **国交** kokkou	邦交，國交 bāngjiāo, guójiāo バン**ヂ**アウ，グオ**ヂ**アウ	diplomatic relations ディプロ**マ**ティク　リレイ ションズ
ごつごつした **ごつごつした** gotsugotsushita	凹凸不平，堅硬，生硬 āotū[tú] bù píng, jiānyìng, shēngyìng アウトゥウ[トゥウ] ブウ ピン，ヂエンイン，**ソ**ンイン	rugged **ラ**ゲド
こつずい **骨髄** kotsuzui	骨髓 gǔsuǐ グウスエイ	marrow **マ**ロウ
こっせつ **骨折** kossetsu	骨折 gǔzhé グウ**ヂ**ォ	fracture フラクチャ

日	台	英
こっそり **こっそり** kossori	偷偷地，悄悄地 tōutōu de, qiǎoqiǎo de トウトウ ドォ, チアウチアウ ドォ	quietly, in secret クワイエトリ, イン スィークレト
こづつみ **小包** kozutsumi	包裹 bāoguǒ パウグオ	package, parcel パキヂ, パースル
こっとうひん **骨董品** kottouhin	古玩，古董 gǔwán, gǔdǒng グウアン, グウドゥオン	curio, antique キュアリウウ, アンティーク
こっぷ **コップ** koppu	玻璃杯 bōlíbēi ボォリィベイ	glass グラス
こてい(する) **固定(する)** kotei (suru)	固定 gùdìng グウディン	fix フィクス
こてん **古典** koten	古典，經典 gǔdiǎn, jīngdiǎn グウディエン, ヂンディエン	classic クラスィク
〜的な	古典的 gǔdiǎn de グウディエン ドォ	classic クラスィク
〜文学	古典文學 gǔdiǎn wénxué グウディエン ウンシュィエ	classical literature クラスィカル リタラチャ
ごと **毎** goto	毎 měi メイ	every, each エヴリ, イーチ
こどう(する) **鼓動(する)** kodou (suru)	跳動，搏動，鼓動 tiàodòng, bódòng, gǔdòng ティアウドゥオン, ボォドゥオン, グウドゥオン	beat, pulsation; beat, pulse ビート, パルセイション, ビート, パルス
こどく(な) **孤独(な)** kodoku (na)	孤獨，孤單 gūdú, gūdān グウドゥウ, グウダン	solitude; solitary サリテュード, サリテリ
ことし **今年** kotoshi	今年 jīnnián ヂンニエン	this year ズィス イヤ
ことづけ **言付け** kotozuke	口信，託付 kǒuxìn, tuōfù コウシン, トゥオフウ	message メスィヂ

日	台	英
ことなる **異なる** kotonaru	**不同，不一樣** bù tóng, bù yíyàng ブウ トゥオン，ブウ イィイアン	differ from ディファ フラム
ことば **言葉** kotoba	**話，話語** huà, huàyǔ フア，フアユィ	speech スピーチ
（言語）	**語言** yǔyán ユィイエン	language ラングウィヂ
（単語）	**單字** dānzì ダンヅー	word ワード
こども **子供** kodomo	**孩子，小孩，兒童** háizi, xiǎohái, értóng ハイヅ，シアウハイ，オルトゥオン	child チャイルド
（自分の）	**小孩** xiǎohái シアウハイ	one's child チャイルド
ことわざ **諺** kotowaza	**諺語，俗話，俗語** yànyǔ, súhuà, súyǔ イエンユィ，スウフア，スウユィ	proverb プラヴァーブ
ことわる **断る** kotowaru	**拒絕，謝絕** jùjué, xièjué デュイデュィエ，シエデュィエ	refuse レフューズ
（辞退する）	**推辭，辭退** tuīcí, cítuì トゥエイツー，ツートゥエイ	decline ディクライン
こな **粉** kona	**粉，粉末** fěn, fěnmò フェン，フェンモォ	powder パウダ
こなごなに **粉々に** konagonani	**粉碎，碎末** fěnsuì, suìmò フェンスエイ，スエイモォ	to pieces トゥ ピーセズ
こね **コネ** kone	**連絡，後門，(人際)關係** liánluò, hòumén, (rénjì) guānxī リエンルオ，ホウメン，(ゼンヂィ) グアンシィ	connections コネクションズ
こねこ **子猫** koneko	**小貓** xiǎomāo シアウマウ	kitty キティ

日	台	英
こねる **捏ねる** koneru	和，揉，搋，捏 huó, róu, chuāi, niē フオ, ゾウ, ツアイ, ニエ	knead ニード
この **この** kono	這，這個，這些 zhè, zhège, zhèxiē ヅォ, ヅォゴォ, ヅォシエ	this, these ズィス, ズィーズ
このあいだ **この間** konoaida	前不久，前幾天 qián bùjiǔ, qián jǐtiān チエン ブヅオウ, チエン ヂィティエン	other day アザ デイ
このごろ **この頃** konogoro	最近，近來 zuìjìn, jìnlái ヅエイヂン, ヂンライ	now, these days ナウ, ズィーズ デイズ
このまえ **この前** konomae	上（一）次 shàng(yí)cì サン(イィ)ツー	last time ラスト タイム
このましい **好ましい** konomashii	受歡迎的，令人喜歡的 shòu huānyíng de, lìng rén xǐhuān de ソウ フアンイン ドォ, リン ゼン シィフアン ドォ	desirable ディザイアラブル
（感じのいい）	令人滿意的 lìng rén mǎnyì de リン ゼン マンイ ドォ	agreeable アグリーアブル
（よりよい）	更好的 gèng hǎo de ゴン ハウ ドォ	preferable プレファラブル
このみ **好み** konomi	嗜好，口味，趣味，愛好 shìhào, kǒuwèi, qùwèi, àihào スーハウ, コウウエイ, チュイウエイ, アイハウ	taste テイスト
このむ **好む** konomu	喜歡，喜愛，愛，好 xǐhuān, xǐ'ài, ài, hào シィフアン, シィアイ, アイ, ハウ	like, (be) fond of ライク, (ビ) フォンド オヴ
こはく **琥珀** kohaku	琥珀 hǔpò フウポォ	amber アンバ
こばむ **拒む** kobamu	拒絕，駁回 jùjué, bóhuí ヂュイヂュイエ, ボオフエイ	refuse レフューズ
ごはん **ご飯** gohan	飯，白飯 fàn, báifàn ファン, パイファン	rice ライス

日	台	英
(食事)	飯，餐 fàn, cān ファン，ツァン	meal ミール
こぴー（する） **コピー（する）** kopii (suru)	複印，影印 fùyìn, yǐngyìn フウウイン，インイン	photocopy, copy フォゥトカピ，**カ**ピ
こひつじ **子羊** kohitsuji	[隻]小羊，羔羊 [zhī] xiǎoyáng, gāoyáng [ヅー] シアウイアン，ガウイアン	lamb ラム
こぶし **拳** kobushi	拳頭 quántóu チュイエントウ	fist フィスト
こぶん **子分** kobun	黨徒，部下 dǎngtú, bùxià ダントゥウ，ブシア	follower ファロウア
こぼす **零す** kobosu	灑，撒，溢出 sǎ, sǎ, yìchū サァ，サァ，イィ**ツ**ウ	spill スピル
(不平を)	抱怨，發牢騷 bàoyuàn, fā láosāo パウユィエン，ファ ラウサオ	complain コンプ**レ**イン
こぼれる **零れる** koboreru	灑（落），溢出 sǎ(luò), yìchū サァ(ルオ)，イィ**ツ**ウ	fall, drop, spill フォール，ドラプ，スピル
こま **独楽** koma	陀螺 tuóluó トゥオルオ	top **タ**プ
ごま **胡麻** goma	芝麻 zhīmá ヅーマァ	sesame **セ**サミ
〜油	香油，麻油，芝麻油 xiāngyóu, máyóu, zhīmáyóu シアンイオウ，マァイオウ，**ヅ**ーマァイオウ	sesame oil **セ**サミ **オ**イル
こまーしゃる **コマーシャル** komaasharu	廣告 guǎnggào グアンガウ	advertisement アドヴァ**タ**イズメント
こまかい **細かい** komakai	細，細小，纖細，瑣碎， 零碎 xì, xìxiǎo, xiānxì, suǒsuì, língsuì シィ，シィシアウ，シエンシィ，スオスエイ， リンスエイ	small, fine ス**モ**ール，**ファ**イン

日	台	英
(詳細)	詳細，細密 xiángxì, xìmì シアンシィ，シィミィ	detailed ディ**テ**イルド
(金銭に)	吝嗇，小氣 lìnsè, xiǎoqì リンソォ，シアウチィ	stingy ス**ティ**ンヂ
ごまかす 誤魔化す gomakasu	騙，欺騙，瞞，蒙蔽 piàn, qīpiàn, mán, méngbì ピエン，チィピエン，マン，モンビィ	cheat, swindle **チ**ート，ス**ウィ**ンドル
こまく 鼓膜 komaku	鼓膜 gǔmò グウモォ	eardrum **イ**アドラム
こまらせる 困らせる komaraseru	刁難，為難 diāonán, wéinán ディアウナン，ウエイナン	embarrass, annoy イン**バ**ラス，ア**ノ**イ
こまる 困る komaru	為難，難受，難辦，尷尬 wéinán, nánshòu, nánbàn, gāngà[jiānjiè] ウエイナン，ナン**ソ**ウ，ナンバン，ガンガァ[ヂエンヂエ]	have trouble ハヴ ト**ラ**ブル
ごみ gomi	垃圾 lèsè ロォソォ	dust, refuse **ダ**スト，レ**フュ**ース
～箱	垃圾箱，垃圾筒[桶] lèsèxiāng, lèsètǒng ロォソォシアン，ロォソォトゥオン	trash can ト**ラ**シュ **キャ**ン
こみゅにけーしょん コミュニケーション komyunikeeshon	溝通，交流 gōutōng, jiāoliú ゴウトゥオン，ヂアウリオウ	communication コミュー二**ケ**イション
こむ 込[混]む komu	人多，擁擠 rén duō, yǒngjǐ ゼン ドゥォ，ユオンヂィ	(be) jammed (ビ) **ヂャ**ムド
ごむ ゴム gomu	橡膠，膠皮，橡皮 xiàngjiāo, jiāopí, xiàngpí シアンヂアウ，ヂアウピィ，シアンピィ	rubber **ラ**バ
こむぎ 小麦 komugi	小麥，麥子 xiǎomài, màizi シアウマイ，マイヅ	wheat (ホ)**ウィ**ート
～粉	麵粉，小麥粉 miànfěn, xiǎomàifěn ミエンフェン，シアウマイフェン	flour フ**ラ**ウア

日	台	英
こめ **米** kome	米, 大米, 稲米 mǐ, dàmǐ, dàomǐ ミィ, ダァミィ, ダウミィ	rice ライス
こめかみ **こめかみ** komekami	太陽穴, 額角 tàiyángxuè, éjiǎo タイアンシュィエ, オオデアウ	temples テンプルズ
こめでぃ **コメディ** komedi	喜劇 xǐjù シィヂュイ	comedy カメディ
こめんてーたー **コメンテーター** komenteetaa	評論員 pínglùnyuán ピンルンユイエン	commentator カメンタイタ
こめんと **コメント** komento	評語, 評論, 補充(意見) píngyǔ, pínglùn, bǔchōng (yìjiàn) ピンユィ, ピンルン, ブウツォン (イィヂェン)	comment カメント
こもじ **小文字** komoji	小寫 xiǎoxiě シアウシエ	small letter スモール レタ
こもり **子守** komori	嫲姆[保母] bǎomǔ バウムウ	baby-sitter ベイビスィタ
こもん **顧問** komon	顧問 gùwèn グウウン	adviser, counselor アドヴァイザ, カウンセラ
こや **小屋** koya	小木屋, 小房屋 xiǎomùwū, xiǎofángwū シアウムウウゥ, シアウファンウゥ	hut, shed ハト, シェド
ごやく(する) **誤訳(する)** goyaku (suru)	誤譯, 譯錯 wùyì, yìcuò ウウイィ, イィツオ	mistranslation; mistranslate ミストランスレイション, ミストランスレイト
こゆうの **固有の** koyuuno	特有的, 固有的 tèyǒu de, gùyǒu de トォイオウ ドォ, グウイオウ ドォ	peculiar to ピキューリア トゥ
こゆび **小指** koyubi	小指 xiǎozhǐ シアウヅー	little finger リトル フィンガ
こよう(する) **雇用(する)** koyou (suru)	雇傭[僱傭／僱傭] gùyōng グウユオン	employment; employ インプロイメント, インプロイ

日	台	英
こんさるたんと **コンサルタント** konsarutanto	諮詢，顧問 zīxún, gùwèn ヅーシュィン，グウゥン	consultant コンサルタント
こんしゅう **今週** konshuu	這個「星期[禮拜]，本週 zhège xīngqí[lǐbài], běnzhōu ヅォゴォ シンチィ[リィバイ]，ベンヅォウ	this week ズィス ウィーク
こんじょう **根性** konjou	脾氣，秉性 píqì, bǐngxìng ピィチィ，ビンシン	nature ネイチャ
（気力）	骨氣，毅力，耐性 gǔqì, yìlì, nàixìng グウチィ，イィリィ，ナイシン	spirit, grit スピリト，グリト
こんすたんとな **コンスタントな** konsutantona	堅定的，不變的，恆定的 jiāndìng de, búbiàn de, héngdìng de ヂエンディン ドォ，ブウビエン ドォ，ホン ディン ドォ	constant カンスタント
こんぜつ（する） **根絶（する）** konzetsu (suru)	根除，根絕，斷根 gēnchú, gēnjué, duàngēn ゲンヅウ，ゲンヂュイエ，ドゥアンゲン	eradication; eradicate イラディケイション，イラ ディケイト
こんせぷと **コンセプト** konseputo	概念，觀念 gàiniàn, guānniàn ガイニエン，グアンニエン	concept カンセプト
こんせん（する） **混線（する）** konsen (suru)	干擾 gānrǎo ガンザオ	get crossed ゲト クロースト
こんせんさす **コンセンサス** konsensasu	共識 gòngshì グオンスー	consensus コンセンサス
こんせんと **コンセント** konsento	插座 chāzuò ツァヅォ	outlet アウトレト
こんそめ **コンソメ** konsome	清炖肉湯 qīngdūn[dùn]ròutāng チンドゥン[ドゥン]ゾウタン	consommé コンソメイ
こんたくと **コンタクト** kontakuto	聯繫[連繫]，接觸（點） liánxì, jiēchù(diǎn) リエンシィ，ヂエツウ(ディエン)	contact カンタクト
〜レンズ	隱形眼鏡 yǐnxíng yǎnjìng インシン イエンヂン	contact lenses カンタクト レンゼズ

日	台	英
こんだて **献立** kondate	食譜，菜單 shípǔ, càidān スープウ，ツァイダン	menu メニュー
こんだん **懇談** kondan	暢談，閒談 chàngtán, xiántán ツァンタン，シエンタン	familiar talk ファミリャ トーク
〜会	座談會 zuòtánhuì ヅオタンフエイ	round-table conference ラウンドテイブル カンファレンス
こんちゅう **昆虫** konchuu	［隻]昆蟲 [zhī] kūnchóng [ヅー] クンツオン	insect インセクト
こんでぃしょん **コンディション** kondishon	狀況，情形，條件 zhuàngkuàng, qíngxíng, tiáojiàn ヅアンクアン，チンシン，ティアウヂエン	condition コンディション
こんてすと **コンテスト** kontesuto	比賽，競賽 bǐsài, jìngsài ビィサイ，ヂンサイ	contest コンテスト
こんてな **コンテナ** kontena	貨櫃 huòguì フオグエイ	container コンテイナ
こんど **今度** kondo	這次，這回，此次 zhècì, zhè huí, cǐcì ヅオツー，ヅォ フエイ，ツーツー	this time ズィス タイム
こんどう(する) **混同(する)** kondou (suru)	混同，混淆，混為一談 hùntóng, hùnyáo, hùnwéi yìtán フントゥオン，フンイアウ，フンウエイ イィタン	confusion; confuse コンフュージョン，コンフューズ
こんどーむ **コンドーム** kondoomu	保險套 bǎoxiǎntào パウシエンタウ	condom カンドム
こんとらすと **コントラスト** kontorasuto	對照，對比 duìzhào, duìbǐ ドゥエイヅァオ，ドゥエイビィ	contrast カントラスト
こんとろーる(する) **コントロール(する)** kontorooru (suru)	控制，管制，調節 kòngzhì, guǎnzhì, tiáojié クオンヅー，グアンヅー，ティアウヂエ	control コントロウル
こんとん **混沌** konton	混沌[渾沌] hùndùn フンドゥン	chaos ケイアス

日	台	英
こんな **こんな** konna	這樣，這麼，這種 zhèiyàng, zhème, zhèizhǒng ヅェイイアン, ヅォモ, ヅェイヅオン	such サチ
こんなん **困難** konnan	困難，難處 kùnnán, nánchù クンナン, ナンツウ	difficulty ディフィカルティ
こんにち **今日** konnichi	今天，今日 jīntiān, jīnrì ヂンティエン, ヂンズー	today トゥデイ
こんばーたー **コンバーター** konbaataa	轉換器 zhuǎnhuànqì ヅアンフアンチィ	converter コンヴァータ
こんぱくと(な) **コンパクト(な)** konpakuto (na)	小型，袖珍，簡化 xiǎoxíng, xiùzhēn, jiǎnhuà シアウシン, シオウヅェン, ヂエンフア	compact コンパクト
こんばん **今晩** konban	今(天)晩(上)，今夜 jīn(tiān) wǎn(shàng), jīnyè ヂン(ティエン) ウアン(サン), ヂンイエ	this evening ズィス イーヴニング
こんび **コンビ** konbi	搭檔，合作者，合伙人 dādǎng, hézuòzhě, héhuǒrén ダアダン, ホォヅオヅォ, ホォフオゼン	combination, partner コンビネイション, パートナ
こんびに **コンビニ** konbini	便利商店 biànlì shāngdiàn ビエンリィ サンディエン	convenience store コンヴィーニエンス ストー
こんびねーしょん **コンビネーション** konbineeshon	聯合，配合，結合，組合 liánhé, pèihé, jiéhé, zǔhé リエンホォ, ペイホォ, ヂエホォ, ヅウホォ	combination コンビネイション
こんぴゅーた **コンピュータ** konpyuuta	電腦 diànnǎo ディエンナウ	computer コンピュータ
こんぶ **昆布** konbu	海帶，昆布，海菜 hǎidài, kūnbù, hǎicài ハイダイ, クンブウ, ハイツァイ	kelp, tangle ケルプ, タングル
こんぷれっくす **コンプレックス** konpurekkusu	情結，自卑感 qíngjié, zìbēigǎn チンヂエ, ヅーベイガン	complex カンプレクス
こんぽう(する) **梱包(する)** konpou (suru)	捆紮，打包 kǔnzā, dǎbāo クンヅァ, ダァバウ	packing; pack up パキング, パク アプ
こんぽん **根本** konpon	根本，基本，根源 gēnběn, jīběn, gēnyuán ゲンベン, ディベン, ゲンユイエン	foundation ファウンデイション

日	台	英
こんま **コンマ** konma	逗點 dòudiǎn ドウディエン	comma カマ
こんや **今夜** kon-ya	今(天)晚(上)，今夜 jīn(tiān) wǎn(shàng), jīnyè ヂン(ティエン) ウアン(**サン**)，ヂンイエ	this evening, to-night **ズィ**ス **イ**ーヴニング，トゥ**ナ**イト
こんやく **婚約** kon-yaku	訂婚，婚約 dìnghūn, hūnyuē ディンフン，フンュィエ	engagement イン**ゲ**イヂメント
〜する	訂婚 dìnghūn ディンフン	get engaged to ゲト イン**ゲ**イヂド トゥ
こんらん(する) **混乱(する)** konran (suru)	混亂，紛亂 hùnluàn, fēnluàn フンルアン，フェンルアン	confusion; get confused コン**フュ**ージョン，ゲト コン**フュ**ーズド
こんれい **婚礼** konrei	婚禮，結婚典禮，喜事 hūnlǐ, jiéhūn diǎnlǐ, xǐshì フンリィ，ヂエフン ディエシリィ，シィ**ス**ー	wedding **ウェ**ディング
こんわく **困惑** konwaku	困惑，迷惘，為難，不知所措 kùnhuò, míwǎng, wéinán, bù zhī suǒ cuò クンフオ，ミィウアン，ウエイナン，ブウ**ヅ**ー スオ ツオ	embarrassment インバ**ラ**スメント

日	台	英

さ, サ

さ
差
sa

差別，差距
chābié, chājù
ツァビエ，ツァヂュイ

difference
ディファレンス

さーかす
サーカス
saakasu

馬戲，雜技
mǎxì, zájì
マァシィ，ヅァヂィ

circus
サーカス

さーきっと
サーキット
saakitto

賽車場
sàichēchǎng
サイツォツァン

circuit
サーキト

さーくる
サークル
saakuru

社團
shètuán
ソォトゥアン

circle
サークル

さいがい
災害
saigai

災害，天災
zāihài, tiānzāi
ヅァイハイ，ティエンヅァイ

disaster
ディザスタ

さいくつ(する)
採掘(する)
saikutsu (suru)

開採，採掘
kāicǎi, cǎijué
カイツァイ，ツァイヂュイエ

mining; mine
マイニング，マイン

さいくりんぐ
サイクリング
saikuringu

腳踏車旅行
jiǎotàchē lǚxíng
ヂアウタァツォ リュイシン

cycling
サイクリング

さいけつ(する)
採血(する)
saiketsu (suru)

採血，抽血
cǎixiě, chōu xiě
ツァイシエ，ツォウ シエ

drawing blood;
draw blood
ドローイング ブラド，ドロー
ブラド

さいけつ(する)
採決(する)
saiketsu (suru)

表決
biǎojué
ビアウヂュイエ

vote
ヴォウト

さいげつ
歳月
saigetsu

歳月
suìyuè
スエイュイエ

time
タイム

さいけん
債券
saiken

債券
zhàiquàn
ヅァイチュイエン

debenture, bond
ディベンチャ，バンド

ざいげん
財源
zaigen

財源
cáiyuán
ツァイユイエン

funds
ファンヅ

日	台	英
さいけんとう(する) **再検討(する)** saikentou (suru)	**重新研討** chóngxīn yántǎo ツオンシン イエンタウ	reexamination; re-examine リーイグザミネイション, リーイグ**ザ**ミン
さいご **最期** saigo	**臨終，末日** línzhōng, mòrì リンヂオン, モ**ズ**ー	death, last moment **デ**ス, **ラ**スト **モ**ウメント
さいご **最後** saigo	**最後，最終** zuìhòu, zuìzhōng ヅエイホウ, ヅエイ**ヂ**オン	last, end **ラ**スト, **エ**ンド
〜の	**最後(的)** zuìhòu (de) ヅエイホウ (ドォ)	last, final **ラ**スト, **ファ**イナル
ざいこ **在庫** zaiko	**庫存** kùcún クウツン	stocks ス**タ**クス
さいこう **最高** saikou	**最高** zuìgāo ヅエイガウ	supremacy, maximum シュプ**レ**マスィ, **マ**クスィマ ム
〜裁判所	**最高法院** zuìgāo fǎyuàn ヅエイガウ ファユイエン	Supreme Court シュプ**リ**ーム **コ**ート
さいこん(する) **再婚(する)** saikon (suru)	**再婚** zàihūn ヅァイフン	remarriage; remarry リ**マ**リヂ, リー**マ**リ
さいさん **採算** saisan	**核算** hésuàn ホオスアン	profit, gain プ**ラ**フィト, **ゲ**イン
ざいさん **財産** zaisan	**財産，財富** cáichǎn, cáifù ツァイ**ツ**ァン, ツァイフウ	estate, fortune イス**テ**イト, **フォ**ーチュン
さいじつ **祭日** saijitsu	**節日** jiérì ヂエ**ズ**ー	national holiday **ナ**ショナル **ホ**リデイ
ざいしつ **材質** zaishitsu	**材質** cáizhí ツァイ**ヂ**ー	quality of the material ク**ワ**リティ オヴ ザ マ**ティ**ア リアル
さいしゅう **最終** saishuu	**最終，最末尾** zuìzhōng, zuìmòwěi ヅエイ**ヂ**オン, ヅエイモォウエイ	last **ラ**スト